Hermann Sudermann

Heath's Modern Language Series

Frau Sorge

von

Hermann Sudermann

ABRIDGED AND EDITED WITH NOTES AND VOCABULARY

BY

EUGENE LESER
ASSISTANT PROFESSOR OF GERMAN, INDIANA UNIVERSITY

AND

CARL OSTHAUS
PROFESSOR OF GERMAN, INDIANA UNIVERSITY

BOSTON, U. S. A.
D. C. HEATH & CO., PUBLISHERS
1911

COPYRIGHT, 1911,
BY D. C. HEATH & CO.

INTRODUCTION

All critics agree as to the very great merits of *Frau Sorge*, one of the earliest works of Hermann Sudermann. To bring this work within the compass of early reading in college classes, and even of high-school use, the editors have felt entirely justified in abridging it to some extent, by omitting two complete chapters and occasional short passages here and there in the book. Except, however, for modernizing the spelling,[1] they have not intentionally made a single change in words. On the other hand, they have not hesitated to substitute semicolons for commas in a number of difficult sentences, finding an excuse for this proceeding in the arbitrariness and irregularity of the author's punctuation and in their own desire to help the reader. The same desire explains the shortness of the introduction, the somewhat elementary nature of the notes, and the addition of the vocabulary.

The German publishers (J. G. Cotta'sche Buchhandlung Nachfolger) courteously acquiesce in republication by D. C. Heath & Co.[2]

The province of East Prussia, which, until the first of January 1878, together with the province of West Prussia, formed the one province of Prussia, is the scene of *Frau Sorge* and the home of its author. In one of the most northern districts (Heydekrug) of this easternmost part of the kingdom of Prussia and

[1] According to the 8th edition of Duden's *Orthographisches Wörterbuch der deutschen Sprache*.
[2] The text is taken from the 107th edition.

the present German Empire, Hermann Sudermann was born in the small town of Matziken, on the 30th of September, 1857. In this region of heath and moor and forest, which in the year 1900 still contained more than a hundred thousand of the aboriginal Lithuanian inhabitants, the child grew up in a family to which "Dame Care" was a frequent visitor.

A deep and ineradicable impression of the various strata of humanity was made upon Sudermann in those years of childhood and boyhood. Here were those masterly, even too masterly country-squires, frequently of Middle German and especially Thuringian origin;[1] here were the descendants of the Protestant Salzburgers who had been granted a home by Frederick William I in the first part of the eighteenth century; here were the descendants of Low German farmers and dike-builders; here were the not inconsiderable Scotch[2] elements in the seaports and their rural environs.

In the West Prussian city of Elbing, a good aunt gave board and lodging to the young Gymnasiast.[3] After a short interval, spent as an apprentice at a pharmacy, he resumed his studies nearer his home, at Tilsit, and then went to the university of Königsberg, the capital of the whole province. As a student there, Sudermann spent the first few terms fighting duels and drinking beer in a fraternity which he himself calls "rather a rough lot",[4] and whose colors he finally laid aside.[5]

[1] According to p. 106 of the fifth vol. of the periodical *Deutsche Heimat*.

[2] This then is the explanation of such a thoroughly South-German name as *Meyhöfer* and such a truly Scotch name as *Douglas* in *Frau Sorge*.

[3] In K. E. Franzos's *Die Geschichte des Erstlingswerks* (Berlin, Concordia Deutsche Verlagsanstalt), Sudermann himself relates: „ Damals war ich aus dem littauischen Hinterwalde nach Elbing zur guten Tante in Pension gekommen." In *Frau Sorge*, „die gute Tante in der Stadt" makes it possible for the hero's brothers to obtain a higher education.

[4] *Eine ziemlich rüde Gesellschaft*, on p. 274 of K. E. Franzos's book mentioned above.

[5] *Legte ich das grün-weiss-rote Band der Littauer ab*, ibid. 275; the very colors that are mentioned in *Frau Sorge*, p. 86, l. 3.

INTRODUCTION

In accordance with the migratory custom of German students, he gave up Königsberg for Berlin, after the Easter-vacation of 1877. The new political capital of the German Empire, which aimed to become the literary capital as well, offered many more opportunities to a young man of literary ambitions, who brought with him — a tragedy. At first, to be sure, he had difficulty in supporting himself. His tragedy was returned to him by the theatre-manager to whom he had sent it with high hopes and the request to keep what he could use, a request which was literally complied with by the manager, who kept — the wide white margin.[1] As a tutor in private families (one of which was that of a well-known author), as a contributor to newspapers, and, indeed, as an editor of one, Sudermann made a precarious living, fitting himself for his career by close observance of the life around him and by the study of foreign, especially French writers of the realistic and naturalistic schools. His first book, a collection of short stories published in 1887 under the title of *Im Zwielicht*, was favorably received by the Berlin critics; and when, in the same year, his *Frau Sorge* was brought out as a serial story in the widely read newspaper, *Berliner Tageblatt*, he was considered, in Berlin at least, as a "*kommender Mann*."[2] The following year brought from his pen two stories in one volume called *Die Geschwister*. A national and, indeed, an international reputation was not obtained by him until, in 1889, his drama *Die Ehre* was put upon the stage. This play treats of the different conceptions of honor held by the well-to-do inhabitants of the apartment-house and the poor dwellers of the tenement, both united under the same roof in large German cities.

Extolled to the skies by his admirers, and criticized severely

[1] K. E. Franzos, *Geschichte des Erstlingswerks*, pp. 275 to 281.

[2] So says one who, from his connection with the Berlin literary circles of that time, is apt to know, namely Adalbert von Hanstein, in *Das jüngste Deutschland* (Leipzig, R. Voigtländers Verlag, 1901) p. 110. Cf. also, Coar, *Studies in German Literature*, etc. (The MacMillan Company, 1903) p. 317.

by his detractors, Sudermann has ever since been one of the most prominent figures in German literature, writing quite a number of plays of various kinds, and several novels. A mere enumeration of titles being of as little use as a detailed discussion would be beyond the scope of this introduction, it may be sufficient to state that one of his dramas, *Heimat* (1893), under the name of its heroine, *Magda*, already belongs to modern world-literature, having been played by Sara Bernhardt in French, by Eleonora Duse in Italian and by other famous actresses in English and Russian,[1] but that competent critics assign the first place among his works to his one-act tragedy *Fritzchen* (1896), included with two other 'Einakter' under the title *Morituri*. In it we are again under the spell of the views of life of the Prussian squires, as we are in most of Sudermann's novels (*Es war*, 1894) and novelettes (*Iolanthes Hochzeit*, 1892). Sudermann is at his best, where, as in *Frau Sorge*, he gives way to early reminiscences of the people and the nature of his old home, far East of the Elbe.

Having at one time given up his residence at Berlin, out of disgust with the reception accorded there to some of his works, he returned, if not to the imperial capital, at least to its neighborhood and now (1910) lives at the castle of Blankensee, with his wife, herself an authoress.

He and his works have not only been the subject of numerous appreciations in periodicals and magazines, in pamphlets and in histories of literature, but two elaborate books[2] have been exclusively devoted to them.

E. L.

---

[1] Richard M. Meyer, *Die deutsche Litteratur des Neunzehnten Jahrhunderts*, Berlin, 1900, 2nd ed., p. 852.

[2] *Hermann Sudermann, Eine kritische Studie* von Waldemar Kawerau, Leipzig, Verlag von B. Elischer Nachfolger. *Hermann Sudermann, poète dramatique et romancier*, par Henri Schoen. Paris, Librairie Henri Didier, 1904.

Meinen Eltern

zum 16. November 1887.[1]

Frau Sorge,[2] die graue, verschleierte Frau,
Herzliebe Eltern, Ihr kennt sie genau;
Sie ist ja heute vor dreißig Jahren
Mit Euch in die Fremde hinausgefahren,
Da der triefende Novembertag   5
Schweratmend auf nebliger Heide lag
Und der Wind in den Weidenzweigen
Euch pfiff den Hochzeitsreigen.

Als Ihr nach langen, bangen Stunden
Im Litauerwalde ein Nest gefunden   10
Und zagend standet an öder Schwelle,
Da war auch Frau Sorge schon wieder zur Stelle
Und breitete segnend die Arme aus
Und segnete Euch und Euer Haus
Und segnete die, so in den Tiefen   15
Annoch den Schlaf des Nichtseins schliefen.[3]

Es rann die Zeit. — Die morsche Wiege,
Die jetzt im Dunkel unter der Stiege
Sich freut der lang verdienten Rast,
Sah viermal einen neuen Gast.   20
Dann, wenn die Abendglut verblichen,[4]
Kam aus dem Winkel ein Schatten geschlichen
Und wuchs empor und wankte stumm
Erhobenen Arms[5] um die Wiege herum.

Meinen Eltern

Was Euch Frau Sorge da versprach,
Das Leben hat es allgemach
In Seufzen und Weinen, in Not und Plage,
Im Mühsal trüber Werkeltage,
Im Jammer manch durchwachter Nacht
Ach! so getreulich wahr gemacht.
Ihr wurdet derweilen alt und grau,
Und immer noch schleicht die verschleierte Frau
Mit starrem Aug' und segnenden Händen,
Zwischen des Hauses armen vier Wänden,
Vom dürftigen Tisch zum leeren Schrein,
Von Schwelle zu Schwelle aus und ein,
Und kauert am Herde und bläst in die Flammen
Und schmiedet den Tag mit dem Tage zusammen.

Herzliebe Eltern, drum nicht verzagt![1]
Und habt Ihr Euch redlich gemüht[2] und geplagt
Ein langes, schweres Leben lang,
So wird auch Euch bei der Tage Neigen[3]
Ein Feierabend vom Himmel steigen.

Wir Jungens[4] sind jung — wir haben Kraft,
Uns ist der Mut noch nicht erschlafft,
Wir wissen zu ringen mit Not und Mühn,
Wir wissen, wo blaue Glücksblumen[5] blühn;
Bald kehren wir lachend heim nach Haus
Und jagen Frau Sorge zur Tür hinaus.

Frau Sorge

I.

Gerade, als das Gut Meyhöfers sich unter dem Hammer befand, wurde Paul, sein dritter Sohn, geboren.

Das war freilich eine schwere Zeit!

Frau Elsbeth[1] mit ihrem vergrämten Gesicht und ihrem wehmütigen Lächeln lag in dem großen Himmelbette, neben sich die Wiege[2] des Neugeborenen, ließ die Augen unruhig umherschweifen und horchte auf jegliches Geräusch, das vom Hofe und aus den Wohnzimmern in ihre traurige Wochenstube drang. — Bei jedem verdächtigen Laute fuhr sie empor, und jedesmal, wenn eine fremde Männerstimme sich hören ließ[3] oder ein Wagen mit dumpfem Rollen dahergefahren kam,[4] fragte sie, in heller Angst die Pfosten des Bettes umklammernd:

„Ist's so weit?[5] Ist's so weit?"

Niemand gab ihr Antwort. Der Arzt hatte streng befohlen, jede Aufregung von ihr fern zu halten; aber er hatte nicht bedacht, der gute Mann, daß dieses ewige Hangen und Bangen[6] sie tausendmal härter quälen mußte,[7] als die schrecklichste Gewißheit.

Eines Vormittags — am fünften Tage nach der Geburt — hörte sie ihren Mann, den sie seit dieser bösen Zeit kaum einmal zu Gesicht bekommen,[1] mit schwerem Fluchen und Seufzen im Nebenzimmer auf und nieder gehen. — Auch ein Wort konnte sie verstehen, ein einziges Wort, das er immer aufs neue wiederholte, das Wort: „Heimatlos!"

Da wußte sie: Es war so weit.

Sie legte die matte Hand auf das Köpfchen des Neugeborenen, der mit einem ernsthaften Gesicht still vor sich hindröselte, und weinte in die Kissen hinein.

Nach einer Weile sagte sie zu der Dienstmagd, welche den Kleinen wartete:

„Bestell' dem Herrn, ich möchte ihn sprechen."

Und er kam. — Mit seinen dröhnenden Schritten trat er vor das Bett der Wöchnerin und sah sie an mit einem Gesichte, das in seiner erzwungenen Unbefangenheit doppelt verzerrt und verzweifelt dreinschaute.

„Max," sagte sie schüchtern, denn sie hatte immer Angst vor ihm, „Max, verheimliche mir nichts — ich bin ja[2] ohnehin auf das Schlimmste gefaßt."

„Bist du?" fragte er mißtrauisch, denn er erinnerte sich an die Warnung des Arztes.

„Wann müssen wir hinaus?"

Als er sah, daß sie so ruhig dem Unglück ins Auge schaute, glaubte er fürder nicht nötig zu haben, ein Blatt vor den Mund zu nehmen, und wetternd brach er los:

„Heute — morgen — ganz wie es dem neuen Herrn ge=

fällt! — Nur durch seine Barmherzigkeit sind wir noch hier, — und wenn es ihm so paßt, können wir diese Nacht auf der Straße logieren."

„So schlimm wird es nicht sein, Max," sagte sie, mühsam ihre Fassung bewahrend, „wenn er erfährt, daß erst vor ein paar Tagen[1] ein Kleines eingekehrt ist — —"

„So[2] — ich soll wohl betteln gehen bei ihm — was?"

„O, nicht doch.[3] Er tut's[4] von selbst. Wer ist es denn?"

„Douglas[5] heißt er — stammt aus dem Insterburgischen — trat sehr breitspurig auf, der Herr, sehr breitspurig — hätt'[6] ihn am liebsten vom Hofe gejagt."

„Ist uns was übrig geblieben?" Sie fragte es leise und zögernd und sah dabei auf den Neugeborenen nieder, hing doch[7] von der Antwort vielleicht sein junges, schwaches Leben ab.

Er brach in ein hartes Lachen aus. „Ja, ein Trinkgeld — volle zweitausend Taler."

Sie seufzte erleichtert auf, denn ihr war zu Mute gewesen, als[8] hörte sie schon das fürchterliche „Nichts" von seinen Lippen schwirren.

„Was[9] sollen uns zweitausend Taler," fuhr er fort, „nachdem ihrer[10] fünfzig in den Sumpf geschmissen sind? Soll ich etwa in der Stadt eine Gastwirtschaft aufmachen oder mit Knöpfen und Bändern handeln? Du hilfst vielleicht noch mit, indem[11] du in vornehmen Häusern nähen gehst, und die Kinder verkaufen Streichhölzchen auf den Straßen — hahaha!"

Er wühlte sich in den schon graumelierten, buschigen Haaren und stieß dabei mit dem Fuße gegen die Wiege, daß sie heftig hin und her schwankte.

„Wozu ist das Wurm nun geboren?" murmelte er düster, dann kniete er neben der Wiege nieder, begrub die winzigen Fäustchen in den Höhlungen seiner großen, roten Hände und redete zu seinem Kinde: „Wenn du gewußt hättest, Junge, wie schlecht und niederträchtig diese Welt ist, wie die Unverschämtheit darin siegt und die Rechtlichkeit zu Grunde geht, du wärst[1] wahrhaftig geblieben, wo du warst. — Was wirst du für ein Schicksal haben? — Dein Vater ist ein Stück Vagabunde, ein Abgewirtschafteter, der sich mit Weib und drei Kindern auf der Straße herumtreibt, bis er einen Ort gefunden hat, wo er sich und die Seinen vollends zu Grunde richtet — —"

„Max, sprich nicht so — du brichst mir das Herz," rief Frau Elsbeth weinend und streckte die Hand aus, um sie auf den Nacken des Mannes zu legen, aber diese Hand sank kraftlos hernieder, ehe sie ihr Ziel erreichte.

Er sprang empor. — „Du hast recht — genug mit dem Jammern! — Freilich, wenn ich jetzt allein wäre, ein Junggeselle wie in den früheren Tagen, dann ging' ich nach Amerika oder in die russischen Steppen, dort wird man reich, — ja, dort wird man reich, — oder ich spekulierte[2] an der Börse, — heute Hausse, morgen Baisse, — hei, da ließe[3] sich Geld verdienen, aber so — gebunden wie man ist" — — — er warf einen kläglichen Blick auf Weib und Kind,

dann wies er mit der Hand zum Hofe hinaus, von wo die
lachenden Stimmen der zwei Älteren hereintönten.

„Ja, ich weiß wohl, daß wir dir jetzt eine Last sein
müssen," sagte die Frau demütig.

„Rede mir[1] nicht von Last!" erwiderte er polternd. „Was
ich sagte, war nicht bös gemeint. Ich hab' euch lieb — und
damit basta! Es fragt sich jetzt nur, wohin? Wäre wenig=
stens dieses Neugeborene nicht, so ließen[2] sich die Wechsel=
fälle eines ungewissen Daseins eine Zeitlang ertragen.
Aber nun — du krank — das Kind der Pflege bedürftig
— zu guter Letzt bleibt uns nichts übrig, als irgend ein
Bauerngut zu kaufen und die zweitausend Taler als An=
zahlung zu geben. Heißa, das kann ein Leben werden —
ich mit dem Bettelsack,[3] du mit dem Ranzen — ich mit dem
Spaten, du mit dem Milcheimer —"

„Das wäre noch nicht das Schlimmste," sagte die Frau
leise.

„Nein?" er lachte bitter — „Na, dir[4] kann geholfen wer=
den. Da ist z. B.[5] Mussainen zu verkaufen, das klägliche
Moorgrundstück draußen auf der Heide."

„O, warum gerade das," sagte sie zusammenschauernd.

Er verliebte sich sofort in seinen Gedanken.

„Ja, das hieße[6] den Kelch bis auf die Hefe leeren.
Im Angesichte stets die verflossene Herrlichkeit — denn du
mußt wissen, das Herrenhaus von Helenental glänzt dort
geradeswegs in die Fenster — ringsum Moor und Brachland
an die zweihundert Morgen — vielleicht ließe sich manches[7]

„Seien Sie mir nicht gram. Das Schicksal hat es gewollt, daß ich Sie in diesem Hause verdränge, aber schuld habe ich nicht daran. Mein Mann hat[1] mir eine Überraschung bereiten wollen, denn der Name dieses Gutes stimmt mit meinem Vornamen überein. Meine Freude war sofort verschwunden, als ich hörte, unter welchen Verhältnissen er es erworben,[2] und wie gerade Sie, liebe Frau Meyhöfer, in dieser doppelt schweren Zeit haben leiden müssen. Da zwang es mich denn, mein Herz zu erleichtern, indem[3] ich Sie persönlich um Verzeihung bäte für den Kummer, den ich Ihnen bereitet habe und noch bereiten werde, denn Ihre Leidenszeit ist ja noch nicht vorüber."

Frau Elsbeth hatte, als ob dies so sein müßte,[4] den Kopf an der Fremden Schulter gelehnt und weinte still vor sich hin.

„Und vielleicht kann ich Ihnen auch ein wenig nützen," fuhr diese fort, „mindestens dadurch,[5] daß ich einen Teil Bitterkeit von Ihrer Seele nehme. Wir Frauen pflegen uns[6] besser zu verstehen, als die harten, heftigen Männer einander. Die gemeinsamen Leiden, die auf uns lasten, führen uns näher. Und vor allen Dingen eins: Ich habe mit meinem Manne gesprochen und bitte Sie in meinem und in seinem Namen, dieses Haus so lange als Eigentum zu betrachten, als es Ihnen irgend beliebt. Wir bringen den Winter meistens in der Stadt zu und haben zudem noch ein zweites Gut, das wir durch einen Verwalter be-

wirtschaften lassen wollen.¹ Sie sehen also, daß Sie uns²
in keiner Weise stören und höchstens einen Gefallen er=
weisen, wenn Sie noch ein halbes Jahr und darüber hier
schalten und walten wie bisher."

Frau Elsbeth dankte nicht, aber der tränenfeuchte Blick,
den sie zu der Fremden erhob, war Dank genug.

„Jetzt seien Sie wieder heiter, liebste Frau," fuhr diese
fort, „und wenn Sie für die Zukunft Rat und Hilfe
brauchen, bedenken Sie, daß hier jemand ist, der viel an
Ihnen gutzumachen hat. — Und welch ein prächtiges Kind"
— sie wandte sich nach der Wiege hin — „ein Junge oder
ein Mädel?"

„Ein Junge," sagte Frau Elsbeth mit einem schwachen
Lächeln.

„Findet er schon Geschwister in dieser Welt? — Aber
was³ frag' ich! Die beiden strammen kleinen Kerle draußen,
die mich am Wagen empfingen — darf ich sie näher kennen
lernen? — Nein, hier nicht," wehrte sie hastig ab⁴ — „es
könnte Sie noch mehr erregen. Später! Später! — Vorerst
interessiert uns dieser kleine Weltbürger."

Sie beugte sich über die Wiege und nestelte das Wickel=
zeug zurecht.

„Er macht schon eine ganz altkluge Miene," sagte sie
scherzend.

„Die Sorge hat an seiner Wiege gestanden," erwiderte
Frau Elsbeth leise und schwermütig, „daher hat er das
alte Gesicht."

„O, nicht abergläubisch sein,[1] meine Beste," erwiderte die Besucherin. „Ich habe mir sagen lassen,[2] daß Neugeborene in ihren Zügen oft etwas Greisenhaftes tragen. Das verliert sich bald. Lassen Sie uns Freundinnen sein! Ich bitte Sie recht herzlich! — Wissen Sie was?[3] Nehmen Sie mich zur Patin für diesen Ihren Jüngsten und erweisen Sie mir den gleichen Liebesdienst, wenn der Himmel mich segnet. — —"

Die beiden Frauen drückten sich[4] stumm die Hände. Ihr Freundschaftsbund war geschlossen. — — —

Als die Besucherin sie verlassen hatte, sah Frau Elsbeth mit einem scheuen, traurigen Blick in die Runde. „Es war noch eben so hell, so sonnig hier," murmelte sie, „und ist jetzt wieder so dunkel geworden."

Nach einer kleinen Weile kamen die beiden Ältesten trotz der Abwehr der Wärterin mit hellem Jubel in das Krankenzimmer gestürzt.[5] Ein jeder hielt eine Zuckerdüte in der Faust.

„Das hat uns die fremde Dame geschenkt," jauchzten sie.

Frau Elsbeth lächelte. „Pst, Kinder," sagte sie, „ein Engel ist bei uns gewesen."

Die beiden kleinen Burschen machten ängstliche Augen und fragten:

„Mama, ein Engel?"

II.

So wurde Frau Douglas Pauls Taufpatin.

Wohl war Meyhöfer nicht wenig ungehalten über die neue Freundschaft, denn „das Mitleid der Glücklichen brauche ich nicht," pflegte er zu sagen; aber als die milde, freundliche Frau zum zweiten Male auf dem Hofe erschien und ihm gut zuredete, wagte er nicht länger, nein zu sagen.

Auch in den ferneren Verbleib auf der alten Heimstätte willigte er — freilich mit Widerstreben — ein. Die Wirtschaft Mussainen, die er in der Tat noch an demselben Tage käuflich erstanden hatte, war in so desolatem Zustande, daß ein Verweilen darin während der kalten Herbsttage für Weib und Kind gefährlich schien. Vor allem mußten die notwendigsten Reparaturen besorgt und Zimmermann, Maurer und Töpfer[1] herbeigeholt werden, ehe an einen Umzug zu denken war.[2]

Nichtsdestoweniger sah sich Frau Elsbeth durch den Eigensinn ihres Mannes gezwungen, lange bevor die Herrichtung der neuen Wohnung vollendet war, in dieselbe überzusiedeln. Als nämlich eines Tages ein Inspektor des neuen Herrn mit einer Anzahl Arbeiter auf dem Hofe erschien und in seinem Auftrage bescheiden um Unterkunft bat, erklärte er dessen[3] Handlungsweise für eine ihm geflissentlich angetane Schmach und war entschlossen, keinen Tag länger auf dem Boden zu verweilen, der einst sein Eigentum gewesen. — — —

Es war ein kalter, trüber Novembertag, als Frau Elsbeth mit ihren Kindern dem alten, lieben Hause Valet sagte. — Ein feiner Sprühregen rieselte, alles durchnässend, vom Himmel. In grauen Nebel eingehüllt, öde und trostlos
5 lag die Heide vor ihren Blicken.

Das jüngste[1] an der Brust, die beiden älteren Kinder weinend um sich her, so bestieg sie den Wagen, der sie dem neuen und ach! so düsteren Schicksal entgegenführte.

Als sie zum Hoftor hinausrollten und der kalte Heide=
10 wind ihnen mit eisigen Ruten ins Gesicht peitschte, da fing auch das Kleine, das so lange still und friedlich dagelegen, kläglich zu weinen an. Sie hüllte es fester in ihren Mantel und beugte sich tief auf das kleine, zitternde Körperchen nieder, um die Tränen nicht zu zeigen, die ihr unaufhalt=
15 sam über die Wangen rollten.[2]

Nach einer halben Stunde Fahrt auf den lehmigen, regen= durchweichten Wegen erreichte der Wagen sein Ziel. Fast hätte sie laut aufgeschrien,[3] als sie das neue Heimwesen in seiner Trostlosigkeit und seinem Verfalle vor ihren
20 Blicken liegen sah.

Langgestreckte, aus Lehm und Heidekraut aufgeführte Wirtschaftsgebäude — ein sumpfiger Hof — ein niedriges, mit Schindeln gedecktes Wohnhaus, von dessen[4] Wänden der Kalk stellenweise abgebröckelt war und die nackte Mauer
25 bloßlegte, — ein verwilderter Garten, in dem die letzten traurigen Reste des Sommers, Astern und Sonnenblumen, neben halbverwesten Küchenkräutern wucherten, ringsum ein

grell angestrichener Zaun — das war der Ort, an welchem
die Familie des abgewirtschafteten Gutsbesitzers fortan zu
hausen hatte.

Das war der Ort, an welchem der kleine Paul heran=
wuchs, welchem die Liebe seiner Kindheit, die Sorge seines
halben Lebens galt. — — — —

Er war in seinen ersten Jahren ein gar zartes, siechendes
Geschöpf, und in mancher Nacht zitterte die Mutter, daß
das matte Lämpchen seines Lebens verlöschen werde, ehe
der Morgen graute. Dann saß[1] sie in dem düsteren, nie=
drigen Schlafzimmer, die Ellbogen auf die Kante seines
Bettchens gestützt, und starrte mit brennenden Augen auf
das magere Körperchen nieder, welches ein Krampf schmerz=
haft zusammenzerrte.

Aber er überstand alle die Krisen der ersten Kindheit,
und mit fünf Jahren war[2] er, wenn auch schwächlich an
Gliedern und blaß, fast welk im Gesichte — die alten Züge
hatte er richtig beibehalten — ein gesunder Knabe, auf
dessen Emporkommen man Hoffnung setzen konnte.

In dieselbe Zeit fallen seine frühesten Erinnerungen.

Die erste, die er sich in späteren Jahren vielfach zurück=
rief, war folgende:

Das Zimmer ist halbdunkel. An den Fenstern blühen
die Eisblumen, und rötlich dringt der Schein des Abend=
rots durch die Gardinen. Die älteren Brüder sind Schlitt=
schuh laufen gegangen; er aber liegt in seinem Bette, denn
er muß frühe schlafen gehen, und neben ihm sitzt die

Mutter, die eine Hand um seinen Hals gelegt, die andere auf der Kante der Wiege, in welcher die beiden kleinen Schwesterchen schlafen, die der Storch vor einem Jahr gebracht, beide an ein[1] und demselben Tage.

„Mama, erzähl' mir ein Märchen," bittet er.

Und die Mutter erzählte. Was? daran erinnert er sich nur dunkel, aber es war darin von einer grauen Frau die Rede, welche in allen trüben Stunden die Mutter besucht hatte, eine[2] Frau mit bleichem, hagerem Gesichte und dunkeln, verweinten Augen. Sie war wie ein Schatten gekommen und wie ein Schatten gegangen, hatte die Hände über der Mutter Haupt gebreitet, ungewiß, ob zum Segen oder zum Fluche, und allerhand Worte gesprochen, die auch auf ihn, den kleinen Paul, Bezug hatten. Es war darin von einem Opfer und einer Erlösung die Rede gewesen, aber die Worte vergaß er wieder, wahrscheinlich, weil er noch zu dumm war, sie zu verstehen. Aber einer Sache erinnerte er sich ganz genau: Während er, schier atemlos vor Grauen und Erwartung, den Worten der Mutter lauschte, sah er plötzlich die graue Gestalt, von der sie sprach, leibhaftig an der Türe stehen — ganz dieselbe mit ihren erhobenen Armen und ihrem blassen, traurigen Gesicht. Er verbarg den Kopf im Arme der Mutter — sein Herz pochte, der Atem fing an, ihm zu fehlen, und in Todesangst mußte er aufschreien:

„Mama, da ist sie, da ist sie!"

„Wer? die Frau Sorge?" fragte die Mutter.

Er antwortete nicht und fing zu weinen an.

„Wo denn?"¹ fragte die Mutter weiter.

„Dort in der Tür," erwiderte er, sich aufrichtend und ihren Hals umklammernd, denn er hatte große Angst.

„O du kleiner Dummrian!" sagte die Mutter. „Das ist ja Papas langer Reisemantel." Und sie holte denselben her und hieß ihn Futter und Oberzeug betasten, damit er's ganz genau wüßte, und er gab sich darein; aber innerlich war er nur um so fester überzeugt, daß er die graue Frau von Angesicht zu Angesicht gesehen. Und nun wußte er auch, wie sie hieß.

„Frau Sorge" hieß sie.

Aber die Mutter war nachdenklich geworden und ließ sich nicht bewegen, das Märchen zu Ende zu erzählen. Auch in späteren Zeiten nicht. Mochte er sie noch so flehentlich bitten.²

Von dem Vater hatte er aus jenen Jahren nur eine dunkle Erinnerung bewahrt. Ein Mann mit großen Wasserstiefeln, der die Mutter schalt und die Brüder prügelte und ihn selbst zu übersehen pflegte. Nur bisweilen fing er einen scheelen Blick auf, der ihm nichts Gutes zu bedeuten schien. Manchmal, besonders wenn er in der Stadt gewesen war, hatte sein Gesicht eine dunkelrote Farbe wie ein überheizter Kessel, und sein Gang lief kreuz und quer von einer Diele auf die andere. Dann spielte sich immer dieselbe Geschichte ab:

Zuerst liebkoste³ er die beiden Zwillinge, die er ganz

besonders in sein Herz geschlossen hatte, und schaukelte sie
auf seinen Armen, während die Mutter dicht dabei stand
und mit angstvollem Blicke alle seine Bewegungen ver=
folgte; dann setzte er sich zum Essen, stöckerte ein wenig in
5 den Schüsseln herum und schob sie dann beiseite, indem er
den „Fraß" pauvre und unschmackhaft nannte, riß auch wohl
Max oder Gottfried eins mit der Gerte über den Nacken,[1]
war auf die Mutter böse und ging schließlich hinaus, um
mit den Knechten Händel anzufangen. — Kehrte[2] er nach
10 einer Weile in das Zimmer zurück, so war seine Stimmung
meistens von Zorn in Verzweiflung umgeschlagen. Dann
trat er wohl[3] ans Fenster und schüttelte die Faust nach
dem „weißen Hause" hin, das aus der Ferne so freundlich
herüberblickte.

15 Ja, dieses „weiße Haus"!

Der Vater schalt darauf, er runzelte die Brauen, wenn
nur sein Blick nach jener Richtung hinschweifte, und er selbst,
er hatte es so lieb, als wenn ein Stück seiner Seele dort
weilte. Warum? Er wußte es selbst nicht. Vielleicht nur,
20 weil die Mutter es liebte. Auch sie stand ja gar oft am
Fenster und schaute darauf hin, aber sie runzelte nicht die
Brauen, o nein! — ihr Gesicht wurde weich und wehmütig,
und aus ihren Augen strahlte eine Sehnsucht, so inbrünstig,
daß ihm,[4] der still daneben stand, gar oft ein Schauer heiß
25 über den Nacken lief.

War doch[5] sein kleines Herz von ganz derselben Sehn=
sucht erfüllt! Erschien ihm doch, solange er denken konnte,

jenes Haus als der Inbegriff alles Schönen und Herrlichen! Stand es doch, wenn er die Lider zudrückte, allzeit vor seinen Augen, schlich es sich doch selbst in seine Träume hinein!

"Bist du schon einmal in dem ‚weißen Hause' gewesen?" fragte er eines Tages die Mutter, als er seine Wißbegier nicht länger zügeln konnte.

"O ja, mein Sohn," erwiderte sie, und ihre Stimme klang traurig und unsicher.

"Oft, Mama?"

"Sehr oft, mein Junge. Deine Eltern haben einmal dort gewohnt, und du bist dort zur Welt gekommen."

Seitdem war ihm das "weiße Haus" dasselbe, was dem Menschengeschlechte das verlorene Paradies. — — —

"Wer wohnt denn jetzt in dem ‚weißen Hause'?" fragte er ein andermal.

"Eine schöne, freundliche Frau, die alle Menschen liebhat und dich ganz besonders, denn du bist ja ihr Patenkind."

Ihm war zu Mute, als ergösse[1] sich eine unendliche Fülle von Glück über sein Haupt. Er war so aufgeregt, daß er zitterte.

"Warum fahren wir denn nicht zu der schönen, freundlichen Frau?" fragte er nach einer Weile.

"Papa will's nicht haben," erwiderte sie, und ihre Stimme hatte einen eigentümlich scharfen Klang, der ihm auffiel.

Er fragte nicht weiter, denn des Vaters Wille galt als

ein Gesetz, dessen Gründen niemand nachzuforschen hatte; aber an diesem Tage knüpfte das Geheimnis des „weißen Hauses" ein neues Band zwischen Mutter und Sohn. — Öffentlich durfte nicht von ihm gesprochen werden.[1] Der Vater wurde wütend, sobald man seine Existenz nur andeutete, und auch die Brüder mochten mit ihm, dem Jüngsten, nicht gern darüber reden; wahrscheinlich fürchteten sie, daß er's in seiner Dummheit wiedersage. Aber die Mutter, die Mutter vertraute ihm!

Wenn sie miteinander allein waren — und sie waren während der Schulzeit fast immer allein — dann öffnete[2] sich ihr Mund und mit dem Munde das Herz, und das „weiße Haus" stieg aus ihren Erzählungen immer höher und leuchtender vor seinen Augen empor. Bald kannte er jedes Zimmer, jede Laube im Garten, den grünumbuschten Weiher mit der spiegelnden Glaskugel[3] davor und die Sonnenuhr auf der Terrasse; man denke,[4] eine Uhr, auf welcher die liebe Sonne selbst die Stunden anzeigen mußte. Welch ein Wunder!

Er hätte mit geschlossenen Augen auf Helenental umhergehen können und sich dennoch nicht verirrt.

Und wenn er mit Klötzchen spielte, dann baute er sich ein weißes Haus mit Terrassen und Sonnenuhren — zwei Dutzend auf einmal! — grub Teiche in den Sand und befestigte Marmelsteine auf kleinen Pfählen, um die Glaskugeln anzudeuten. Aber freilich, spiegeln[5] taten sie nicht.

III.

Zu derselben Zeit faßte er den Plan, dem „weißen
Hause" einen Besuch abzustatten. Ganz auf eigene Faust.
Er verschob es auf den Frühling; als aber der Frühling
kam, fand er nicht den Mut dazu. Er verschob es auf den
Sommer, aber auch dann kamen allerhand Hindernisse
dazwischen. Einmal hatte er einen großen Hund allein
auf der Wiese umherstreichen sehen — wer konnte wissen,
ob es nicht ein toller war? — und ein andermal war ihm
der Bulle mit gesenkten Hörnern auf den Leib gerückt.

„Ja, wenn ich groß sein werde, wie die Brüder," so
tröstete er sich, „und in die Schule gehe, dann werde ich
mir einen Stock nehmen und den tollen Hund totschlagen,
und den Bullen werd' ich bei den Hörnern fassen, daß er
mir nichts tun kann."

Und er verschob es auf das nächste Jahr; denn dann
sollte[1] er beginnen in die Schule zu gehen, ganz wie die
großen Brüder.

Die großen Brüder waren Gegenstand seiner Anbetung.
Zu werden wie sie, erschien ihm das letzte Ziel menschlicher
Wünsche. Auf Pferden reiten, auf großen wirklichen, nicht
bloß auf hölzernen, Schlittschuh laufen, schwimmen ganz
ohne Binsen und Schweinsblasen, und Vorhemdchen tragen,
weiße, gestärkte, die mit Bändern um den Leib befestigt
werden, ach, wer das könnte![2]

Aber dazu muß man erst groß sein, tröstete er sich.[3]

Diese Gedanken behielt er ganz für sich, der Mutter mochte er sie nicht sagen, und den Brüdern selbst, — o, die machten sich sehr wenig mit ihm zu schaffen. Er war ein solcher Knirps in ihren Augen, und wenn die Mutter bestimmte, daß sie ihn irgendwohin mitnähmen, waren sie unwillig, denn dann mußten sie auf ihn achtgeben und um seiner Dummheit willen[1] die schönsten Streiche aufgeben. Paul fühlte das wohl, und um ihren bösen Gesichtern und noch böseren Püffen auszuweichen, sagte er meistens, er wolle lieber zu Hause bleiben, mochte[2] ihm auch noch so weh ums Herze sein. Dann setzte er sich auf den Pumpenschwengel, und während er sich leise hin und her schaukelte, träumte er von den Zeiten, da er's den Brüdern gleichtun wollte.

Auch im Lernen. — Und das war keine Kleinigkeit, denn beide, Max sowohl wie Gottfried, saßen die Ersten[3] in ihrer Schule und brachten zu den Feiertagen stets sehr schöne Zeugnisse mit nach Hause.

An einem solchen Freudentage hörte er den Vater sagen: „Ja, wenn ich die beiden Ältesten in eine gute Schule geben könnte, da würde was aus ihnen werden,[4] denn sie haben ganz meinen aufgeweckten Kopf; aber Bettler, wie wir sind, werden wir sie wohl auch zu Bettlern[5] erziehen müssen."

Paul dachte viel darüber nach, denn er wußte bereits, daß Max zum Feldmarschall und Gottfried zum Feldzeug= meister geboren sei. Es hatte sich nämlich einmal ein Ruppiner Bilderbogen mit Abbildungen der österreichischen

Armee in das Heidehaus verirrt, und an diesem Tage waren die Brüder einig geworden, die beiden höchsten Würden der Generalität unter sich zu verteilen, während ihm, dem Jüngeren, eine Unterleutnantsstelle zufallen sollte.[1]

Zu derselben Zeit begannen die Zwillinge gehen zu lernen. Käthe, die Ältere — sie war um dreiviertel Stunden früher zur Welt gekommen — machte den Anfang, und Grete folgte ihr drei Tage später nach.

Das war ein bedeutungsvolles Ereignis in Pauls Leben. Plötzlich stand er gebannt in einen Kreis von Pflichten, der ihn so bald nicht wieder freilassen sollte.

Niemand hatte ihm aufgetragen, die ersten Schritte der kleinen Schwestern zu bewachen; aber so selbstverständlich[2] es stets gewesen, daß er seine Schuhe schon am Abend putzte und die der Brüder dazu, daß er sein Röckchen viereckig zusammengefaltet zu Kopfenden des Bettes niederlegte und die beiden Strümpfe kreuzweise darüber, daß er nie einen Flecken ins Tischtuch machte, und daß er vom Vater einen Denkzettel erhielt, wenn das Unglück einem der Brüder passierte, so selbstverständlich war es auch, daß er sich fortan der kleinen Schwestern annahm und mit altkluger Sorge über ihren tollkühnen Steh- und Gehkunststücken wachte.

Er kam sich so wichtig in diesem neuen Amte vor,[3] daß selbst die Sehnsucht nach der Schule geringer wurde, und hätte er allenfalls noch — pfeifen können, das Maß[4] seiner Wünsche wäre voll gewesen.

Auch hierin tröstete er sich mit dem Gedanken: „Wenn ich erst groß sein werde."

Die Weihnachten dieses Jahres brachten eine Freudenbotschaft. Von der „guten Tante"[1] aus der Stadt, einer Schwester seiner Mutter, traf eine Kiste ein mit allerhand schönen und nützlichen Sachen, Bücher und Hemdenzeug für die Brüder, Kleidchen für die Schwestern und für ihn ein Sammetrock, ein wirklicher Sammetrock, mit Husarenschnüren und großen blanken Knöpfen. — Das war eine Freude! — Aber die allerschönste Bescherung stand erst[2] in dem Briefe, welchen die Mutter mit Tränen der Rührung und der Freude vorlas. Die gute Tante schrieb, daß sie aus dem letzten Briefe „Elsbeths" ersehen habe, wie es ihres Mannes höchster Wunsch sei, den beiden ältesten Knaben eine bessere Schulbildung zu geben, und daß sie sich infolgedessen entschlossen habe, dieselben zu sich ins Haus zu nehmen und sie das Gymnasium auf eigene Kosten durchmachen zu lassen. Die Brüder jauchzten, die Mutter weinte, der Vater rannte in der Stube umher, fuhr sich mit der Hand durch die Haare und murmelte aufgeregte Worte.

Ja, das waren Weihnachten!

Und als der Frühling sich näherte, ging's an[3] ein großes Nähen und Stricken für die Aussteuer. Paul durfte beim Zuschneiden behilflich sein, die Elle halten und die Schere zureichen, und die Zwillinge lagen auf der Erde und wühlten in der weißen Leinwand.

Die Brüder wurden ausgestattet wie zwei Prinzen.
Nichts wurde vergessen. Selbst Schlipse bekamen sie, die
hatte die Mutter aus einer alten Taffetmantille zurecht=
geschneidert.

Die Brüder waren in dieser Zeit ungeheuer stolz. Sie
spielten bereits die Herren, jeder auf seine Weise. Max
drehte sich Zigaretten, indem[1] er Knaster aus des Vaters
Tabakskasten in kleine Papierdüten schüttete, welche er an
dem breiten Ende in Brand steckte, und Gottfried setzte sich
eine Brille auf, welche er in der Schule für sechs Hosen=
knöpfe erstanden hatte.

Gleich nach Ostern[2] fuhren die beiden Brüder ab. Das
gab viel Tränen im Hause. Als aber der Wagen zum
Hoftor hinausgerollt war, da preßte die Mutter ihr tränen=
überströmtes Gesicht gegen Pauls Wange und flüsterte:

„Du bist lange vernachlässigt worden, mein armes Kind;
jetzt sind wir wieder zu zweien[3] wie vordem."

„Mama, an Tuß!"[4] schrie die kleine Käthe, die Ärmchen
ausreckend, und ihre Schwester tat desgleichen.

„Ja, ihr seid ja auch noch da!" rief die Mutter, und
heller Sonnenschein leuchtete über ihr blasses Angesicht.

Und dann nahm sie jede auf einen Arm, trat mit ihnen
ans Fenster und schaute lange nach dem „weißen Hause"
hinüber.

Paul steckte[5] den Kopf zwischen den Falten ihres Kleides
hervor und tat desgleichen.

Die Mutter senkte den Blick zu ihm herab, und als er[6]

seinem altklugen Kinderauge begegnete, errötete sie ein wenig und lächelte. Aber keines[1] sprach ein Wort.

Als der Vater aus der Stadt zurückkam, verlangte er, daß Paul anfangen sollte, in die Schule zu gehen. —

Die Mutter wurde sehr traurig und bat, ihn doch noch ein halbes Jahr daheim zu lassen, damit sie sich nicht allzusehr nach den beiden Ältesten bange, sie wolle[2] ihn selber unterrichten und weiter bringen, als der Lehrer es vermöchte. Aber der Vater wollte nichts davon wissen und schalt sie eine Tränenliese.[3]

Paul bekam einen Schreck. — Die Sehnsucht nach der Schule, die ihn früher stets erfüllt hatte, war ganz verschwunden; freilich, jetzt waren auch die Brüder nicht mehr da, denen er nachzueifern hatte.

Am nächsten Tage nahm der Vater ihn bei der Hand und führte ihn ins Dorf hinüber, dessen erste Häuser etwa zweitausend Schritt von dem Meyhöferschen Grundstück entfernt lagen.

Die Schule war ein niedriges, strohbedecktes Gebäude, nicht viel anders wie[4] ein Bauernhaus, aber daneben standen allerhand hohe Stangen[5] mit Leitern und Gerüsten.

„Daran werden die faulen Kinder aufgehängt," erklärte der Vater.

Pauls Angst erhöhte sich noch; als aber der Lehrer, ein freundlicher, alter Mann mit weißen Bartstoppeln und einer fettigen Weste, ihn zu sich aufs Knie nahm und ihm ein schönes, buntes Bilderbuch zeigte, da wurde er wieder ruhig; nur die vielen fremden Gesichter, die von den Bänken her nach ihm hinstarrten, schienen ihm nichts Gutes zu bedeuten.

Er erhielt den letzten[1] Platz und mußte zwei Stunden lang Grundstriche auf die Schiefertafel malen.

In der Zwischenpause kamen die großen Jungen an ihn heran und fragten nach seinem Frühstücksbrote, und als sie sahen, daß es mit Schlackwurst belegt war, nahmen sie es ihm fort. Er ließ sich das ruhig gefallen, denn er glaubte, es müsse so sein.[2] Beim Nachhausegehen prügelten sie ihn, und einer stopfte ihm Nesseln in den Halskragen. Er glaubte, auch das müsse so sein, denn er war ja der Kleinste; aber als er die Häuser des Dorfes hinter sich hatte und einsam auf der sonnbeglänzten Heide daherging, da fing er zu weinen an. Er warf sich unter einem Wacholderbusche nieder und starrte zum blauen Himmel in die Höhe, wo die Schwalben hin und her schossen.

„Ach, wenn du doch auch so fliegen könntest!" dachte er, — da fiel das „weiße Haus" ihm ein.

Er richtete sich auf und suchte es mit den Augen. Wie das verzauberte Schloß, von welchem die Mutter in ihren Märchen zu erzählen wußte,[3] strahlte es zu ihm herüber. Die Fenster glitzerten wie Karfunkelsteine, und die grünen Büsche wölbten sich ringsum wie eine hundertjährige Dornenhecke.[4]

In seinen Schmerz mischte sich ein Gefühl des Stolzes und des Selbstbewußtseins. „Du bist nun groß," sagte er sich, „denn du gehst ja in die Schule. Und wenn du jetzt die Wanderschaft antreten wolltest, kann niemand etwas dagegen haben." Und dann kam wieder die Angst über ihn. Der böse Bulle und die tollen Hunde — man kann ja nicht wissen.[1] Er beschloß, sich die Sache bis zum nächsten Sonntage zu überlegen.

Als der Sonntag kam, war er entschlossen, die Fahrt zu wagen. Er schlich sich um den Zaun herum und lief, so rasch er laufen konnte,[2] über die väterlichen Wiesen in der Richtung nach dem „weißen Hause" zu.

Dann kam ein Zaun, der mit leichter Mühe zu überklet= tern war, und dann ein Stück fremden Heidelandes, auf dem er noch nie gewesen. Aber auch hier gab es nichts Gefährli= ches. Er versuchte zu pfeifen, aber er mußte noch immer die Luft einziehen, um einen Ton zu erzeugen. Darüber schämte er sich, und ein kleinmütiges Gefühl bemächtigte sich seiner.[3]

Dann kam ein sumpfiges Moor, das wiederum seinem Vater gehörte. Derselbe sprach oft davon, er ging mit dem Gedanken um, Torf darin zu stechen, aber er wollte die Sache nur im Großen beginnen, und dazu fehlten ihm die nötigen Gelder.

Paul sank bis an die Knöchel im Sumpfe ein, und jetzt erst[4] kam er auf den Gedanken, daß er die neuen Stiefel vielleicht beschmutzen würde. Er erschrak, denn er erinnerte sich der Worte der Mutter: „Schone sie sehr, mein Junge, ich habe sie von meinem Milchgelde abgespart." Auch den schönen Sammetrock trug er, weil es eben[5] Sonntag war.

Er besah die glänzenden Seidenschnüre und war einen
Moment unschlüssig, ob er nicht lieber umkehren sollte,
nicht des Sammetrockes wegen, nein, nur um die Mutter
nicht zu betrüben.

„Aber vielleicht komme ich doch heil hindurch," so tröstete
er sich und begann weiterzulaufen. Der Boden wogte
unter seinen Füßen, und bei jedem Schritte ertönte ein
quatschender Laut, wie wenn man den Schlegel aus dem
Butterfasse zieht.[1]

Dann kam er an ein schwarzes Brachwasser. Er ging
ihm vorsichtig aus dem Wege,[2] geriet zwar vollends in
den Morast, kam aber schließlich doch wieder ins Trockene.
Die Stiefel waren zwar zu Schanden, aber vielleicht ließen
sie sich an der Pumpe heimlich abwaschen.

Er schritt weiter. Die Lust zum Pfeifen war ihm vergangen,
und je[3] größer das „weiße Haus" aus den Gebüschen
in die Höhe stieg, desto beklommener wurde ihm zu
Mute. Schon konnte er eine Art von Wall unterscheiden,
welcher die Bäume umgab, und durch eine Lücke im Laubwerk
sah er ein langes, niedriges Gebäude, welches er aus
der Ferne nie bemerkt hatte. Dahinter noch eins, und in
einer schwarzen Höhle eine hohe Flamme, die hin und her
züngelte. Das mußte eine Schmiede sein — aber sollte
die selbst am Sonntage arbeiten?[4]

Eine unerklärliche Lust zu weinen ergriff ihn, und während
er blindlings weiterlief, stürzten ihm die Tränen aus
den Augen.

Plötzlich sah er einen breiten Graben vor sich, bis zum Rande mit Wasser gefüllt. Er wußte wohl, daß er nicht hinüberkommen würde, aber der Trotz zwang ihn, zum Sprunge auszuholen, und im nächsten Augenblicke schlug
5 das dicke, schmutzige Wasser über ihm zusammen.

Bis auf die Knochen durchnäßt, mit einer Schicht von Morast und Algen umgeben, kam er wieder ans Land zurück.

Er versuchte die Kleider trocknen zu lassen, setzte sich auf
10 den Rasen und schaute nach dem „weißen Hause" hinüber. Er war ganz mutlos geworden, und als ihn gar sehr zu frieren[1] begann, ging er traurig und langsam nach Hause zurück.

IV.

Der Sommer, der nun folgte, brachte dem Hause Mey=
15 höfers eitel Kummer und Not. — Der frühere Besitzer hatte seine Hypothek gekündigt, und es war keine Aussicht vorhanden, daß irgend jemand die nötige Summe leihen würde.

Meyhöfer fuhr wöchentlich wohl drei=, viermal[2] in die
20 Stadt und kam am späten Abend betrunken nach Hause. Manchmal blieb er auch die Nacht über fort.

Frau Elsbeth saß derweilen aufrecht in ihrem Bette und starrte in die Dunkelheit. Paul erwachte oft, wenn er ihr leises Schluchzen hörte. Dann lag er eine Weile mäuschen=

still, denn er mochte es nicht merken lassen,¹ daß er wach war; aber schließlich fing auch er² zu weinen an.

Dann wurde wieder³ die Mutter still, und wenn er gar nicht aufhören wollte, stand sie auf, küßte ihn und streichelte seine Wange, oder sie sagte:

„Komm zu mir, mein Junge."

Alsdann sprang er auf, schlüpfte in ihr Bett, und an ihrem Halse schlief er wieder ein.

Der Vater prügelte ihn oft. Er wußte selten, warum? aber er nahm die Schläge hin, als etwas, das sich von selbst verstand.

Eines Tages hörte er, wie der Vater die Mutter schalt.

„Weine nicht, du Tränensack," sagte er, „du bist bloß dazu da,⁴ um mir mein Elend noch größer zu machen."

„Aber, Max," antwortete sie leise, „willst du den Deinen verwehren, dein Unglück mit dir zu tragen? Müssen wir nicht um so enger zusammenhalten, wenn es uns schlecht geht?"

Da wurde er weich, nannte sie sein braves Weib und belegte sich selber mit bösen Schimpfnamen.

Frau Elsbeth suchte ihn zu beruhigen, bat ihn, Vertrauen zu ihr zu haben und tapfer zu sein.

„Ja, tapfer sein — tapfer sein!" schrie er, aufs neue in Ärger geratend, „ihr Weiber habt klug reden,⁵ ihr sitzt zu Hause und breitet demütig die Schürze aus, damit euch Glück oder Unglück in den Schoß falle, wie's der liebe Himmel beschert; wir Männer aber müssen hinaus ins feindliche Leben,[1] müssen kämpfen und streben und uns mit allerhand Gesindel herumschlagen. — Geht mir mit euren Mahnungen![2] Tapfer sein, ja, ja — tapfer sein!"

Darauf schritt er dröhnenden Schrittes zum Zimmer hinaus und ließ den Wagen anspannen, um seine gewöhnliche Wanderfahrt anzutreten.

Als er wiedergekommen war und seinen Rausch ausgeschlafen hatte, sagte er:

„Zu Michaelis[3] können wir richtig betteln gehn, denn diesmal bleibt uns nicht so viel, wie das Schwarze unterm Nagel. Aber das sag' ich dir — diesmal überleb' ich den Schlag nicht — ein Kerl von Ehre muß auf sich halten, und wenn ihr mich eines schönen Morgens oben[4] am Sparren baumeln seht, dann wundert euch nicht."

Die Mutter stieß einen entsetzlichen Schrei aus und klammerte die Arme um seinen Hals.

„Na, na, na," beruhigte er sie, „es war so schlimm nicht gemeint. Ihr Weiber seid doch allzu klägliche Geschöpfe... Ein bloßes Wort schmeißt euch um!"

Scheu trat die Mutter von ihm zurück; aber als er hinausgegangen war, setzte sie sich ans Fenster und schaute ihm angstvoll nach, als ob er sich schon jetzt ein Leids antun könnte.

Von Zeit zu Zeit lief ein Schauern durch ihren Körper, als friere sie[5]...

In der Nacht, die diesem Tage folgte, bemerkte Paul erwachend, wie sie aus ihrem Bette aufstand,[6] einen Unter-

rock überwarf und an das Fenster trat, von welchem aus
man das „weiße Haus" sehn konnte. Es war heller Mon=
denschein — vielleicht schaute sie wirklich hinüber. — Wohl
zwei Stunden lang saß sie da — unverwandt hinausstar=
rend. — Paul rührte sich nicht, und als sie mit Beginn
der Morgendämmerung vom Fenster zurückkam und an die
Betten ihrer Kinder trat, drückte er die Augen fest zu, um
sich schlafend zu stellen. Sie küßte zuerst die Zwillinge,
die umschlungen nebeneinander ruhten, dann kam sie zu
ihm, und wie sie sich zu ihm herabbeugte, hörte er sie
flüstern: „Gott, gib mir Kraft! Es muß ja sein." Da
ahnte er, daß etwas Außergewöhnliches sich vorbereitete.

Als er am andern[1] Nachmittag aus der Schule heim=
kehrte, sah er die Mutter in Hut und Mantille, ihrem
Sonntagsstaat, in der Laube[2] sitzen. Ihre Wangen waren
noch bleicher als sonst, die Hände, die in dem Schoße lagen,
zitterten.

Sie schien auf ihn gewartet zu haben, denn als sie ihn
nahen sah, atmete sie erleichtert auf.

„Willst du fortgehen, Mama?" fragte er verwundert.

„Ja, mein Junge," erwiderte sie, „und du sollst mit mir
kommen."

„Ins Dorf, Mama?"

„Nein, mein Junge — —" ihre Stimme bebte — „ins
Dorf nicht — du mußt dir die Sonntagskleider anziehen."

„Wohin werden wir denn gehen, Mama?"

Da schloß sie ihn in die Arme und sagte leise:

„Ins ‚weiße Haus'!"

„Aber du mußt niemandem etwas davon sagen," flüsterte sie, „niemandem — verstehst du?"

Er nickte wichtig. Er war ja ein so kluger Mann. Er wußte, um was es sich handelte.

„Und nun zieh dich um — rasch!"

Paul flog die Treppe zur Kleiderkammer empor — und plötzlich! — auf welcher Stufe es war, ist ihm niemals klar geworden — ein langgezogener, schriller Ton quoll aus seinem Munde; da war kein Zweifel mehr — er konnte pfeifen, — er probierte es zum zweiten, zum dritten Male — es ging vorzüglich!

Als er im vollsten Staate zur Mutter zurückkehrte, rief er ihr jubelnd entgegen: „Mama, ich kann pfeifen," und wunderte sich, daß sie so wenig Verständnis für seine Kunst an den Tag legte. Sie nestelte nur ein wenig seinen Kragen zurecht und sagte dabei: „Ihr[1] glücklichen Kinder!"

Dann nahm sie ihn bei der Hand, und die Wanderschaft begann. Als sie den dunklen Fichtenwald erreichten, in dem die Wölfe und die Kobolde hausten, war er soeben mit den Studien zu „Kommt ein Vogel geflogen"[2] fertig geworden, und als sie wieder aufs freie Feld kamen, konnte er sicher sein, daß „Heil dir im Siegerkranz"[3] nichts mehr zu wünschen übrigließ.

Die Mutter schaute mit trübem Lächeln auf ihn nieder, jeder schrille Ton ließ sie zusammenfahren,[4] sie sagte aber nichts.

Das „weiße Haus" stand nun ganz nah vor ihnen. Er dachte nicht mehr an die neue Kunst. Das Schauen nahm ihn gänzlich gefangen.

Zuerst kam eine hohe, rote Ziegelmauer mit einem Torweg darin, auf dessen[1] Pfosten zwei steinerne Knöpfe saßen, dann ein weiter, graswachsener Hofraum, auf dem ganze Reihen von Wagen standen, und den in einem ungeheuren Viereck langgestreckte, graue Wirtschaftsgebäude umgaben. — In der Mitte lag eine Art Sumpf, der von einer niedrigen Weißdornhecke umgeben war und in welchem eine Schar von schnatternden Enten sich herumsielte.

„Und wo ist das ‚weiße Haus', Mama?" fragte Paul, dem das alles gar nicht gefiel.

„Hinter dem Garten," erwiderte die Mutter. Ihre Stimme hatte einen eigentümlich heiseren Klang, und ihre Hand umklammerte die seine so fest, daß er beinahe aufgeschrien hätte.

Jetzt bogen sie um die Ecke des Gartenzauns, und vor Pauls Blicken lag ein schlichtes, zweistöckiges Haus, das von Lindenbäumen dicht umschattet war, und das wenig oder gar nichts Merkwürdiges an sich hatte.[2] Auch lange nicht so weiß erschien es, wie aus der Ferne.

„Ist es das?" fragte Paul gedehnt.

„Ja, das ist es!" erwiderte die Mutter.

„Und wo sind die Glaskugeln? und die Sonnenuhr?" fragte er. Ihn wandelte plötzlich eine Lust zum Weinen an. Er hatte sich alles tausendmal schöner vorgestellt; wenn man ihn auch um die Glaskugeln und die Sonnenuhr betrogen hätte — es wäre kein Wunder gewesen.

In diesem Augenblick kamen zwei kohlschwarze Neufundländer mit dumpfem Bellen auf sie zugestürzt. Er flüchtete sich hinter das Kleid der Mutter und fing zu schreien an.

„Karo![1] Nero!" rief eine feine Kinderstimme von der Haustür her, und die beiden Unholde jagten, ein freudiges Geheul ausstoßend, sofort auf die Richtung der Stimme los.

Ein kleines Mädchen, kleiner noch als Paul, in einem rosageblümten Röckchen, um welches eine Art schottischer Schärpe geschlungen war, erschien auf dem Vorplatz. Sie hatte lange, goldgelbe Locken, die mit einem halbkreisförmigen Kamme aus der Stirn zurückgestrichen waren, und ein feines, schmales Näschen, das sie etwas hoch trug.

„Wünschen Sie Mama zu sprechen?" fragte sie mit einer zarten, weichen Stimme und lächelte dazu.

„Heißest du Elsbeth, mein Kind?" fragte die Mutter zurück.

„Ja, ich heiße Elsbeth."

Die Mutter machte eine große Bewegung, wie um das fremde Kind in ihre Arme zu schließen, aber sie bezwang sich und sagte:

„Willst du uns zu deiner Mutter führen?"

„Mama ist im Garten — sie trinkt eben Kaffee[2] —" sagte die Kleine wichtig — „ich möchte Sie um den Giebel herumführen, denn wenn wir auf der Sonnenseite die Stubentür aufmachen, kommen gleich so viel Fliegen herein."

Die Mutter lächelte. Paul wunderte sich, daß ihm das zu Hause noch niemals eingefallen war.

„Sie ist viel klüger als du," dachte er.

Nun traten sie in den Garten. Er war weit schöner und größer als der auf Mussainen, aber von der Sonnenuhr war nirgends etwas zu entdecken. Paul hatte eine unbestimmte Vorstellung davon, wie von einem großen, goldenen Turme, auf dem eine runde, funkelnde Sonnenscheibe das Zifferblatt bildete.

„Wo ist denn die Sonnenuhr, Mama?" fragte er.

„Die werd' ich dir hernach zeigen," sagte das kleine Mädchen eifrig.

Aus der Laube trat eine hohe, schlanke Dame mit einem blassen, kränklichen Gesichte, auf welchem der Schimmer eines unsagbar milden Lächelns ruhte.

Die Mutter stieß einen Schrei aus und warf sich laut aufweinend an ihre Brust.

„Gott sei Dank, daß ich Sie einmal bei mir habe," sagte die fremde Dame und küßte die Mutter auf Stirn und Wangen. „Glauben Sie, jetzt wird alles gut werden — Sie werden mir sagen, was Sie drückt, und es müßte seltsam zugehen, wenn ich nicht Rat wüßte."

Die Mutter wischte sich die Augen und lächelte.

„O, es ist ja nur die Freude," sagte sie, „ich fühle mich schon so frei, so leicht, da ich in Ihrer Nähe bin — ich habe mich so sehr nach Ihnen gebangt."

„Und Sie konnten wirklich nicht kommen?"

Die Mutter schüttelte traurig den Kopf.

„Arme Frau!" sagte die Dame, und beide sahen sich mit einem langen Blick in die Augen.

„Und dies ist am Ende gar mein Patenkind?" rief die Dame, auf Paul hinweisend, der sich an das Kleid der Mutter klammerte und dabei an seinem Daumen sog.

„Pfui, nimm den Finger aus dem Munde," sagte die Mutter, und die schöne, freundliche Frau hob ihn auf ihren Schoß, gab ihm einen Teelöffel voll Honig, — „als Vorschmack" sagte sie — und fragte ihn nach den kleinen Geschwistern, nach der Schule und allerhand sonstigen Sachen, auf[1] die zu antworten gar nicht schwer war, so daß er sich schließlich auf ihrem Schoße beinahe behaglich fühlte.

„Und was kannst du denn schon alles,[2] du kleiner Mann?" fragte sie zu guter Letzt.

„Ich kann pfeifen!" erwiderte er stolz.

Die freundliche Frau lachte ganz laut und sagte: „Nun, dann pfeif' uns einmal eins!"[3]

Er spitzte die Lippen und versuchte zu pfeifen, aber es ging nicht — er hatte es wieder verlernt.

Da lachten sie alle, die freundliche Frau, das kleine Mädchen und selbst die Mutter; ihm aber stiegen vor Scham die Tränen in die Augen, er schlug mit Händen und Füßen um sich, so daß die Dame ihn von ihrem Schoße gleiten ließ, und die Mutter sagte verweisend:

„Du bist ungezogen, Paul!"

Er aber ging hinter die Laube und weinte, bis das kleine

Mädchen an ihn herantrat und zu ihm sagte: „Ach geh, das mußt du nicht tun. — Unartige Kinder mag der liebe Gott nicht leiden." Da schämte er sich wieder und rieb sich die Augen mit den Händen trocken.

„Und jetzt will ich dir auch die Sonnenuhr zeigen," fuhr das Kind fort.

„Ach ja, und die Glaskugeln," sagte er.

„Die sind schon lange zerbrochen," erwiderte sie, „in die eine[1] ist mir im vorigen Frühling ein Stein hineingeflogen,[2] und die andere hat der Sturm 'runtergeschmissen."[3] Und dann zeigte sie ihm die Plätze, auf denen sie gestanden hatten.

„Und dies ist die Sonnenuhr," fuhr sie fort.

„Wo?" fragte er, sich erstaunt umsehend. Sie standen vor einem grauen, unscheinbaren Pfahl, auf dem eine Art von Holztafel angebracht war.

Sie wies ihm auch den Zeiger, ein armseliges, verrostetes Stück Blech, welches aus der Mitte der Tafel hervorragte und seinen Schatten gerade auf die Zahl sechs warf, die mit anderen zusammen auf der Tafel angebracht war.

„Ach, das ist zu dumm," sagte er und wandte sich ab.

Die Sonnenuhr im Garten des „weißen Hauses" war die erste große Enttäuschung seines Lebens. — — —

Als er mit seiner neuen Freundin zur Laube zurückkehrte, traf er dort noch einen großen, breitschultrigen Herrn mit zwei mächtigen Bartzipfeln, der einen graugrünen Jägerrock trug und aus dessen Augen Funken zu sprühen schienen.

„Wer ist das?" fragte Paul, sich furchtsam hinter seiner Freundin verbergend.

Sie lachte und sagte: „Das ist mein Papa; du,[1] vor dem brauchst du keine Angst zu haben."

Und sie sprang hell aufjubelnd dem fremden Manne auf den Schoß.

Da dachte er bei sich,[2] ob er wohl jemals wagen würde, seinem Papa auf den Schoß zu springen, und schloß daraus, daß nicht alle Väter sich glichen. Der Mann im Jägerrock aber streichelte sein Kind, küßte es auf beide Wangen und ließ es auf seinen Knien reiten.

„Sieh — Elsbeth hat einen Gespielen bekommen," sagte die fremde, freundliche Dame und wies nach Paul hinüber, der, im Laubwerk verborgen, scheu in die Laube hineinschielte.

„Immer 'ran,[3] mein Junge!" rief der Mann fröhlich und schnalzte[4] mit den Fingern.

„Komm — hier auf dem anderen[5] ist noch Platz für dich," rief das Kind, und als er mit einem fragenden Blick nach der Mutter sich furchtsam näher schlich, ergriff ihn der fremde Mann, setzte ihn auf das andere Knie, und dann gab's ein keckes Wettreiten.

Er hatte nun alle Furcht verloren, und als frischgebackene Plinsen auf den Tisch gesetzt wurden, hieb er wacker ein.

Die Mutter streichelte sein Haar und hieß ihn sich nicht den Magen verderben. Sie sprach sehr leise und sah immer

vor sich nieder auf die Erde. Und dann durften die beiden
Kinder in die Sträucher gehen und sich Stachelbeeren
pflücken.

„Heißt[1] du wirklich Elsbeth?" fragte er seine Freundin,
und als diese bejahte, sprach er seine Verwunderung aus,
daß sie denselben Namen habe, wie seine Mutter.

„Ich bin doch[2] nach ihr getauft," sagte das Kind, „sie
ist ja[3] meine Patin."

„Warum hat sie dich denn nicht geküßt?" fragte er.

„Ich weiß nicht," sagte Elsbeth traurig, „vielleicht mag[4]
sie mich nicht."

Aber, daß sie den Mut nicht gehabt hatte, daran dachte
keines[5] von beiden. — — —

Es fing schon an dunkel zu werden, als die Kinder
zurückgerufen wurden.

„Wir müssen nach Hause,"[6] sagte die Mutter.

Er wurde sehr betrübt, denn jetzt fing es ihm gerade zu
gefallen an.

Die Mutter rückte ihm den Kragen zurecht und sagte:
„So, nun küss' die Hand[7] und bedank' dich."

Er tat, wie ihm befohlen, die freundliche Frau küßte
ihn auf die Stirne, und der Mann im Jägerrock hob ihn
hoch in die Luft, so daß er glaubte, er könne fliegen.

Und nun nahm die Mutter Elsbeth in den Arm, küßte
sie mehrere Male auf Mund und Wangen und sagte:
„Möge der Himmel einst an dir vergelten, mein Kind,
was deine Eltern an deiner Patin getan."

Eine schwere Last schien von ihrer Seele abgewälzt; sie atmete freier, und ihr Auge leuchtete.

Elsbeth und ihre Eltern begleiteten sie beide bis an das Hoftor; als die Mutter dort noch einmal Abschied
5 nahm und dabei allerhand von Vergeltung und himmlischem Segen stammelte, fiel ihr der Mann lachend ins Wort und sagte, die Geschichte wäre nicht der Rede wert, und es lohnte sich nicht der Mühe des Dankes.

Und die freundliche Frau küßte sie herzlich und bat sie,
10 recht bald wiederzukommen, oder wenigstens die Kinder zu schicken.

Die Mutter lächelte wehmütig und schwieg.

Elsbeth durfte noch ein paar Schritt[1] weiter mitkommen, dann verabschiedete sie sich mit einem Knickse.

15 Paul wurde es schwer ums Herz, er fühlte, daß er ihr noch etwas zu sagen habe, daher lief er ihr nach, und als er sie eingeholt hatte, raunte er ihr ins Ohr:

„Du[2] — und ich kann doch pfeifen." — — — —

Als Mutter und Sohn den Wald betraten, brach die
20 Nacht gerade herein. Es war pechrabenschwarz ringsum, aber er fürchtete sich nicht im mindesten.

Die Mutter sprach kein Wort; die Hand, welche die seine umklammert hielt, brannte, und der Atem kam laut, wie ein Seufzen, aus ihrer Brust.

25 Und als sie beide auf die Heide hinaustraten, stieg der Mond bleich und groß am Horizont empor.

Die Mutter setzte sich auf den Grabenrand und schaute

nach dem traurigen Heimwesen hinüber, dem all ihre Sorge galt.

Plötzlich breitete sie die Arme aus und rief in die stille Heide hinein: „Ach, ich bin glücklich!"

Paul war so sehr an ihre Tränen und ihren Kummer gewöhnt, daß ihm dieser Jubel ganz unheimlich erschien.

Und dabei fiel ihm ein: Was wird der Vater sagen, wenn er von diesem Gange erfährt? Wird er die Mutter nicht schelten und böse mit ihr sein, mehr noch als sonst? Ein dumpfer Trotz bemächtigte sich seiner, er biß die Zähne zusammen, dann streichelte er tröstend der Mutter Hände und küßte sie und murmelte: „Er darf dir nichts tun!"[1]

„Wer?" fragte sie zusammenschauernd.

„Der Vater," sagte er leise und zögernd.

Sie seufzte tief auf, erwiderte aber nichts, und schweigend und kummervoll gingen sie weiter.

Die graue Frau war über ihren Weg gehuscht und hatte den Augenblick der Freude verdorben. Und es war der einzige, den das Schicksal Frau Elsbeth noch[2] schenkte...

Am andern Tage gab es eine böse Stunde zwischen ihr und ihrem Gatten. Er schalt sie ehr- und pflichtvergessen. Sie hätte[3] durch ihr Betteln zur Armut auch noch die Schande gefügt.

Aber das Geld nahm er.

V.

Die Jahre vergingen.

Paul wurde ein stiller anspruchsloser Knabe mit schüchternem Blick und schwerfälligem Gebaren. Mit keinem seiner Altersgenossen hatte er Umgang, selbst in der Schule nicht. Nicht, daß er sie absichtlich gemieden hätte;[1] aber ihre Interessen waren nicht die seinen, und darum konnte er sich nicht mit ihnen befreunden.

Auch Prügel erntete er in Fülle. Da waren insbesondere die Brüder Erdmann, zwei kecke, wildäugige Burschen, als die Stärksten und Mutigsten geliebt und gefürchtet, von denen er viel zu leiden hatte. Sie waren unerschöpflich im Ersinnen neuer Streiche, die ihm das Leben verbitterten. Sie warfen seine Schulhefte auf den Ofen, stopften ihm Sand in den Tornister und ließen seine Mütze mit einem als Mast hineingesteckten Stocke wie eine Barke den Fluß hinabschwimmen. Die meiste Unbill ertrug er geduldig, nur ein- oder zweimal überfiel ihn eine blinde Wut. Da biß und kratzte er um sich wie ein Toller, so daß selbst seine weit stärkeren Genossen sich wohlweislich aus dem Staube machten. Das erste Mal hatte einer der Jungen seinen Vater einen „Saufaus" genannt, und das andere Mal wollte man ihn zusammen mit einem kleinen Mädchen in einen dunklen Kuhstall sperren.

Hinterher schämte er sich und kam aus freien Stücken

abbitten.[1] Da lachte man ihn erst[2] recht aus, und der kaum errungene Respekt war aufs neue verloren.

Das Lernen ging ihm sehr schwer vonstatten. Das Pensum, zu welchem die Kameraden kaum 15 Minuten gebrauchten, brachte er erst in ein bis zwei Stunden fertig. Dafür[3] war seine Handschrift auch wie gestochen, und in seinen Rechnungen fand sich nie und nimmer[4] ein Fehler.

Daß er gleich den Brüdern eine höhere Schule besuchen würde, daran war nicht zu denken.[5] Die Mutter hegte wohl eine Zeit lang den Plan, ihn den Älteren folgen zu lassen, sobald diese ihr Abiturientenexamen gemacht haben würden; aber schließlich fügte sie sich. Und es war wohl auch am besten so.[6] — Paul selber hatte es nie anders erwartet. Er hielt sich für ein durchaus untergeordnetes Wesen den Brüdern gegenüber und hatte es schon längst aufgegeben, ihnen jemals zu gleichen. Wenn sie zu den Ferien heimkamen, Sammetmützen auf den wallenden Haaren, bunte Bänder quer über die Brust gespannt — denn sie gehörten einer verbotenen Schülerverbindung[7] an — so schaute er zu ihnen empor, wie zu Wesen aus höheren Welten. Begierig lauschte er, wenn sie untereinander über Sallust[8] und Cicero und die Dramen des Äschylos zu sprechen begannen — und sie sprachen gern davon, schon allein,[9] um ihm zu imponieren. Der Gegenstand seiner allerhöchsten Bewunderung aber war das dicke Buch, auf dessen vorderster Seite das Wort „Logarithmentafel" geschrieben stand, und das von der ersten bis zur letzten Seite nichts[10] enthielt als Zahlen. Zahlen in langen, dichten Reihen, bei deren Anschauen[1] ihm schon schwindlig wurde. Wie gelehrt muß der sein, der das alles im Kopfe hat? sagte er zu sich, den Deckel des Buches streichelnd, denn er dachte nicht anders,[2] als daß man alle diese Zahlen auswendig lernte.

Die Brüder waren ungemein freundlich und herablassend zu ihm; wenn sie in der Wirtschaft irgend welche Wünsche hatten, wenn sie ein gesatteltes Pferd oder ein extrastarkes Glas Grog begehrten, so wandten sie sich vertrauensvoll[3] an ihn, und er fühlte sich hochgeehrt, ihnen Hilfe leisten zu dürfen.

In der Wirtschaft wußte er ja Bescheid, wie wenn er der Hausherr selber gewesen wäre; an ihr hing all sein Streben und Bangen.

Über alles machte er sich Gedanken. Das Sorgen war ihm angeboren, nur für sich selber sorgte er nie.

Je älter und verständiger er wurde, desto tiefer wurde auch sein Einblick in die Mißwirtschaft, die sein Vater hatte einreißen lassen, und wiederum rang sich gar oft der Seufzer aus seiner Brust: „O, wär' ich erst groß!" Die Furcht vor des Vaters Zornausbrüchen ließ, wie natürlich, seine Bedenken nicht laut werden, und wenn er jemals wagte, sie der Mutter gegenüber auszusprechen, so schaute diese sich mit verängstigten Augen im Zimmer um und rief beklommen: „Schweig still!"

Und dennoch merkte der Vater gar wohl, wohin der Sinn seines Sohnes gerichtet war. Er hatte ihm den

Spitznamen „Topfgucker" gegeben und foppte ihn damit, sobald er ihn zu Gesicht bekam. In seinen guten Stunden, wie sich von selbst versteht; in seinen bösen prügelte er ihn — mit der Elle, mit dem Peitschenstiel, mit dem Geschirrriemen — was er gerade in die Hand bekam. Am meisten Furcht[1] aber hatte Paul vor dieser Hand selber, deren Schläge weher taten als alle Stöcke der Welt.

Hatte dieser seine Schläge empfangen, so pflegte er zitternd vor Scham und Schmerz auf die Heide hinauszulaufen, und während er, um die Tränen zu verbeißen, Gesichter schnitt und mit den Fäusten trommelte, pfiff er sich eins.

Im Pfeifen tat[2] er, wie alle seine Sehnsucht, sein kindliches Träumen, auch seinen Zorn, seine Entrüstung kund. Die Empfindungen, für die sein ungelenker Geist keinen Ausdruck fand, für die ihm Worte, selbst Gedanken fehlten, die ließ er im Pfeifen kühn und unaufhaltsam in die Einsamkeit hinausströmen. So wußte seine gedrückte, schüchterne Seele sich Luft zu machen.

Niemand ahnte, welche Kunst er einsam pflegte und wieviel Trost und Erhebung er ihr zu danken hatte, selbst die Mutter nicht. Seit[3] er sie einmal an einem Winterabend, als er, ohne ihrer zu achten, leise vor sich hinpfiff, hatte in Tränen ausbrechen sehen, seitdem unterließ er es, sobald sie in der Nähe war. Er glaubte, es täte ihr wehe; welche Macht ihm in diesen Tönen gegeben war, davon ahnte er nichts.

Nur stolz war er bisweilen, wenn er nach dem „weißen Hause" hinüberschaute, daß er das Pfeifen doch noch gelernt habe, und wenn ihm irgend eine Phantasie insbesondere gelungen schien, so dachte er bei sich: „Wer weiß, ob ihr mich auslachtet, wenn ihr das hören würdet!"[1]

Aber nie wieder war er einem von ihnen begegnet.

VI.

Seit einiger Zeit trug sich Herr Meyhöfer mit großen Plänen.[2] Er hatte entdeckt, daß das Torfmoor, welches das Heidegehöft in weitem Bogen umspannte, einen sicheren Verdienst zu geben imstande war. Schon zwei- oder dreimal, wenn ihm das Messer an der Kehle saß, hatte er als äußersten Notbehelf Torf stechen lassen und je fünf einspännige Fuhren nach der Stadt geschickt. Heimlich,[3] ganz heimlich — denn er war zu stolz, um für einen „ganz gewöhnlichen Torfbauern" gehalten zu werden.

Doch Meyhöfer war[4] nicht zu bewegen, das Moor in dieser Weise auszunutzen. „Ich hab' mich nie mit Kleinigkeiten abgegeben," sagte er, „ich will lieber im Großen zu Grunde gehn, als im Kleinen gewinnen" — und dabei warf er sich in die Brust wie ein Held.

Aber das Moor ließ ihm keine Ruhe. — Es war im September nach einer ausnahmsweise günstigen Ernte, als Löb Levy,[5] der gefällige Freund aller verschuldeten Gutsbesitzer, wöchentlich zwei-, dreimal auf dem Hofe erschien und viel mit dem Herrn zu unterhandeln hatte. Frau Elsbeth zitterte vor Angst, sobald der Jude in seinem schmierigen Kaftan vor dem Hoftore auftauchte; sie setzte sich ans Fenster und folgte unablässig allen Bewegungen der Unterhandelnden.

Ihr ahnte nichts Gutes, doch traute sie sich nicht, ihren Gatten nach der Art von Geschäften zu fragen, die er mit dem Halsabschneider abzuwickeln hatte.

Sie sollte alsbald im klaren sein. Eines Nachmittags bemerkte Paul, wie auf dem Wege von der Stadt ein seltsames Gefährt dahergehumpelt kam, das in der Ferne aussah wie ein ungeheurer, schwarzer Waschkessel auf Rädern. Etwas, das ein Schornstein schien, ragte darüber hinaus und neigte sich, wie ein höflich grüßender Mann, nach rechts und nach links, wenn die Räder auf dem ungleichen Boden schwankten.

Er starrte das Wunder eine Weile an und lief dann zur Mutter, die er eiligst am Rockschoß vor die Türe zog.

Sie legte die Hand über die Augen und spähte auf den Weg hinaus.

„Das ist eine Lokomobile," sagte sie dann.

Paul war nun so klug wie zuvor. „Was ist das — Lokomobile?" fragte er.

„Das ist eine Dampfmaschine, welche überall hingefahren werden kann, und welche die großen Gutsbesitzer gebrauchen, um ihre Dreschmaschinen zu treiben — auch eggen und pflügen kann man damit."

In diesem Augenblicke kam der Vater in großer Aufregung aus dem Hause gestürzt; er trug auf dem einen Fuß einen Schlafschuh, auf dem andern einen Stiefel und hatte die Halsbinde im Nacken sitzen.[1]

„Sie kommen, sie kommen!" rief er, die Hände zusammenschlagend, und dann umfaßte er die Mutter und tanzte mit ihr mitten auf der Landstraße herum.

Sie sah ihn mit einem großen, verängstigten Blicke an, als wollte sie sagen: „Welch neue Torheit hast du angerichtet?" Er aber wollte sie nicht loslassen, und erst als[2] die Zwillinge in ihren rosa Waschkleidchen und dunklen Zwickelzöpfchen aus dem Garten dahergesprungen kamen, machte er sich an diese, nahm sie auf seine Arme, ließ sie auf seinen Schultern tanzen und wollte sie über den Graben werfen, so daß die Mutter seinem tollen Treiben nur mit flehentlichen Bitten Einhalt tun konnte.

„So,[3] ihr Gesindel," rief er, „jetzt jubelt und tanzt, jetzt hat alle Not ein Ende — nächsten Frühling messen wir das Geld mit Dreischeffelsäcken."

Die Mutter sah ihn von der Seite an, sagte aber nichts.

Das Ungetüm kam näher und näher. Paul stand regungslos da, in Schauen versunken.

Inzwischen waren auch die Knechte und die Mägde aus dem Stalle und der Küche herzugeeilt. Die ganze Bewohnerschaft des Heidegehöfts stand längs dem Zaune aufgereiht und schaute dem nahenden Wunder entgegen.

„Aber sag', was willst du damit?" fragte Frau Elsbeth endlich ihren Gatten.

Dieser maß sie mit einem mitleidigen Blicke, dann lachte er kurz auf und rief: „Spazieren fahren."

Frau Elsbeth fragte nicht weiter. Zu dem Großknechte gewandt,[1] legte ihr Mann nun seine Pläne dar; er werde[2] das Torfstechen jetzt im Großen beginnen, auch eine Schneide- und Preßmaschine seien schon unterwegs, und morgen in der Frühe könne die Arbeit losgehen. Dann gab er ihm den Auftrag, sich nach dem Dorfe zu begeben und die nötigen Arbeitskräfte anzuwerben. Zehn Mann würden[3] für den Anfang genügen, aber er hoffe, es alsbald auf zwanzig und dreißig zu bringen.

Frau Elsbeth schüttelte stumm den Kopf und ging ins Haus — gerade als die Lokomobile vor dem Hoftor ankam. — Paul konnte nicht satt werden, zu schauen und zu bewundern. Hinter den gelben Schrauben und Kurbeln schien eine Welt von Geheimnissen zu liegen, die Feuerung mit dem Rost und dem Aschenkasten darunter schien wie der Eingang zu jenem feurigen Ofen, in welchem die bekannten drei Männer[4] einst ihren Lobgesang angestimmt hatten — und nun der Schornstein erst,[5] drohend emporgerichtet, mit seinem Kranz von Kienruß und dem Schlunde, der ins Schwarze, Bodenlose hinabzuführen schien — —!

Paul achtete nicht auf das kleine Korbwägelchen, das hinter dem Ungetüm daherrollte, und in welchem Löb Levy saß[6] mit seinem rotblonden Zottelbarte und seinen lustig zwinkernden Äugelein — er achtete nicht auf das Schreien der Fuhrleute und den Jubel der beiden kleinen Schwestern, die wie besessen rings um die Räder tanzten. Starr vor

Staunen stand[1] er da, als begriffe er noch immer nicht, was um ihn vorging.

Als er später ins große Zimmer[2] trat, fand er die Mutter in eine Sofaecke gedrückt — weinend.

Er schlang die Arme um ihren Hals; sie aber wehrte ihn sanft von sich ab und sagte: „Geh nach den Kleinen sehen, daß sie nicht unter die Räder kommen."

„Aber warum weinst du, Mama?"

„Du wirst schon[3] sehen, mein Junge," sagte sie, sein Haar streichelnd, „Löb Levy ist dabei — du wirst schon sehen."

Da ward er ganz ärgerlich auf seine Mutter; wo alle sich freuten, warum mußte sie da im Winkel sitzen und weinen?

Die Zwillinge waren ganz von Sinnen vor Freude. Sie nahmen eine Leine und tollten mit Hot und Hüt durch den Garten. Die eine war die Lokomobile und die andere das Pferd, aber jede wollte Lokomobile sein, denn dann bekam sie Vaters schwarzen Hut aufgesetzt[4] — als Schornstein.

Vor dem Schlafengehen hatten sie dem neuen Untier auch schon einen Namen gegeben.

Sie behaupteten, es gliche der dicken Dienstmagd mit dem langen Halse, die vor kurzem wegen ihrer Unsauberkeit entlassen worden war, und nannten es nach ihr „die schwarze Suse".

Diesen Namen behielt die Lokomobile im Meyhöferschen Hause für alle Zeiten.

Am andern Morgen ging das Hallo von neuem los. Die zehn angeworbenen Arbeiter standen auf dem Hofe und wußten nicht, was sie tun sollten.[1] Meyhöfer wollte die Maschine heizen lassen; aber Löb Levy, der in der Scheune übernachtet hatte, um morgens sogleich zur Hand zu sein, erklärte, er wünsche vorerst den Kaufpreis in Empfang zu nehmen, wie es im Kontrakte abgemacht wäre, denn das Getreide müsse mittags bereits in der Stadt abgeliefert werden.

„Welches Getreide?" fragte die Mutter erbleichend.

Ja, es ließ sich nicht mehr verleugnen. Meyhöfer hatte fast die ganze Ernte, das gedroschene Korn wie das noch auszudreschende, dem Juden für die alte, abgebrauchte Dampfmaschine verkauft. Triumphierend fuhr dieser mit den schönen, prallen Säcken von dannen. Und dies galt nur als Abschlagszahlung, gegen Weihnachten wollte er den Rest abholen kommen.

Für einen Moment mochte selbst den leichtsinnigen Meyhöfer eine Regung der Mutlosigkeit anwandeln,[2] als er die hoch aufgetürmten Fuhren hinter dem Walde verschwinden sah; aber im nächsten steckte[3] er trotzig die Hände in die Hosentaschen[4] und befahl, die Maschine ohne Verzug in Bereitschaft zu setzen.

Mit dem Ungetüm zu gleicher Zeit war ein Mann in blauer Bluse und mit einer Schnapsnase auf den Hof gekommen, der sich „Heizer" nannte und der sich dadurch auszeichnete, daß er unaufhörlich Zwiebeln aß. Das sei

gut für den Magen, sagte er. Dieser Mann erschien sich als der Held des Tages. Er stand breitbeinig neben der Maschine, nannte sie sein Pflegekind und streichelte mit seiner grauschwarzen, knotigen Hand die rostigen Eisen=
5 wände. Das klang, als ob zwei Reibeisen übereinander fahren. Jedem, der herzukam, erklärte er mit einem großen Aufwande von Fremdwörtern die innere Einrichtung der „Luckmanbile", wie er sein Pflegekind nannte; nur mußte man ihm zu trinken geben, sonst schimpfte er. Erhielt
10 er jedoch den Branntwein, den er sich wünschte, so wurde er gerührt und behauptete, er ließe sich[1] lieber Hände und Füße abhacken, als daß er sich jemals von seinem Pflege= kinde trennte.

Das Anheizen der Maschine war ein neues Fest. Paul
15 stand vor der Feuerung und starrte träumenden Auges in den glühenden Schlund, der sich gähnend aufsperrte, als wollte er alles Lebendige verschlingen. — Und dann erhob sich in dem Innern des Ungetüms ein geheimnisvolles Singen. In den Ventilen begann es zu zischen — Dampf=
20 strahlen fuhren empor — die eiserne Schaufel klirrte, und rasselnd sanken neue Kohlenhaufen in die Glut. Es war ein Lärm ringsum, daß man sein eigen[2] Wort nicht ver= stehen konnte. Und dann begann sich das große Rad zu drehen — surr, surr, surr — immer rascher, immer rascher.
25 Einem wurde schwindlig vom bloßen Hinsehn[3] — und dann gab es einen Knack — ein Klirren, ein Pfauchen — das große Rad stand still — für immer.

Anfangs freilich tat der Heizer sehr groß[1] und meinte, in einer halben Stunde werde der Schaden vollkommen repariert sein; als Meyhöfer aber nach zweitägiger Arbeit in ihn drang, endlich einmal mit dem Ausbessern ein Ende zu machen, da wurde er grob und erklärte, an diesem alten Gerümpel sei überhaupt nichts auszubessern.

„Pflegekind?" Er bedanke sich für solch ein Pflegekind. Er sei denn doch zu gut dazu, solch einen Rosthaufen zu pflegen. Und dabei kam es heraus: — Löb Levy hatte ihn vor drei Tagen in einer Spelunke aufgelesen und ihn gefragt, ob er für eine Woche[2] wie der Herrgott in Frankreich leben[3] wolle; länger werde der Scherz wohl nicht dauern. Und nur auf diese Zusicherung hin sei er mitgegangen, denn länger wie[4] acht Tage an einem Platze zu sitzen, das widerstreite seinen Prinzipien.

Darauf wurde er vom Hofe gejagt.

Am andern Tage ließ Meyhöfer den Schlosser aus dem Dorfe holen, damit er sich den Schaden besehe. Dieser arbeitete abermals ein paar Tage an der Maschine herum, aß und trank für dreie[5] und erklärte schließlich, wenn sie jetzt nicht gehen wolle, hätte der Teufel die Hand im Spiel. — Das Anheizen wurde wiederholt, aber die schwarze Suse war nicht mehr zum Leben zu erwecken.

Als gegen Weihnachten Löb Levy auf dem Hof erschien, um den Rest des Getreides abzuholen, prügelte ihn Meyhöfer mit seinem eigenen Peitschenstiele durch. Der Jude schrie Gewalt und fuhr schleunigst wieder von dannen.

Aber alsbald erschien ein Gerichtsbote mit einem großen, rotversiegelten Briefe.

Meyhöfer fluchte und trank mehr denn[1] je, und das Ende vom Lied[2] war, daß er zur Zahlung sämtlicher Kosten und eines Schmerzensgeldes verurteilt wurde. Nur mit knapper Not glitt er an einer Gefängnisstrafe vorbei.

Seit diesem Tage wollte er die „schwarze Suse" nicht mehr vor Augen sehn. Sie wurde in den hintersten Schuppen gebracht und stand dort in Verborgenheit manches Jahr hindurch, ohne daß eines Menschen Blick auf sie fiel.[3]

Nur Paul nahm von Zeit zu Zeit heimlich den Schlüssel des Schuppens und schlich zu dem schwarzen Ungetüm hinein, das ihm lieber und lieber wurde und ihm schließlich wie eine stumme, arg verkannte Freundin erschien. Dann betastete[4] er die Schrauben und die Ventile, kletterte längs dem Schornstein in die Höhe und setzte sich rittlings auf den Kessel — oder er hängte sich an das große Triebrad und versuchte, es durch seiner Arme Kraft in Schwung zu setzen. Aber schlaff wie ein Leichnam bewegte es sich nur so weit, als es geschoben wurde, dann stand es wieder still.

Und wenn er sich müde gearbeitet hatte, faltete er die Hände, und traurig zu dem toten Rade emporblickend, murmelte er: „Wer wird dich wieder lebendig machen?"

VII.

Als Paul vierzehn Jahre alt war, beschloß sein Vater, ihn zum Konfirmandenunterricht[1] zu schicken.

„Etwas Rechtschaffenes wird er in der Schule doch nicht lernen," sagte er, „Zeit und Geld sind bei ihm weggeworfen. Daher soll er rasch eingesegnet werden, damit er sich in der Wirtschaft nützlich machen kann. Was Besseres als ein Bauer wird so wie so[2] nicht aus ihm werden."

Paul war's zufrieden,[3] denn ihn verlangte danach,[4] einen Teil der Sorgen, welche die Mutter drückten, auf seine Schultern zu nehmen. Immer mehr festigte sich in ihm der Entschluß, all seine Kraft daran zu wenden, um den verlotterten Heidehof zu Ehren zu bringen. Die Brüder sollten einst von ihm sagen können:[5] „Er ist doch zu etwas nütze gewesen, wenn er uns auch auf unseren glänzenden Bahnen nicht hat folgen können."

Ja, die Brüder! Wie groß und wie vornehm waren die inzwischen geworden! Der eine studierte Philologie,[6] und der andere war als Lehrling in ein angesehenes Bankgeschäft getreten. Trotz der guten Tante brauchten beide Geld, viel Geld, weit, weit mehr, als der Vater ihnen schicken konnte. Auch für sie versprach sich Paul mit seinem Übertritt in die Wirtschaft den Beginn einer sorgenfreien Zeit. Alles überschüssige Geld sollte ihnen geschickt werden, und er, o er würde schon sparen und sorgen, auf daß sie

frei von Not und Bedrängnis weiterschreiten könnten nach
ihren erhabenen Zielen.

Mit diesen frommen Gedanken trat Paul den Weg zur
ersten Religionsstunde an. — Es war an einem sonnigen
Frühlingsmorgen zu Anfang des Monats April. Ein war=
mer Wind zog über die Heide ihm entgegen, er hätte laut
aufjauchzen mögen,[1] und das Herz ward ihm schwer vor
lauter[2] Lust.

„Es muß ein Trauriges[3] im Werke sein," sagte er sich,
„denn so froh darf[4] man sich auf Erden nicht fühlen."

Vor dem Pfarrgarten stand eine Reihe von Fuhrwerken,
die er nur zum geringsten Teile kannte. Auch vornehme
Karossen waren darunter. — Mit stolzem Lächeln saßen die
Kutscher mit ihren blanken Röcken auf dem Bocke und
warfen geringschätzige Blicke um sich herum.

In dem Garten war eine große Kinderschar versammelt.
Die Knaben gesondert und die Mädchen auch. Unter den
Knaben befanden sich die beiden Brüder, von denen er
früher so viel hatte leiden müssen, und die seit einem
Jahr die Schule nicht mehr besuchten. Sie kamen sehr
freundlich auf ihn zu, und während der eine ihm die Hand
zum Gruße reichte, stellte ihm der andere von hinten ein
Bein.

Von den Mädchen gingen einige Arm in Arm in den
Gängen spazieren. Sie hatten sich um die Taillen gefaßt
und kicherten miteinander. Die meisten waren ihm fremd,

einige schienen besonders vornehm, sie trugen feine graue Regenmäntel und hatten Federhüte auf dem Kopfe. Ihnen mußten die Karossen draußen gehören.

Er sah auf seine Jacke herunter, um sich zu vergewissern, daß er sich nicht zu schämen brauchte. Sie war von feinem schwarzen[1] Tuche aus einem alten Fracke des Studenten[2] gefertigt und schien so gut wie neu, nur daß die Nähte ein wenig glänzten. Alles in allem: er brauchte sich nicht zu schämen.

Die Glocke ertönte. Die Konfirmanden wurden in die Kirche gerufen. — Paul fühlte sich frei und fromm, als ihn die feierliche Dämmerung des Gotteshauses umfing. — Er dachte nicht mehr an seine Jacke, die Gestalten der Knaben ringsum wurden wie Schatten.

Zu beiden Seiten des Altars waren Bänke aufgestellt. Rechts sollten die Knaben, links die Mädchen ihre Plätze erhalten.

Paul wurde in die hinterste Reihe gedrängt, wo die Kleinen und die Armen saßen. Zwischen zwei barfüßigen Häuslerkindern, welche grobe, durchlöcherte Jacken trugen, nahm er Platz. An den Schultern seiner Vordermänner vorbei[3] sah er drüben die Mädchen sich ordnen, die vornehmsten zuerst, dann die ärmlich gekleideten.

Der Pfarrer kam.

Es war ein behäbiger Mann mit einem Doppelkinn und einem blonden Backenbärtchen. Seine Oberlippe schimmerte blank von dem häufigen Rasieren. Er trug nicht seinen Talar, sondern einen einfachen schwarzen Rock, sah aber doch sehr würdig und feierlich aus.

Er sprach zuerst ein langes Gebet über den Text: „Lasset die Kindlein zu mir kommen"[1] und knüpfte daran die Ermahnung, das kommende Jahr als eine Zeit der Weihe zu betrachten, nicht zu tollen und nicht zu tanzen.

Dann pries der Pfarrer die vornehmste der christlichen Tugenden: die Demut. Niemand in dieser Kinderschar sollte sich über den andern erhaben fühlen, weil seine Eltern vielleicht reicher und vornehmer wären als die seiner Mitbrüder und Mitschwestern. Denn vor Gottes Throne wären alle gleich.

Darauf zog der Pfarrer ein Blatt Papier aus der Tasche und sagte: „Jetzt will ich die Rangordnung verlesen, in der ihr fortan sitzen sollt, zuerst kommen die Mädchen und dann die Knaben" und begann zu lesen.

Schon der erste[2] Name machte Paul stutzig, denn er hieß — Elsbeth Douglas. Er sah ein hochaufgeschossenes, blasses Mädchen mit einem frommen Gesicht und schlicht zurückgestrichenen blonden Haaren sich erheben und nach dem ersten Platze hinschreiten.

„Also das bist du!" dachte Paul, „und wir sollen zusammen eingesegnet werden." Das Herz klopfte ihm vor Freude und auch vor Angst, denn er fürchtete zugleich, daß er ihr zu gering erscheinen werde. — „Vielleicht besinnt sie sich gar nicht mehr auf dich," dachte er weiter.

Er beobachtete sie, wie sie mit niedergeschlagenen Augen sich auf ihren Platz setzte und freundlich vor sich hinlächelte.

„Nein, die ist nicht stolz," sagte er leise vor sich hin, aber zur Sicherheit besah er seine Jacke.

Dann wurden die Knaben aufgerufen. Zuerst kamen die beiden Brüder Erdmann. Die hatten sich schon ohnehin auf den ersten Plätzen breit gemacht, und dann wurde sein eigener Name gerufen. — In diesem Augenblicke machte Elsbeth Douglas es genau so, wie er vorhin getan. Sie hob rasch den Kopf und spähte zu den Reihen der Knaben hinüber.

Als er sich auf seinen Platz gesetzt hatte, schaute auch er vor sich auf die Erde nieder, denn er wollte es ihr an Demut gleichtun, und wie er dann aufblickte, sah er ihr Auge voll Neugier auf sich[1] ruhen. Er wurde rot und tupfte ein Federchen von dem Ärmel seiner Jacke.

Und dann begann der Unterricht. Der Pfarrer erklärte Bibelsprüche und fragte Gesangbuchlieder ab. Elsbeth kam zuerst an die Reihe. Sie hob ein wenig den Kopf und sagte ruhig und unbefangen ihre Verse her.

„Donnerja, die Margell hat Courage,"[2] murmelte der jüngere Erdmann, der zu seiner linken Seite saß.

Paul fühlte sich von plötzlichem Ingrimm gepackt. Er hätte ihn mitten in der Kirche prügeln mögen. „Sagt er noch einmal ‚Margell‘ auf sie,[3] so hau' ich hernach[4] auf ihn los." Das versprach er sich feierlich. Aber der jüngere Erdmann dachte nicht mehr an sie, er beschäftigte sich damit, seinen Hintermännern Stecknadeln in die Waden zu stechen.

Als die Stunde beendet war, verließen zuerst die Mädchen paarweise die Kirche. Erst als die letzten draußen waren, durften die Knaben ihnen folgen. Auf dem Vorplatze begegnete er Elsbeth, die nach ihrem Wagen schritt. Beide sahen sich ein wenig von der Seite an und gingen aneinander vorüber.

An ihrem Wagen stand eine alte Dame mit grauen Ringellocken und einem persischen Umschlagetuch, die im Pfarrhause auf sie gewartet haben mußte.[1] Sie küßte Elsbeth auf die Stirn, und beide bestiegen die Rücksitze. Der Wagen war der schönste in der ganzen Reihe, der Kutscher trug eine schwarze Pelzmütze mit einer roten Trobbel daran, auch hatte er blanke Tressen am Kragen und an den Aufschlägen der Ärmel.

Gerade als der Wagen fortgefahren war, wurde Paul von den beiden Erdmanns[2] angefallen, die ihn ein wenig prügelten.

„Pfui, schämt euch, zwei gegen einen," sagte er, da ließen sie ihn laufen.

Er ging vergnügt dem Heimathause zu. Die Mittagssonne glitzerte auf der weiten Heide, und in nebelnder Ferne fuhr der Wagen vor ihm her, wurde kleiner und kleiner und verschwand endlich als ein schwarzer Punkt in dem Fichtenwalde.

Als er zu Hause ankam, küßte ihn die Mutter auf beide Wangen und fragte: „Nun, wie war's?"

„Ganz nett," erwiderte er, „und, Mama, die Elsbeth aus dem ‚weißen Hause' war auch da."

Da wurde sie ganz rot vor Freude und fragte nach allerlei, wie sie aussähe, ob sie hübsch geworden sei und was sie mit ihm gesprochen habe.

„Gar nichts," erwiderte er beschämt, und als die Mutter ihn daraufhin erstaunt ansah, fügte er eifrig hinzu: „Du, aber stolz ist sie nicht." . . .

Am nächsten Montag fand er sie bereits an ihrem Platze sitzen, als er die Kirche betrat. Sie hatte die Bibel auf den Knien liegen und lernte die aufgegebenen Sprüche.

Es waren noch nicht viele Kinder anwesend, und als er sich ihr gegenüber niedersetzte, machte sie eine halbe Bewegung, als wolle sie aufstehen und zu ihm herüberkommen, aber sie ließ sich wieder nieder und lernte weiter.

Die Mutter hatte ihm vor dem Weggehen anempfohlen, Elsbeth einfach anzureden. Sie hatte ihm viele Grüße an ihre Mutter aufgetragen, auch sollte er sich erkundigen, wie es ihr selber erginge. Er hatte sich während des Weges eine lange Rede einstudiert — nur war er sich noch darüber uneins, ob er „du" oder „Sie" zu ihr sagen sollte. — „Du" wäre das einfachste gewesen. Die Mutter schien es sogar für selbstverständlich zu halten, aber „Sie" klang entschieden feiner — so hübsch[1] erwachsen klang es. Und da er zu keinem Entschlusse kommen konnte, so unterließ er die Anrede ganz. — Auch er[2] nahm nun seine Bibel vor, und beide stützten die Ellbogen auf die Knie und lernten um die Wette.

Ihm nützte es nicht viel, denn als hernach in der Stunde der Pfarrer an ihn die Frage richtete, hatte er keine Ahnung mehr. —

Ein peinliches Schweigen entstand, die Erdmänner lachten schadenfroh, und er, glutrot vor Scham, mußte sich wieder auf seinen Platz niedersetzen. Er wagte nun nicht mehr aufzuschauen, und als er beim Verlassen der Kirche Elsbeth vor der Türe stehen sah, als wartete sie auf etwas, schlug er die Augen nieder und wollte rasch an ihr vorüber. —
Sie aber trat einen Schritt auf ihn zu und redete ihn an:

„Meine Mama hat mir aufgetragen, ich soll[1] dich fragen — wie's deiner Mutter ginge."

Er erwiderte, es ginge ihr gut.

„Und sie läßt sie auch vielmals grüßen," fuhr Elsbeth fort.

„Und meine Mutter läßt deine Mutter auch vielmals grüßen," erwiderte er, Bibel und Gesangbuch zwischen den Fingern drehend, „und ich soll dich auch fragen, wie's ihr ginge."

„Mama läßt sagen," entgegnete sie, wie[2] wenn man Aus= wendiggelerntes hersagt, „sie sei viel[3] kränklich und müßte sehr oft das Zimmer hüten, aber jetzt im Frühling ging's[4] ihr besser — und ob du nicht mit unserem Wagen mit= fahren möchtest bis zu deinem Hause. Ich soll's dir an= bieten, hat sie gesagt."

„Kiek, der Meyhöfer raspelt Süßholz," rief der ältere Erdmann, der sich hinter der Kirchentür verborgen hatte, um seine Kameraden durch den Ritz hindurch mit einem Röhrchen zu kitzeln.

Elsbeth und Paul sahen erstaunt einander an, denn sie kannten den Sinn der Redensart nicht; aber da sie fühlten, daß sie etwas sehr Schlimmes bedeuten mußte, wurden sie rot und trennten sich.

Paul schaute ihr nach, wie sie auf ihren Wagen stieg und davonfuhr. Diesmal wartete die alte Dame nicht auf sie. Es war ihre Gouvernante, wie er gehört hatte. Ja, so vornehm war sie, daß sie sogar eine eigene Gouvernante besaß!

„Die Erdmänner kriegen doch noch ihre Prügel," damit schloß er seine Überlegungen.———

Die nächsten Wochen vergingen, ohne daß er mit Elsbeth wieder geredet hätte.[1] Wenn er in die Kirche trat, saß sie meistens schon auf ihrem Platze. Dann nickte sie ihm freundlich zu, aber das war auch alles.

Und dann kam ein Montag, an welchem ihr Wagen nicht auf sie wartete. Er bemerkte es sofort, als er auf den Kirchenplatz zuschritt, und atmete erleichtert auf, denn der stolze Kutscher mit der Pelzmütze, die er selbst mitten im Sommer trug, verursachte ihm stets ein beklemmendes Gefühl. Er brauchte nur an den Kutscher zu denken, wenn er ihr gegenübersaß, und sie erschien ihm wie ein Wesen aus anderer Welt.

Heute wagte er fast vertraulich zu ihr hinüberzugrüßen, und es erschien ihm, als wenn auch sie seinen Gruß freundlicher denn sonst erwiderte.

Und als die Stunde beendet war, trat sie aus freien Stücken auf ihn zu und sagte: „Ich muß heute zu Fuß nach Hause, denn unsere Fuhrwerke sind alle auf dem Felde. Mama hat gemeint,[1] du könntest wohl ein Stück mit mir zusammengehn, da wir doch denselben Weg haben."

Er fühlte sich sehr beglückt, wagte aber nicht, an ihre Seite zu treten, solange sie sich innerhalb des Dorfes befanden. Auch schaute er sich von Zeit zu Zeit ängstlich um, ob nicht die beiden Erdmänner irgendwo mit ihren Stachelreden auf ihn lauerten.

Doch als sie draußen auf freiem Felde dahingingen, fand es sich von selbst, daß sie nebeneinander schritten.

Es war ein sonniger Junivormittag. Der weiße Sand des Weges flimmerte ... Ringsherum blühten goldgelbe Katzenpfötchen, und das Wiesenfrauenhaar[2] wehte in dem warmen Winde ... Vom Dorfe her tönte die Mittagsglocke ... Kein Mensch war weit und breit zu sehen ... Die Heide schien wie ausgestorben.

Elsbeth trug einen breiten Strohhut auf dem Kopfe zum Schutze gegen die Sonnenstrahlen. Den nahm sie jetzt ab und schlenkerte ihn am Gummibande hin und her.

„Es wird dir zu heiß werden," sagte er; aber da sie ihn ein wenig auslachte, riß auch er seine Mütze vom Kopfe und warf sie hoch in die Luft.

„Du bist ja ein ganz lustiger Bursche," sagte sie beifällig nickend.

Er schüttelte den Kopf, und seine Stirn zog sich wieder

in die ernsten Falten, die ihn stets alt erscheinen ließen.

„Ach nein," sagte er, „lustig bin ich nicht."

„Warum nicht?" fragte sie.

„Ich habe immer an so vielerlei zu denken," erwiderte er, „und wenn ich einmal recht froh sein will, kommt mir sicher etwas in die Quere."

„Woran hast du denn immer zu denken?" fragte sie.

Er sann eine Weile nach, aber es fiel ihm gerade nichts ein. „Ach, es ist ja alles dumm[1] Zeug," sagte er, „kluge Gedanken kommen mir überhaupt nicht."

Und dann erzählte er ihr von den Brüdern, von dicken Büchern, die ganz mit Zahlen vollgeschrieben ständen — den Namen habe er vergessen — und welche sie schon auswendig gekonnt hätten, als sie so alt gewesen wären, wie er selber.

„Warum lernst du das nicht auch, wenn es dir Vergnügen macht?" fragte sie.

„Es macht mir aber kein Vergnügen," erwiderte er, „ich habe einen so schweren Kopf."

„Aber irgend etwas wirst du doch können?"[2] fragte sie weiter.

„Ich kann rein gar nichts," erwiderte er traurig, „ich sei so dumm, sagt der Vater."

„Du — darauf mußt du nichts geben,"[3] tröstete sie ihn, „mein Fräulein Rathmaier hat auch immer allerhand an mir auszusetzen. Aber ich — pah, ich —" Sie schwieg und riß eine Sauerampferstaude aus, an der sie kaute.

„Hat dein Vater noch immer so blitzende Augen?" fragte er.

Sie nickte, und ihr Antlitz verklärte sich.

„Du hast ihn wohl sehr lieb — deinen Vater?"

Sie sah ihn erst erstaunt an, als ob sie seine Frage nicht verstände, dann meinte[1] sie, o ja — sie hätte ihn sehr lieb.

„Und er dich auch?"

„Ob!"[2]

Er pflückte sich nun gleichfalls einen Sauerampferstengel und seufzte dabei.

„Warum seufzt du denn?" fragte sie.

Es käme ihm zufällig was[3] in den Sinn, meinte er; und dann fragte er lachend, ob ihr Vater sie wohl noch manchmal auf den Schoß nähme, wie damals, als er im „weißen Hause" gewesen.

Sie lachte mit und meinte, sie wäre ja schon ein großes Mädchen, und er solle nicht so dumm fragen; aber hinterher kam's heraus, daß sie doch noch auf des Vaters Schoß säße, „freilich nicht mehr rittlings," fügte sie lachend hinzu.

„Ja, das war ein schöner Tag," sagte er, „und ich saß auf seinem anderen Knie. Wie klein müssen wir damals gewesen sein!"

„Und dumm waren wir, daß Gott erbarm'!"[4] erwiderte sie, „wenn ich noch daran denke,[5] wie du pfeifen wolltest und nicht konntest."

„Hast du das behalten?" fragte er, und sein Auge leuchtete auf[6] im Bewußtsein seiner jetzigen Kunst.

„Natürlich," sagte sie, „und als du fortgingst, kamst du noch einmal zurückgelaufen und — weißt du noch?"

Er wußte es genau.

„Heute wirst du wohl[1] pfeifen können," lachte sie,[2] „in unserem Alter ist das keine Heldentat mehr — kann ich es doch sogar!" — und sie spitzte die Lippen in sehr drolliger Weise.

Ihm tat es weh, daß sie von seiner Kunst so geringschätzig sprach, und er dachte darüber nach, ob er das Pfeifen fortan nicht lieber ganz unterlassen sollte.

„Warum bist du so schweigsam?" fragte sie, „bist du auch müde?"

„Ach nein, aber du — was?"[3]

Ja, — der Fußweg in Sand und Mittaghitze habe sie angestrengt.[4]

„So komm zu uns ins Haus und ruhe dich aus," rief er leuchtenden Auges, denn er gedachte der Freude, welche die Mutter bei ihrem Anblick empfinden würde.

Aber sie dankte.[5] „Dein Vater ist nicht gut zu sprechen auf uns,[6] hat Mama gesagt, und darum dürft ihr auch nicht nach Helenental zum Besuche kommen. Dein Vater würde mich vielleicht vom Hofe weisen."

Er erwiderte hochrot, „das würde[7] der Vater wohl nicht" — und er schämte sich sehr.

Sie warf einen Blick nach dem Heidehof hinüber, der kaum dreihundert Schritt abseits vom Wege gelegen war. Der rote Zaun leuchtete im Sonnenglanze, und selbst die grauen, verfallenen Scheunen schauten freundlicher darein, als sonst.

„Es ist ganz hübsch bei euch,"[1] sagte sie, die linke Hand wie einen Schirm über die Augen legend.

„O ja," erwiderte er, das Herz von Stolz geschwellt, „und an dem einen Scheunentor ist eine Eule[2] angenagelt. — — — Aber es soll noch viel, viel hübscher bei uns werden," fügte er nach einer kleinen Weile ernsthaft hinzu. „Laß mich nur erst ans Regiment kommen." Und dann begann er, ihr seine Zukunftspläne auseinanderzusetzen. Sie hörte ihm aufmerksam zu, aber als er geendet hatte, sagte sie noch einmal: „Ich bin müde — muß mich ausruhen." Und sie machte Miene, sich auf dem Grabenrande niederzusetzen.

„Nicht hier in der Sonnenhitze," warnte er, „komm, wir suchen uns den ersten besten[3] Wacholderstrauch."

Sie reichte ihm die Hand und ließ sich müde von ihm über den Heiderasen ziehen, der von Maulwurfshügeln geschwellt war, wie ein wellenschlagender See, und der gegen den Waldesrand hin vereinzelte Wacholderbüsche trug, welche wie eine Schar schwarzer Gnomen von der ebenen Fläche emporragten.

Unter dem ersten dieser Gebüsche hockte sie nieder, so daß dessen[4] Schatten ihre zarte, schmale Gestalt fast ganz umhüllte.

„Hier ist gerade noch Platz für deinen Kopf," sagte sie, auf einen Maulwurfshügel weisend, der sich noch im Bereiche des Schattens befand.

Er streckte sich der Länge nach auf dem Rasen hin, den
Kopf auf den Maulwurfshügel gebettet, die Stirn vom
Saume ihres Kleides bedeckt.

Sie lehnte sich müde in das Dickicht des Busches zurück,
um in dessen Geäftel eine Stütze zu finden.

„Die Nadeln stechen gar nicht," sagte sie dann, „sie
meinen's gut mit uns; ich glaube, wir könnten auch durch
Dornröschens Hecke[1] gehen."

„Du — nicht ich," erwiderte er, die Augen im Liegen zu
ihr aufschlagend, „mich hat noch jeder Dorn gestochen, —
ich bin kein Märchenprinz, nicht einmal ein lumpiger Hans=
im=Glücke[2] bin ich."

„Wird[3] alles noch kommen," tröstete sie; „du mußt nicht
immer so traurige Gedanken haben."

Er wollte ihr etwas erwidern, aber die richtigen Worte
fehlten ihm, und wie er nachsinnend emporschaute, flog
droben am blauen Himmel eine Schwalbe vorüber. Da
stieß er unwillkürlich einen Pfiff aus, als ob er sie heran=
locken wollte, und als sie nicht kam, pfiff er zum zweiten
und zum dritten Male.

Elsbeth lachte, er aber pfiff weiter — erst ohne zu wissen,
wie? und ohne nachzudenken, warum? Aber als ein Ton
nach dem andern seinen Lippen entquoll, ward ihm zu
Sinn, als sei er plötzlich sehr beredsam geworden, und als
ob er auf diese Weise alles sagen könnte, was ihm das
Herz bedrückte und wozu er in Worten nimmer den Mut
gefunden haben würde ... All das, was ihn traurig machte

und um was er sich sorgte, kam zum Vorschein. Er schloß die Augen und hörte gleichsam zu, wie die Töne für ihn sprachen.

Als er die Augen aufschlug, wußte er nicht, wie lange er so dagelegen und gepfiffen hatte, aber er sah, daß Elsbeth weinte.

„Warum weinst du?" fragte er.

Sie gab ihm keine Antwort, wischte sich mit dem Taschentuch die Augen und erhob sich.

Schweigend schritten sie eine Weile miteinander hin. — Als sie den Wald erreichten, der dicht und dunkel vor ihnen lag, blieb sie stehen und fragte:

„Wer hat dich das gelehrt?"

„Keiner," sagte er, „das ist mir so von selber gekommen."

„Kannst du auch Flöte spielen?" fragte sie weiter.

Nein, er konnte es nicht, er hatte es auch nie gehört, er wußte nur, daß es des alten Fritzen[1] Lieblingsvergnügen gewesen.

„Das mußt du lernen!" sagte sie.

Er meinte, es würde ihm wohl zu schwer sein.

„Du solltest es doch versuchen," riet sie, „du mußt ein Künstler werden — ein großer Künstler."

Er erschrak, als sie das sagte. Er getraute sich kaum, ihren Gedanken weiter zu denken.

Als sie den jenseitigen Waldesrand erreicht hatten, trennten sie sich. — Sie schritt weiter dem „weißen Hause" zu — und er kehrte um. Wie er den Wacholderbusch wiedersah, unter dem sie beide gesessen, kam ihm alles wie ein Traum vor, und so blieb es auch fortan. — — —

Zwei, drei Tage vergingen, ehe er der Mutter etwas von seinem Abenteuer zu sagen wagte, aber dann hielt er es nicht länger aus und gestand ihr alles.

Die Mutter sah ihn lange an und ging hinaus, aber von jetzt ab lauschte sie heimlich, ob sie nicht einen Ton von seinem Pfeifen erhaschen könnte.

Die beiden Kinder gingen noch oftmals mitsammen heim, aber eine solche Stunde, wie die unter dem Wacholderbusch, kam ihnen nie mehr wieder.

Wenn sie an ihm vorüberschritten, sahen sie einander an und lächelten, aber keines[1] wagte den Vorschlag zu machen, noch einmal unter ihm niederzusitzen.

Auch des Flötenspiels geschah nicht mehr Erwähnung zwischen ihnen, Paul jedoch dachte heimlich oft genug daran. Es erschien ihm wie etwas Himmlisches, Unerhörtes, gleich der Wissenschaft, welche die Logarithmentafeln lehrten. Ja, wenn er klug und begabt gewesen wäre, wie die beiden Brüder! — aber er war ja nur ein dummer, einfältiger Junge, der froh sein konnte, wenn man ihn für die andern sorgen ließ.

In dem Winter, der nun folgte, stellte Paul sein Pfeifen gänzlich ein. Elsbeth sah er fortan nicht mehr. Mit Beginn der kalten Jahreszeit war die Religionsstunde aus der Kirche in das Pfarrhaus verlegt worden, und da sich in demselben kein Raum vorfand, welcher sämtliche Konfir=

manden hätte fassen können, so wurden Knaben und Mädchen gesondert unterrichtet. Bisweilen zwar sah er Elsbeths Wagen an sich vorüberfahren, aber sie selbst war so sehr in Pelze und Tücher vermummt, daß von ihrem Gesicht nichts[1] zu erkennen war. Er wußte nicht einmal, ob sie ihn bemerkt hatte.

Zu derselben Zeit hatte er vielen Ärger mit den Brüdern Erdmann, die ihn bis aufs Blut zu quälen wußten. Er war vollständig wehrlos ihnen gegenüber, denn jeder einzelne hatte doppelt soviel Kraft wie er; auch griffen sie ihn immer zu zweien an, und während der eine[2] ihn festhielt, zwackte ihn der andere.

Sein Groll gegen die Widersacher schwoll höher und höher. Oft machte er sich Vorwürfe, daß er sich feige und ehrlos betrüge, und beschuldigte sich niedriger, knechtischer Gesinnung. Eines Tages, als er auf dem beschneiten Hofe hin und her lief, redete er sich so sehr in Zorn hinein, daß er beschloß, sich jener bösen Brüder zu entledigen, und wenn[3] es sein eigen Leben kostete. — Er lief in den Stall, wo der Schleifstein stand, taute das in der Bütte gefrorene Wasser auf und schärfte sein Taschenmesser, bis es einen Streifen dünnsten Seidenpapiers durchschnitt. Als er aber am nächsten Montag aufs neue durchgeprügelt wurde, fand er nicht den Mut, es aus der Tasche zu ziehen, und mußte sich aufs neue ob seiner Feigheit Vorwürfe machen. Er verschob es auf das nächste Mal — aber dabei blieb es.

Auch von dem Vater hatte er vieles zu erdulden. Derselbe trug[1] sich neuerdings wieder mit großen Plänen, und wenn er das tat, fühlte er sich stets sehr erhaben und war auf Paul, den er um seines kleinlichen Sinnes willen verachtete, besonders schlecht zu sprechen.[2]

„Warum ist auf den Jungen nicht der leiseste Funken[3] meines Genies[4] übergegangen?" sagte er, „wie schön könnte ich ihn dann zum Handlanger für meine Pläne erziehen! Aber, er ist zu stupide — Hopfen und Malz sind an ihm verloren."

Er hatte jetzt die Absicht, zur Ausbeutung seines Moores eine Aktiengesellschaft zu gründen, große Kapitalien aufzubringen und sich selbst zum Direktor mit so und so viel tausend Talern Gehalt ernennen zu lassen. Er fuhr allwöchentlich zwei- bis dreimal zur Stadt und war oft am zweiten Tage noch nicht zu Hause.

„Es hält schwer," sagte er dann, wenn er seinen Rausch ausgeschlafen hatte, „aber ich werde die Filze schon 'rankriegen. Auch der Douglas, der Protz, muß mir bluten. Wenn er nicht einen Scheffel Aktien zeichnet, soll ihn der Teufel holen."

Frau Elsbeth hörte das alles traurig an, ohne ein Wort zu sagen; Paul aber pflegte hinterher heimlich den Schlüssel des Schuppens vom Brette zu nehmen, um mit der „schwarzen Suse" stumme Zwiesprach zu halten. Er hatte nun einmal[5] den Glauben, daß von ihr die Rettung käme.

Als die Osterfeiertage vorüber waren, wurde der Religionsunterricht aufs neue in die Kirche verlegt. Knaben und Mädchen kamen nach halbjähriger Trennung wieder zusammen.

Elsbeth hatte sich während des Winters sehr verändert. Sie sah nun beinahe aus wie eine erwachsene Dame. Sie trug ein halblanges Kleid und hatte das Haar über der Stirn in Löckchen aufgelöst.

Paul grüßte sie sehr beklommen; ihm war zu Mute, als paßte er nicht mehr zu ihr — aber sie stand von ihrem Sitze auf, ging ihm drei Schritte entgegen und drückte ihm vor aller[1] Augen herzlich die Hand.

In der darauf folgenden Stunde wurde unter den Knaben ein Blatt herumgereicht, welches viel Heiterkeit erregte. Dasselbe trug die von allerhand Schnörkeln umgebenen Worte:

"Als Verlobte empfehlen sich:[2]
Paul Meyhöfer,
Elsbeth Douglas."

Die Schrift war die des jüngeren Erdmann. Pauls Hand suchte nach seinem Messer; für einen Moment[3] war ihm zu Mute, als könnte er es hier mitten in der Kirche gegen seinen Nachbarn zücken; er zerrte ihm das Blatt aus der Hand und riß es in Fetzen.

Elsbeth sah verwundert zu ihm hinüber, und der Pfarrer rief ihn zur Ruhe. Nun erschrak er über seine eigene Kühnheit. Die Erdmänner mußten ihm wohl angemerkt haben, daß er in diesem Punkt nicht mit sich scherzen ließe, und machten keinen ferneren Versuch, ihn mit Elsbeth aufzuziehen...

Am letzten Sonntage vor Pfingsten war die Einsegnung. Paul hatte die Nacht über[1] nicht schlafen können, vor Sonnenaufgang stand er leise auf, zog die neuen schwarzen Tuchkleider an, welche die gute Tante ihm zu diesem Fest geschenkt hatte, und machte einen Rundgang über den stillen Hof und die tauigen Felder.

Um acht Uhr sah er auf dem Fahrweg, der über die Heide führte, eine Karosse vorbeirollen, deren silberner Zierat im Morgensonnenstrahle glitzerte.

Lange blickte er dem Wagen nach. Ihm war alles wie ein Traum... Er fühlte sich so unendlich wohl, daß ihm ganz beklommen wurde vor lauter Glück. „Womit hab' ich das verdient?" fragte er sich, und darauf fing er an nachzugrübeln, wie wohl der erste Kummer beschaffen sein werde, der ihn dieser Seligkeit entreißen würde. — Als die Zwillinge ihm ankündigten, daß der Wagen zur Kirchenfahrt bereit stände, fühlte er sich traurig und gedrückt.

In dem Pfarrgarten, in welchem Jasmin und Flieder blühten, und auf dessen Rasen die Sonnenstrahlen glitzerten, standen zwei Menschenhäuflein, ein schwarzes und ein weißes, gesondert voneinander. Das erste waren die Knaben, das zweite die Mädchen.

Elsbeth in ihrem schneeigen Mullkleidchen mit einem

Spitzentüchlein über dem Busen, sah weiß und duftig aus wie eine Schlehdornblüte.

Ihre Wangen waren sehr blaß, sie hielt die Augen fortwährend gesenkt und spielte bald mit dem Gesangbuche, bald mit dem Fliederbüschel, welches beides[1] sie in der Hand hielt.

Paul schaute lange zu ihr hinüber, aber sie sah ihn nicht. Sie mochte sich wohl in ihrer Andacht durch keinen weltlichen Gedanken stören lassen.

Und dann kam der Pfarrer. Die Glocken läuteten — und die Orgel rauschte — und langsam schritt der Zug, paarweise geordnet, nach dem Altar.

Zu beiden Seiten des Altars ordneten sich die Kinderscharen.

Paul warf einen schüchternen Blick in das Kirchenschiff hinunter, das gedrängt voll von Menschen war, aber er vermochte niemanden zu erkennen.

Die Stunde der Predigt verging. Er starrte vor sich nieder. Alles war ihm wie ein Traum.

Eine Weile später fühlte er seine Knie auf einem weichen Polster ruhen und die Hand des Pfarrers auf seinem Haupte ... Was er zu ihm sprach, vernahm er nicht. Er sah Elsbeth drüben still in ihr Taschentuch weinen und dachte: „Weine nur, weine nur, wirst bald wieder lachen."

Und dann fragte er sich, warum die Menschen wohl alle soviel lachten, während es doch im ganzen so wenig Lächerliches auf Erden gäbe.

Die Orgel stimmte das Lied: "Lobe den Herren,[1] den mächtigen König der Ehren" an — hellauf jauchzte der Chor der Gemeinde — da wanderte sein Blick zur Sonne empor, die in regenbogenfarbenen Lichtern durch die bemalten Kirchenfenster brach.

Und wie er in das Farbenspiel hineinstarrte, erschrak er plötzlich. Gerade jenseit des Kreuzes, welches den Altar krönte, stand in ungeheurer Größe eine düstere, in Grau gekleidete Frau und blickte aus großen, hohlen Augen auf ihn nieder . . . Die Büßerin Magdalena war's.

Er fühlte, wie es ihn kalt durchschauerte.

"Frau Sorge," murmelte er und beugte das Haupt, als wollte er in Demut empfangen, was sie ihm fürs Leben bescherte.

Da setzte mit einem rauschenden Akkorde die Orgel zum Nachspiel ein . . . ein freudiges Beben ging durch die Gemeinde . . . die Schar der Kinder eilte, sich in die Arme der Ihren zu werfen, — — und aus Elsbeths tränennassen Augen traf ihn ein freundlich grüßender Blick.

VIII.

Paul trat nun in die Wirtschaft. Den Schwur, den er am Morgen seines Einsegnungstages getan, hielt er getreulich. — Er arbeitete wie der letzte seiner Knechte, und wenn die Mutter ihn bat, sich zu schonen, dann küßte er

ihr die Hand und sagte: „Du weißt, wir haben viel gut=
zumachen."

Abends, wenn das Gesinde zur Ruhe gegangen war und
die Zwillinge sich in den Schlaf getollt hatten, dann saßen
Mutter und Sohn oft stundenlang beisammen und plan=
ten und rechneten; aber war ein Entschluß in ihnen zur
Reife gekommen und lächelte ein Schimmer[1] von Hoff=
nung aus ihren Augen, dann geschah es oft, daß sie plötz=
lich zusammenschraken und mit einem Seufzer die Köpfe
hängen ließen — aber keiner[2] sprach es aus, was ihm das
Herz belastete . . .

Zu dieser Zeit fing Frau Elsbeth stark zu altern an.
Lange, schmale Furchen zogen sich über ihre Wangen, das
Kinn trat stark hervor, und das Haar erhielt einen Silber=
schimmer. Nur aus den dunklen Tiefen ihrer vergrämten
Augen konnte man noch herauslesen, wie schön sie einst
gewesen war.

„Ja, siehst du, jetzt bin ich eine alte Frau," sagte sie
eines Morgens zu ihrem Sohne, als sie sich vor dem
Spiegel die Haare kämmte, „und das Glück ist noch immer
nicht gekommen."

„Sei still, Mutter, wofür bin ich denn da?" erwiderte
er, obwohl ihm gar nicht so hoffnungsfreudig zu Mute
war.

Da lächelte sie traurig, streichelte ihm Wangen und Stirn
und sagte: „Ja, du siehst mir[3] ganz so aus, als hättst
du das Glück[4] an den Flügeln gefangen; . . . aber ich will

nicht so reden," fuhr sie fort, „was fing' ich wohl an,[1] wenn
ich d i ch nicht hätte?" — — —

Solch ein Augenblick überströmender Liebe mußte für
lange vorhalten, denn oft vergingen Monate, ohne daß
Mutter und Sohn vor lauter Beklommenheit der Herzen
sich etwas Zärtliches zu sagen wagten.[2]

Die Zwillinge wuchsen derweilen zu zwei tollen, paus=
bäckigen Wildlingen heran, denen kein Baum zu hoch, kein
Graben zu tief war.

Das Gelächter der beiden hallte früh morgens und spät
abends durch das einsame Heidehaus, und um so drücken=
der war die Stille darin, wenn sie in der Schule weilten
oder sich draußen auf dem weiten Plane umhertrieben.

Für Paul hegten sie eine grenzenlose Liebe, was sie
jedoch nicht abhielt, die besten Bissen von seinem Teller,
die weißesten[3] Papierschnitzel aus seiner Mappe und die
schönsten Knöpfe von seinen Hosen einfach als ihr Eigen=
tum zu reklamieren, denn sie stahlen wie die Elstern.

Er hatte große Sorge um sie, denn er fürchtete, sie wür=
den immer mehr verwildern, insbesondere, da die Mutter
immer müder und mutloser wurde und die Dinge gehen
ließ, wie sie gingen. Aber er fing seine Erziehungsversuche
am unrechten Ende an. Seine Mahnungen fruchteten
nichts, und einmal, als er mitten in einer schönen Straf=
predigt war, geschah es, daß die eine plötzlich auf seinen
Schoß sprang, ihn an der Nase ergriff und der Schwester
zurief: „Du[4] — er kriegt 'nen Bart."

Drauf kletterte diese ihr nach, und beide wollten um die Wette an seinen Lippen zupfen. — Als er nun aber ernstlich böse wurde, fingen sie an zu bocken und meinten: „Pfui — wir reden nicht mehr mit dir."

Elsbeth hatte er seit seinem Einsegnungstage nicht wiedergesehen, wiewohl inzwischen ein ganzes Jahr vergangen war.

Es hieß, sie sei nach der Stadt geschickt worden, um dort „gesellschaftliche Bildung" zu lernen. — Dies Wort hatte ihm einen Stich durchs Herz gegeben; er wußte kaum, was es bedeutete, aber er fühlte dunkel, daß sie sich nun weiter und weiter von ihm entferne.

Da geschah es eines Tages um die Osterzeit, daß er ein Stück Ackerland bearbeiten ging, welches versprengt von dem anderen Besitztum fernab am Waldesrande lag. — Er selbst säete,[1] und ein Knecht mit zwei Pferden ging nacheggend hinterdrein.

Er hatte ein großes weißes Säelaken[2] um die Schultern geschlungen und beobachtete mit stillem Vergnügen, wie die Samenkörner im Sinken gleich einem goldenen Springquell niederfunkelten. Da war es ihm, als sähe er zwischen den dunklen Stämmen des Waldes etwas Hellschimmerndes auf und nieder schaukeln — wie eine Wiege, die in der Luft schwebte. Doch nahm er sich kaum Zeit, darauf zu achten, denn das Säen ist eine Arbeit, die Aufmerken verlangt.

So kam die Frühstückspause heran. Der Knecht setzte

sich auf den Kornsack; er selbst aber, da ihm heiß geworden war, ging nach dem Walde, um Schatten zu haben.

Er warf einen flüchtigen Blick nach der schwebenden Wiege und dachte: „Das muß wohl eine Hängematte sein"; aber um den, der darinnen lag, kümmerte er sich nicht.

Da war es ihm plötzlich, als hörte er seinen Namen rufen.

„Paul, Paul!" Es klang ganz lieb und vertraut, und mit einer hellen, weichen Stimme, die ihm wohl bekannt schien.

Erschrocken schaute er auf.

„Paul, komm doch her," rief die Stimme noch einmal. Es lief ihm heiß und kalt über den Nacken herab,[1] denn er wußte nun, wer es war.

Er ließ einen verschämten Blick über seine Arbeitskleider gleiten und machte sich daran,[2] den Knoten des Lakens loszulösen; aber der hatte sich in den Nacken zurückgeschoben, so daß er ihn nicht erreichen konnte.

„Komm doch so, wie du bist," rief die Stimme, und nun sah er auch, wie ihr Oberkörper sich in der Matte emporrichtete, während ein Buch mit rot und goldenem[3] Einband ihren Händen entglitt und zur Erde fiel.

Zögernd kam er näher, indem er heimlich versuchte, die Stiefel, an denen der Schmutz des feuchten Ackers klebte, in dem Moose abzuwischen.

Sie ihrerseits hatte noch im letzten Augenblicke bemerkt, daß ihre Füße mitsamt den weißen Strümpfen unter dem

Kleide hervorguckten, und machte sich eilig daran, sie mit dem Tuche, das sie um die Schultern geschlungen hatte, zu verdecken. Aber sie vermochte nicht, es unter ihren Armen hervorzuzerren, und da sie keinen anderen Rat wußte,[1] so kauerte sie sich schnell zusammen, so daß sie dasaß wie ein brütendes Hühnchen, während die Hängematte heftig hin und her schwankte.

Vielleicht hatte sie die Absicht gehabt, ihm durch ihre Sicherheit und ihre frisch erlernte gesellschaftliche Bildung ein wenig zu imponieren; aber das Schicksal fügte es nun, daß sie ihn nicht minder rot und verlegen anstarren mußte, wie er sie.

Er seinerseits bemerkte nichts von ihrer Gemütsverfassung, er fand nur, daß sie sehr schön geworden war, daß ihr Haar sich zu einem vornehmen Knoten schürzte und daß sie inzwischen eine Dame geworden.

Es verging eine ganze Weile, ehe eines von beiden ein Wort hervorbrachte.

„Guten Tag — du," sagte sie dann mit einem leisen Auflachen und streckte ihm ihre Rechte entgegen, denn sie merkte, daß sie die Oberhand hatte.

Er schwieg und lächelte sie an.

„Hilf mir ein bißchen mein Tuch hervorziehen," fuhr sie fort.

Er tat es. — „So, nun kehr'' dich um." Auch damit war er einverstanden. „Nun ist's gut." Sie hatte sich wieder hingelegt, das Tuch rasch über die Füße geworfen und guckte nun zwischen den Maschen der Hängematte hindurch schelmisch zu ihm empor.

„Es ist wirklich 'ne Freude, daß ich wieder bei dir bin," sagte sie, „du bist doch der Beste von allen. Hast du dich auch nach mir gebangt?"

„Nein," erwiderte er wahrheitsgetreu.

„Ach geh — du," erwiderte sie und versuchte, sich schmollend nach der anderen Seite zu drehen; aber da die Hängematte wieder in ein heftiges Schwanken geriet, so blieb sie liegen und lachte.

Er wunderte sich innerlich, daß sie so lustig war. Er hatte außer den Zwillingen noch niemanden so lachen gesehen.[1] Und das waren Kinder.

Aber dieses Lachen gab ihm die Unbefangenheit wieder, denn er fühlte instinktiv, um wieviel älter er inzwischen geworden war als sie.

„Es ist dir wohl sehr gut gegangen — die ganze Zeit über?"[2] fragte er.

„Gott sei Dank — ja," erwiderte sie. „Mama kränkelt ein bißchen, aber das ist auch alles." — Ein Schatten flog über ihr Angesicht, war aber im nächsten Augenblick wieder verschwunden, und dann fuhr sie plaudernd fort: „Ich bin in der Stadt gewesen — ach, du[3] — was ich da alles durchgemacht hab' — das muß ich dir bei Gelegenheit einmal erzählen. Tanzstunden hab' ich genommen. Auch Verehrer hab' ich gehabt — du kannst mir's glauben. Fensterpromenaden haben sie mir gemacht, anonyme Blumensträuße haben sie mir geschickt, auch Verse, selbstgemachte Verse. Ein Student war darunter, mit einem weißen Schnurrock und einer grün=weiß=roten[1] Mütze — o, der verstand's! Was[2] der einem nicht alles zu sagen wußte, — hinterher hat er sich mit der Betty Schirrmacher[3] verlobt, einer Freundin von mir, das heißt ganz heimlich, außer mir weiß es keiner."

Paul atmete erleichtert auf, denn der Student hatte schon begonnen, ihm den Kopf warm zu machen.

"Und hast du dich nicht geärgert?" fragte er.

"Weshalb?"

"Daß er dir untreu wurde."

"Nein, darüber sind wir erhaben," erwiderte sie und zuckte die Achseln. "O, du — das sind ja alles[4] grüne Jungen im Vergleich mit dir!" Ein heißer Schreck überlief ihn bei dem Gedanken, daß man einen Studenten einen grünen Jungen nennen konnte, und noch dazu mit ihm selber verglichen.

"Mein Bruder ist kein grüner Junge," erwiderte er.

"Ich kenne deinen Bruder nicht," meinte sie mit philo=sophischer Ruhe, "der mag vielleicht keiner sein. — — Ja, ich bin viel, viel älter geworden," fuhr sie fort. "Litera=turstunden hab' ich genommen — da hab' ich viel Schönes gelernt."

Ein quälender Neid erwachte in ihm.

"Heb mal das Buch auf!" — Er tat's. — "Kennst du das?"

Er las auf dem roten Deckel in goldener Pressung die Worte: „Heines Buch der Lieder"[1] und schüttelte traurig den Kopf.

„Ach, dann kennst du nichts. — Was da alles drin steht! Du, das Buch muß ich dir leihen! Das lies — da lernt man was draus! Und wenn man eine Weile drin gelesen hat — dann kommt einem meistens das Weinen an."

„Ist es denn so traurig?" fragte er und besah den roten Deckel mit beklommener Neugier.

„Ja, sehr traurig, so schön und so traurig wie — wie — bloß von Liebe ist die Rede, von weiter gar nichts, und man fühlt, wie die Sehnsucht einen übermannt, wie man fliegen möchte[2] nach dem Ganges, wo die Lotosblumen blühn und wo — "

Sie stockte, dann lachte sie hell auf und meinte: „Ach, das ist zu dumm — nicht?"

„Was?"

„Was ich da schwatze."

„Nein — ich möcht' dich mein Lebtag so reden hören."

„Ja — möchtest du? — Ach, du — hier ist es mollig! Ich komm' mir so geborgen vor, wenn du dabei bist." — Und sie streckte sich in dem Netzwerk aus, als wollte sie mit dem Kopf nach seiner Schulter hin.

Ein seltsames Gefühl von Glück und Frieden überkam ihn, wie[3] er es seit lange nicht gekannt hatte.

„Warum schaust du fort?" fragte sie...

„Ich schaue nicht fort."

„Doch"[1] ... Du mußt mich anschauen. Das hab' ich gern ... Du hast so ernste, treue Augen — du, jetzt weiß ich auch, womit ich die Lieder da vergleichen soll!"

„Nun, womit?"

„Mit deinem Pfeifen. Das ist auch so — so — — na, du weißt schon... Pfeifst du denn auch noch manchmal?"

„Selten!"

„Und die Flöte hast du wohl auch nicht spielen gelernt?"[2]

„Nein."

„O, pfui! — Wenn du mich liebhast, dann tust du's... Ich werde dir auch das nächste Mal eine schöne Flöte schenken!"

„Ich habe nichts dir wieder zu schenken!"

„Doch — du schenkst mir all die Lieder, die du spielst. Und wenn dir recht wehe ums Herz ist ... na, lies nur in dem Buche — da steht alles."

Paul besah es von allen Seiten. „Was muß das für ein seltsames Buch sein!" dachte er.

„Und nun erzähl' mir von dir!" sagte sie. „Was tust du? Was treibst du? Was macht deine liebe Mama?"

Paul sah sie dankbar an. Er fühlte, daß er heute würde reden können,[3] ganz wie ihm ums Herz war, — da fuhr's ihm plötzlich durch den Sinn, daß die Frühstücks= pause längst vorüber und daß der Knecht mit den Pferden auf ihn wartete. Bis Mittag mußte er fertig sein, denn nach dem Essen sollte das Fuhrwerk mit einer Fuhre Torf, die er heimlich hatte stechen lassen, in die Stadt.

„Ich muß an die Arbeit," stammelte er.

„Ach, wie schade! Und wann bist du fertig?"

„Um Mittag."

„So lange kann ich nicht warten, sonst ängstigt sich Mama. Aber in den nächsten Tagen komm doch wieder einmal ausschauen — vielleicht findst du mich. Jetzt will ich noch eine Stunde hier liegen und dir zugucken. Es sieht prächtig aus, wenn du mit deinem schneeweißen Tuche auf und nieder schreitest und die Körner um dich her sprühen."

Er reichte ihr stumm die Hand und ging.

„Das Buch werd' ich hier liegen lassen," rief sie ihm nach, „hol's dir, wenn du fertig bist . . ."

Der Knecht lächelte verschmitzt, als er ihn kommen sah, und Paul wagte kaum, die Augen zu ihm aufzuschlagen.

Jedesmal, wenn er in seiner Arbeit an der Stelle vorüberging, an welcher sie drüben im Walde ruhte, richtete sie sich halb auf und winkte ihm mit dem Taschentuche. Gegen zwölf Uhr wickelte sie ihre Hängematte zusammen, trat an den Waldesrand und rief durch die hohle Hand ihr Lebewohl . . .

Er nahm zum Dank die Mütze ab, der Knecht aber schaute nach der anderen Seite und pfiff sich eins, als wollte er nichts bemerkt haben . . .

Während der heutigen Mittagsmahlzeit wandte die Mutter keinen Blick von ihrem Sohne, und als sie mit ihm allein war, trat sie auf ihn zu, nahm seinen Kopf in ihre beiden Hände und sagte:

„Was ist dir passiert, mein Junge?"

„Weshalb?" fragte er verwirrt.

„Dein Auge leuchtet so verfänglich."

Er lachte laut auf und lief von dannen; als sie ihn aber beim Abendbrot noch immer anschaute — fragend und traurig zugleich — da tat es ihm weh, daß er ihr kein Vertrauen geschenkt hatte, er ging ihr nach und gestand ihr, was ihm widerfahren war.

Da flog es wie Sonnenschein über ihr vergrämtes Gesicht, und als er mit glühenden Backen verschämt von dannen schlich, schaute sie ihm feuchten Auges nach und faltete die Hände, wie um zu beten.

Er saß bis gegen Mitternacht in seiner Kammer, den Kopf in die Hände gestützt. Das geheimnisvolle Buch lag auf seinen Knien; aber darin lesen konnte er nicht, denn der Vater hatte ihm verboten, abends Licht zu brennen. Er mußte warten bis zum Sonntag.

Er dachte darüber nach, wie anders sie geworden war. — Hätte sie nur nicht so oft gelacht. Ihr Frohsinn entfremdete sie ihm, und das volle blühende Leben, von dem sie sich tragen ließ, rückte sie weit, weit fort in jenes ferne Land, wo die Glücklichen wohnen. Und schien sie an Lieb' und Güte auch[1] die alte, sie mußte ihn ja verachten lernen, er war ja bloß ein Bauernjunge und dumm und linkisch und trübselig dazu.

In seinem Kopfe wogte ein wirres Durcheinander von Glück und Scham und Selbstvorwürfen, denn er fand, daß er sich weit würdiger und weit vornehmer hätte benehmen können. — Hierin[1] mischte sich eine rätselhafte Angst, die ihm fast die Kehle zuschnürte, — wiewohl er vergebens in seiner Seele nachforschte, wem sie wohl gelten mochte.[2]

Am nächsten Vormittage sah er vom Hofe aus, auf dem er Pfähle eingrub, etwas Weißes am Waldrande sich hin und her bewegen. — Er biß die Zähne zusammen in Weh und Ingrimm, aber er brachte es nicht übers Herz, seine Arbeit zu verlassen.

Noch zwei Tage lang fand das Weiße sich ein — dann blieb es verschwunden.

Am Sonntagvormittag holte er sich das Liederbuch aus seinem Kasten und wanderte damit nach dem Walde, — zur Mahlzeit blieb er aus, — und am Abende fanden ihn die Zwillinge, die auf der Heide Haschen spielten, pfeifend unter einem Wacholderbusche liegen, während ihm die Tränen über die Wangen liefen.

So übersetzte er sich das „Buch der Lieder" in seine Sprache. — — — — — — — — — —

Kurze Zeit darauf hörte er, daß Frau Douglas[3] von den Ärzten ein dauernder Aufenthalt im Süden angeordnet sei und daß Elsbeth sie begleiten würde.

„Es ist ganz gut so," sagte er sich, „dann wird sie mir nicht mehr so viel im Kopfe herumspuken." Lange war er unschlüssig, ob er ihr das entliehene Buch wiederschicken sollte oder nicht; er hätte es gern behalten, aber sein Gewissen ließ das nicht zu. Er wartete auf eine günstige

Gelegenheit — bis er erfuhr, daß sie abgereist wäre. Da gab er sich zufrieden.

IX.

Fünf Jahre vergingen — fünf Jahre voll Sorgen und Mühen. Paul ließ sich das Leben gar sauer werden,[1] er schaffte von morgens früh bis in die Nacht hinein, seine fleißige Hand lag auf jeglichem Werke, und was er anfaßte, gedieh. Aber er merkte es kaum, denn allstündlich ging sein Geist sorgend in die Zukunft.

Er trug die Überzeugung, daß im Grunde sein Schaffen ein hoffnungsloses[2] war. Auf des Vaters Dank hatte er niemals rechnen können, und er lernte leicht ihn verschmerzen; aber was er schwerer lernte, war, sich geduldig fügen, wenn des Vaters Laune in einer Stunde zerstörte, was er mühsam durch Wochen hin[3] aufgebaut hatte.

Wenn der Vater von seinen Reisen heimkam, so geschah es nicht selten, daß er ihn vor den Ohren der Knechte einen Pinsel, einen Dummkopf schalt und sich bitter beklagte, die Wirtschaft in so unfähigen Händen zurücklassen zu müssen, wenn die Pflicht — niemand wußte, welche Pflicht dies war — ihn in die Ferne rief.

Paul schwieg alsdann, denn tief in seinem Herzen ruhte das Gebot: „Du sollst Vater und Mutter ehren — den Vater um der Mutter willen", so hatte er es umgemodelt — aber sein Auge glitt mit einem düster spähenden Blicke von einem der Knechte zum andern, und wen er lächeln oder in heimlicher Schadenfreude des Nachbars Ellbogen streifen sah, den entließ er am folgenden Morgen.

Einen unter den Knechten gab es, der fast die ganze Zeit über auf dem Heidehof gearbeitet hatte. Er hieß Michel Raudszus und war von litauischer Herkunft. Er bewohnte auf der Heide unweit von Helenental eine armselige, verfallene Kate, deren Wände mit Torf belegt waren, damit sie der Sturm nicht umfegte. Er hatte ein verwahrlostes Weib, welches schon zweimal im Gefängnis gesessen hatte und die Kinder zum Betteln anhielt.

Er war ein schweigsamer, finsterer Gesell, der seine Arbeit musterhaft verrichtete und ohne ein Wort des Murrens von dannen ging, wenn man ihn nicht mehr brauchte, aber auch pünktlich zur Stelle war, wenn es von neuem[1] Arbeit gab.

Paul hatte ihn anfangs nicht leiden mögen, denn sein wortkarges, einsames Wesen und seine scheuen düsteren Mienen hatten auf ihn einen unheimlichen Eindruck gemacht; aber dann war's ihm plötzlich eingefallen, daß er selber sich nicht viel anders betrüge, und seit dieser Stunde hatte er ihn in sein Herz geschlossen.

Der Vater seinerseits schien einen gewissen Respekt vor ihm zu haben, denn obwohl er, wenn er betrunken war, die Knechte durchzuprügeln pflegte, hatte er ihn noch niemals angerührt. — Es war, als ob der Blick, den der Mensch unter seinen buschigen Brauen hervor ihm zuwarf, ihn im Zaume hielte.

Dieser Knecht war Pauls treuester Gehilfe. Ihm konnte er selbst den Marktverkauf des Getreides anvertrauen, und stets wußte er die höchsten Preise zu erhandeln. — — —

Auf dem stillen Heidehofe hatte sich in diesen fünf Jahren langsam und unmerklich eine große Veränderung vollzogen. Mehr und mehr verloren sich die Spuren der Armut, seltener und seltener kehrte die Not bei Tische ein.

Daß trotzdem von einem beginnenden Wohlstand keine Rede sein konnte, daran war nur der Vater schuld, der den größten Teil der Einkünfte verspekulierte, wenn er sie nicht durch die Gurgel jagte.

Hinter seinem Rücken hatte Paul es möglich gemacht, daß wenigstens für die Geschwister allmonatlich ein paar Taler erübrigt wurden.

Die Brüder brauchten mehr Geld denn je.

Paul verbrachte manche schlaflose Nacht über dem Sinnen, wie ihnen zu helfen, und nicht selten geschah es, daß er sich das Geld an seinem eigenen Leibe absparte.

Auch den Zwillingen hatte Paul eine glänzendere Zukunft ermöglicht, als die gedrückten Verhältnisse des Hauses es[1] erwarten ließen. Er hatte dahin gewirkt, daß die Pfarrerin, eine ehemalige Gouvernante, sie in die Privatschule aufnahm, welche sie für die Töchter wohlhabender Besitzersfamilien aus der Umgegend errichtet hatte.

Das Schulgeld war nicht das schlimmste dabei — auch die Bücher und Hefte ließen sich wohl auftreiben — aber schwer, sehr schwer war es, die nötige Garderobe instand zu halten, denn sein Stolz litt es nicht, daß die Schwestern hinter ihren Freundinnen zurückblieben und etwa als Bettlerkinder von ihnen betrachtet würden.

An der Mutter fand er selbst für diese weiblich gearteten Sorgen keinen Rückhalt mehr.[1] Sie war nun durch die steten Scheltreden ihres Mannes so sehr verängstigt, daß sie nicht mehr den Mut fand, einen Fetzen Band auf eigene Verantwortung einzukaufen.

„Was du tust, mein Sohn, wird gut sein," sagte sie; und Paul fuhr zur Stadt und ließ sich von dem Manufakturisten und von der Schneiderin betrügen.[2]

Die Zwillinge blühten empor, sorglos und übermütig, ohne eine Ahnung davon, welch ein Trauerspiel sich in ihrer nächsten Nähe abspielte.

In ihrem zehnten Jahre prügelten sie sich mit den Jungen des Dorfes herum, im zwölften gingen sie mit ihnen auf den Birnendiebstahl, und im fünfzehnten ließen sie sich von ihnen Veilchensträuße schenken[3] . . .

XI.[4]

Es war Johannisnacht.[5] — Im Dorfe gab's großen Jubel. — Teertonnen wurden angezündet, und auf dem Anger tanzten Knechte und Mägde. Weithin lohten die Flammen über die Heide, und die quäkenden Töne der Fiedel zogen melancholisch durch die Nacht.

Paul stand am Gartenzaun und schaute in die Weite.

Die Knechte waren zum Johannisfeuer gegangen, und auch die Schwestern waren noch nicht daheim. Sie hatten sich Erlaubnis ausgebeten, Pfarrers[1] Hedwig, ihre Gespielin, zu besuchen, ein schlichtes, stilles Mädchen, dessen Gesellschaft[2] er sie gern anvertraute.

Nun wollte er warten, bis alle heimgekehrt waren.

Der Mondschein zog ihn auf die Heide hinaus. — In mitternächtlichem Schweigen lag sie da; nur in den Erikabüschen zirpte bisweilen eine Grasmücke wie aus dem Schlafe heraus.

Langsam, mit schlürfenden Schritten schritt er weiter, bisweilen über einen Maulwurfshügel stolpernd, oder sich im Blättergewinde verwickelnd. In leuchtenden Fünkchen sprühte der Tau vor ihm her. — So kam er in die Region der Wacholderbüsche, die noch gnomenhafter dreinschauten als sonst.

Er fand den Platz, an dem vor Jahren die Hängematte gehangen, — in gespenstischem Dämmerschein schimmerte die Lichtung durch das schwarze Gezweig. — Weiter und weiter zog's ihn.[3] — Wie ein Palast aus flimmerndem Marmor stieg das „weiße Haus" mit seinem Erker und seinen Giebeln vor seinem Blick empor.

Er stand vor dem Gittertor, ohne zu wissen, wie er hingekommen. — Er faßte die Stäbe mit beiden Händen und guckte ins Innere. In Mondenglanz gebadet lag der weite Hofplatz vor ihm da — eine weiße Katze schlich am Gartenzaun vorbei — sonst lag alles im Schlafe.

Längs dem Zaune ging er weiter. Jetzt begann der Garten. Hochstämmige Linden neigten ihre Zweige über ihn, und ein Duft von Goldregen und frühen Rosen wogte durch die Gitterstäbe betäubend über ihn her.

Das „weiße Haus" kam näher und näher. Jetzt konnte er fast in die Fenster gucken. Auch hier schien alles zu schlafen.

Er hatte hie und da — auch in dem „Liederbuche"[1] — davon gelesen, daß der Geliebte in Mondscheinnächten seiner Herzensdame eine Serenade zu bringen pflegt. Das fiel ihm ein, und er malte sich aus, wie es sich wohl machen würde, wenn er, Paul, der Dumme, hier als irrender Ritter die Laute zu schlagen begänne, sehnsuchtsvolle Liebeslieder dazu krähend.

Er mußte laut auflachen bei dem Gedanken, und dann kam ihm zu Sinn, daß er ja sein Musikinstrument zu allen Zeiten bei sich trüge. Er setzte sich auf den Grabenrand, lehnte den Rücken gegen einen Zaunpfahl und fing zu pfeifen an — erst scheu und leise, dann immer kühner und lauter, und wie immer, wenn er seinen Empfindungen ganz überlassen war, vergaß er zu guter Letzt alles um sich her.

Wie aus tiefen Träumen wachte er auf, als er jenseit des Zaunes die Zweige rauschen und knacken hörte. — Erschrocken wandte er sich um.

Drüben stand Elsbeth in weißem Nachtanzuge — einen dunklen Regenmantel flüchtig darüber geworfen.

Im ersten Augenblicke war ihm zu Mute, als müsse er

auf und davon laufen, aber die Glieder waren ihm wie
gelähmt.

„Elsbeth — was machst du hier?" stammelte er.

„Ja, was machst du hier?" fragte sie lächelnd zurück.

„Ich — ich — pfiff ein bißchen."

„Und dazu bist du hierher gekommen?"

„Warum soll ich nicht?"

„Da hast du recht — ich werd's dir nicht verbieten."

Sie hatte die Stirn gegen die Gitterstäbe gepreßt und
schaute ihn an. Beide schwiegen.

„Willst du nicht näher treten?"[1] fragte sie dann —
wahrscheinlich im unklaren über das, was sie sagte.

„Soll ich über den Zaun klettern?" fragte er ganz un=
schuldig zurück.

Sie lächelte. „Nein," sagte sie dann kopfschüttelnd, „man
könnte uns vom Fenster aus sehen, und das wäre nicht
gut. — Aber sprechen muß ich dich — warte — ich komm'
zu dir hinaus und begleite dich ein Stück."

Sie schob eine lockere Stakete zur Seite und schlüpfte
ins Freie, dann reichte sie ihm die Hand und sagte: „Es
ist recht von dir, daß du gekommen bist, es hat mich oft
verlangt, mit dir zu reden, aber dann warst du niemals
da." Und sie seufzte tief auf, als[2] übermannte sie die
Erinnerung an schwere Stunden.

Er zitterte am ganzen Leibe. Der Anblick der jung=
fräulichen Gestalt, die in ihrem Nachtgewande so keusch

und unbefangen vor ihm stand, raubte ihm fast den Atem. In seinen Schläfen hämmerte es — seine Blicke suchten den Boden.

„Warum sprichst du nichts zu mir?" fragte sie.

Ein irres Lächeln flog über sein Gesicht.

„Sei nicht böse," preßte er hervor.

„Warum sollt' ich böse sein?" fragte sie, „ich freue mich ja, daß ich dich einmal ganz für mich hab'. Aber seltsam ist's — ganz wie in einem Märchen. Ich steh' am Fenster und guck' in den Mond — Mama ist eben eingeschlafen, und ich denk' bei mir, ob ich's wohl wagen soll, auch zu Bette zu gehen — aber mein Kopf ist mir so unruhig und meine Stirn brennt — so friedlos ist mir zu Mute. Da mit einem Male hör' ich vom Garten her jemanden pfeifen, so schön, so klagend, wie ich's nur ein einzig Mal in meinem Leben vernommen, und das ist lange her. ‚Das kann nur Paul sein,' sag' ich mir, und je länger ich höre, desto klarer wird's mir. ‚Aber wie kommt der hierher?' frag' ich mich, und da ich mir durchaus Gewißheit verschaffen will, nehm' ich meinen Mantel um und schleich' mich hinunter — so — da bin ich nun — und jetzt komm — wir wollen zum Walde gehen — dort kann uns keiner sehn."

Sie legte ihren Arm in den seinen. Schweigend schritten sie über die mondhellen Wiesen.

Und dann plötzlich schlug sie beide Hände vors Gesicht und fing bitterlich zu weinen an.

„Elsbeth, was ist dir?" rief er erschrocken.

Sie wankte, ihre weiche Gestalt erbebte in lautlosem Schluchzen.

„Elsbeth, kann ich dir nicht helfen?" bat er.

Sie schüttelte heftig den Kopf. „Laß nur," preßte sie hervor, „es ist gleich vorüber.¹"

Sie versuchte weiterzuschreiten, aber die Kräfte versagten ihr. Aufseufzend ließ sie sich an einem Grabenrain ins feuchte Gras niedersinken.

Er blieb vor ihr stehen und schaute auf sie nieder. „Ausweinen lassen,"² das war die Regel, die er schon oft im Leben erprobt hatte. — All sein Bangen war von ihm gewichen. Hier gab es etwas zu trösten, und im Trösten war er Meister.

Als sie sich ein wenig beruhigt hatte, setzte er sich neben sie und sagte leise: „Willst du nicht dein Herz ausschütten, Elsbeth?"

„Ja, das will ich," rief sie, „hab' ich doch drauf gewartet volle drei Jahre lang. So lang hab' ich's mit mir herumgetragen, Paul, und bin fast erstickt unter der Last, und hab' keinen Christenmenschen gefunden, dem ich's hätt' anvertrauen können. Unten in Italien, auf dem schönen Capri,³ wo alles lacht und jubelt, da bin ich oftmals mitten in der Nacht ans Meer 'runtergeschlichen und hab' aufgeschrien in meiner Qual, und bin morgens wieder zurückgekehrt und hab' gelacht, mehr noch als die andern, denn die Mutter — o Mutter — Mutter!" rief sie, aufs neue laut aufschluchzend.

„Sag', was ist's, Elsbeth?" bat er.

„Sie muß sterben!" stieß sie laut aufschreiend hervor.

„Deine Mutter?"

„Ja!"

„Wer hat dir das gesagt?"

„Der Professor in Wien, von dem sie sich untersuchen ließ. Sieh, seit diesem Tage zittere ich um sie von früh bis spät und sorge und wache und finde keine Ruh'. Manchmal kommt's dann über mich, daß ich mir sage: ‚Du bist jung und willst leben,' und dann versuch' ich zu jubeln und zu singen, aber der Ton erstickt mir in der Kehle, und ich sinke wieder zusammen."

Sie stützte den Kopf in beide Hände und starrte vor sich hin. Ihm fiel das Märchen seiner Mutter ein. „Frau Sorge, Frau Sorge," murmelte er vor sich hin.

„Was sagst du da?" fragte sie und sah ihn mit großen, trostverlangenden Augen an.

„Ach, nichts," erwiderte er mit einem traurigen Lächeln, „ich wollte, ich könnte dir helfen."

„Wer könnte das wohl?"[1]

„Und doch kann ich's vielleicht," sagte er, „es hat dir nur einer gefehlt, mit dem du dich aussprichst.[2] Du bist gar nicht so übel dran, wie du denkst — zwar dich hat die Frau Sorge auch gesegnet —"

„Was heißt das?" fragte sie.

Und darauf erzählte er ihr den Anfang jenes Märchens, so gut[3] er's im Gedächtnis behalten hatte.

„Und wie erlöst man sich von diesem Segen?" fragte sie dann.

„Ich weiß es nicht," erwiderte er, „die Mutter hat mir das Ende des Märchens niemals erzählen wollen. Ich glaube auch nicht, daß es eine Erlösung gibt. Solche Menschen wie wir, die¹ müssen gutwillig auf das Glück verzichten, und wenn es ihnen noch so nahe ist,² sie sehen es nicht — es kommt ihnen immer was Trübes dazwischen. Das einzige, was sie können, ist, über dem Glück der andern zu wachen und zu sorgen, daß es ihnen so gut wie möglich gehe."

„Ich möchte aber auch ein bißchen glücklich sein," sagte sie, die Augen treuherzig zu ihm aufschlagend.

„Ich wünschte,³ ich wäre so glücklich wie du," erwiderte er.

„Hätt' ich nur nicht immer Angst," klagte sie.

„Die Angst — mit der mußt du dich schon⁴ befreunden — die hab' ich mein Lebtag gehabt, und wenn ich nicht wußte, warum? so hab' ich mir rasch 'nen Grund zurechtgemacht. Es ist auch gar nicht so schlimm damit — wenn man die Angst nicht hätt', man würd' ja nicht wissen, warum man lebt. — Aber denk' nur einmal nach, wie zufrieden du sein kannst: du siehst lauter fröhliche Gesichter um dich, die Mutter fühlt sich glücklich, trotz allem Leiden — das tut sie doch?"

„Ja, Gott sei Dank," sagte sie, „sie ahnt gar nicht, wie schlimm es ihr geht."

„Na, siehst du! — Und der Vater ahnt es ebensowenig;

keine Sorge drückt sie, sie lieben sich und lieben dich auch, kein böses Wort fällt zwischen euch — und wenn die Mutter einmal die Augen zumacht, so wird sie's vielleicht im Lächeln tun und wird sagen können: ich bin doch immer recht glücklich gewesen! — Sag' mal — kannst du mehr verlangen?"

„Aber sie soll nicht sterben!" rief Elsbeth.

„Warum nicht?" fragte er, „ist der Tod denn so schlimm?"

„Für sie nicht — aber für mich."

„Auf einen selber kann es da nie ankommen,"[1] erwiderte er, die Lippen hart zusammenpressend, „man muß eben sehen, wie man mit sich fertig wird. — — Der Tod ist nur dann schlimm, wenn man sein Lebtag auf das Glück gewartet hat, und es ist nicht gekommen.[2] — Sieh mal, ich hab' auch eine Mutter, — die hat auch mal glücklich sein wollen und möcht' es[3] jetzt noch gar zu gerne. Ich seh', wie sie alt wird in Gram und Not ... stiller wird sie von Tag zu Tag ... und so still wird sie eines Tages wegsterben ... und ich werd' dastehen und werd' sagen: du[4] bist schuld daran, du hast ihr nicht einen einzigen Tag des Glückes bereiten können."

„Armer Mensch du," flüsterte sie, „kann ich dir gar nicht helfen?"

„Niemand kann mir helfen — solange der Vater —" er hielt inne, erschrocken über den Lauf seiner eigenen Gedanken.

Beide schwiegen. — Lange saßen sie regungslos da, die

zwanzigjährigen Häupter sorgenvoll in die Hände gestützt. Der Mondenglanz lag silbern auf ihren Haaren, die der weiche Heidewind leis tändelnd bewegte.

Dann fuhr ein Wolkenschatten über sie hin.

Sie erbebten beide.

Ihnen war zu Mute, als breitete jene traurige Fee, die sie „Frau Sorge" nannten, den düstern Fittich über sie.

„Ich will nach Hause," sagte Elsbeth, sich erhebend.

„Geh mit Gott," antwortete er feierlich.

Sie ergriff seine beiden Hände. „Hab' Dank," sagte sie leise, „du hast mir sehr, sehr wohlgetan."

„Und wenn du mich wieder brauchst —"

„So komm' ich, dir zu pfeifen,"[1] erwiderte sie lächelnd.

Und dann schieden sie.

Wie im Traume schritt Paul durch den finsteren Wald. Die Fichten rauschten leise . . . auf dem grauen Moose tanzten die Mondenstrahlen.

„Es ist doch seltsam," dachte er, „daß sie mir alle[2] ihr Leid klagen," und er folgerte daraus, daß er von allen der Glücklichste wäre.

„Oder der Unglücklichste," fügte er nachdenklich hinzu, doch dann lachte er geheimnisvoll und warf die Mütze in die Luft.

Als er auf die helle Heide hinaustrat, bemerkte er, wie zwei Schatten vor ihm herhuschten und in der nebligen Ferne verschwanden.

Gleich darauf hörte er es hinter sich in den Wacholder= büschen knacken.

Rasch wandte er sich um und sah ein zweites Schatten=
paar, das hinter einem Busche in die Erde sank.

„Die ganze Heide scheint lebendig heute," murmelte er,
und lächelnd fügte er hinzu: „Freilich, es ist ja Johannis=
nacht!"

Bald nach ihm kamen mit wirren Haaren und erhitzten
Gesichtern die Zwillinge nach Hause. Sie erklärten, der
Pfarrer[1] habe ihnen bis Mitternacht Karten gelegt. Sie
würden demnächst einen Mann[2] bekommen.

Kichernd schlüpften sie in ihre Schlafkammer.

XII.

Der alte Meyhöfer schwamm in lauter Glück. Die Zu=
sage des reichen Douglas,[3] sich an seinem Unternehmen zu
beteiligen, hatte seine Chancen plötzlich zu schwindelnder
Höhe steigen lassen. Die Ohren, die sich ihm bis dahin
verschlossen hatten, begannen begierig seinen Auseinander=
setzungen zu lauschen, und in den Gasthäusern, in denen er
bis dahin mit halb spöttischem, halb mitleidigem Lächeln
empfangen worden war, galt er nun als großer Mann.

Zu Hause beschäftigte er sich damit, die Embleme für
die Briefbogen der künftigen Firma zu entwerfen, und in
allen seinen Taschen klimperte das geborgte Geld.

Vier Wochen waren seit jener Johannisnacht verflossen,
da wurden aus Helenental zwei Einladungskarten abge=

geben, eine für Herrn Meyhöfer junior[1] und die andere für die jungen Damen.

„Zum Gartenfest," hieß es darin.

„Aha, man buhlt schon um unsere Gunst," rief der Alte, „die Ratten riechen den Speck."[2]

Paul ging mit seiner Karte, die Elsbeths Handschrift trug, hinter den Heuschober und studierte die Buchstaben in aller Einsamkeit wohl eine Stunde lang.

Dann stieg er in seine Giebelstube empor und stellte sich vor den Spiegel.

Er fand, daß sein Bart an Umfang zugenommen hatte und nur an den Backen noch spärliche Stellen aufwies.

„Es wird sich machen,"[3] sagte er in einem Anfall von Eitelkeit; doch als er sich nun lächeln sah, wunderte er sich über die tiefen, traurigen Falten, die sich von den Augen an der Nase vorbei bis zu den Mundwinkeln herabzogen.

„Falten machen[4] interessant," tröstete er sich.

Von dieser Stunde an war er ausschließlich mit dem Gedanken beschäftigt, welche Rolle er auf dem Feste wohl spielen würde. — Er übte sich vor dem Spiegel einen schulgerechten Bückling ein, besah allmorgendlich seine Sonntagskleider und suchte die Schäbigkeit des Rockes durch ein Überbürsten mit schwarzer Farbe zu vermindern.

Die Einladung hatte eine ganze Revolution[5] in seinem Geiste hervorgerufen. Sie war ihm ein Gruß aus dem gelobten[6] Lande der Lust, das er wie Moses sonst nur von ferne gesehen. Und nicht umsonst war er zwanzig Jahre alt.

Der Tag des Festes kam heran.

Die Schwestern hatten ihre weißen Mullkleider ange=
zogen und dunkle Rosen ins Haar gesteckt. Sie tänzelten
vor dem Spiegel auf und nieder und fragten einander:
„Bin ich schön?" — Und obwohl sie die Frage gern bejah=
ten, so ahnten sie doch kaum, wie schön sie waren. — Die
Mutter saß in einem Winkel, sah ihnen zu und lächelte.

Paul rannte beklommen hin und her, — innerlich ver=
wundert, daß ein so frohes Ereignis einem[1] so große Angst
bereiten könne. — Er hatte sich in letzter Stunde allerhand
schöne Reden einstudiert, die er auf dem Feste zu halten
beabsichtigte: über Menschenwohl, über Torfkultur und über
Heines Buch der Lieder. Man sollte schon sehn,[2] daß er
imstande war, sich mit Damen liebenswürdig zu unter=
halten.

Die offene Chaise, ein Überbleibsel aus der verflossenen
Herrlichkeit, führte die Geschwister zum Feste. Den Rück=
weg wollten sie zu Fuße machen. — —

Bei der Auffahrt bemerkte Paul über den Gartenzaun
hinweg hellfarbige Kleider durch die Gebüsche flirren und
hörte ein Kichern von lustigen Mädchenstimmen. Seine
unbehagliche Stimmung wuchs dadurch um ein bedeutendes.

In der Veranda empfing sie Herr Douglas mit einem
fröhlichen Lachen. Er kniff den Schwestern in die Wangen,
klopfte ihm selber auf die Schulter und sagte:

„Nun, junger Rittersmann, heut' werden wir uns die
Sporen verdienen."[3]

Paul drehte seine Mütze in der Hand und brach in ein einfältiges Lachen aus, über das er sich selber ärgerte.

„Nun allons[1] zu den Damen!" rief Herr Douglas, nahm die Schwestern unter die Arme, und er selber mußte hinterdrein trotten.

Das Kichern kam näher und näher — auch lustige Männerstimmen schallten darein — ihm war zu Mute, als sollte er geköpft werden. Und dann legte es sich wie ein Flor vor seine Augen — undeutlich gewahrte er eine Fülle fremder Gesichter, die aus Wolken heraus ihn anstarrten. — Seine Rede über die Torfkultur fiel ihm ein, aber damit war in diesem Augenblicke nichts zu machen.

Dann sah er Elsbeths Antlitz in dem Nebel auftauchen. Sie trug eine Brosche mit blauen Edelsteinen und lächelte ihn freundlich an. Trotz des Lächelns war sie ihm nie so fremd erschienen, wie in diesem Augenblicke.

„Herr Paul Meyhöfer, mein Jugendfreund," sagte sie, ihn bei der Hand nehmend, und führte ihn herum. Er verbeugte sich nach allen Seiten und hatte ein unbestimmtes Gefühl, als ob er sich lächerlich mache.

„Mama hat sich ein wenig niedergelegt," flüsterte Elsbeth ihm zu, „sie ist nicht wohl heute."

„So," sagte er und lächelte[2] albern dazu.

Vetter Leo[3] hatte einen Kreis von jungen Damen um sich versammelt und erzählte ihnen die Geschichte von einem jungen Referendar, der so gern Süßes gegessen, daß er beim Anblick einer Tüte Pralinees, die er nicht haben durfte, zum Zuckerhut erstarrt sei. Darüber wollten sie sich vor Lachen ausschütten.

„O, könntest du doch auch solche Geschichten erzählen!" dachte Paul, und da ihm nichts Besseres einfiel, aß er ein Stück Kuchen nach dem andern.

Die Schwestern waren sofort von ein paar fremden jungen Herren in Beschlag genommen worden, denen sie dreist in die Augen lachten, während die schlagfertigsten Antworten ihnen aus dem Munde sprudelten.

Die Schwestern erschienen ihm plötzlich wie Wesen aus höheren Welten.

„Wir wollen jetzt ein schönes Spiel spielen,[1] meine Damen," sagte Vetter Leo, indem er die Knie übereinanderschlug und sich nachlässig in den Sessel zurücklehnte. „Das Spiel heißt ‚Körbe kriegen!'. Die Damen gehen einzeln spazieren und die Herren auch. Der Herr fragt die ihm begegnende Dame: ‚Est-ce que vous m'aimez?'[2] und die Dame antwortet entweder: ‚Je vous adore',[3] dann wird sie seine Frau, oder sie gibt ihm stillschweigend einen Korb. — Wer die meisten Körbe bekommt, erhält eine Zipfelmütze, die er den Abend über[4] tragen muß."

Die Damen fanden das Spiel sehr lustig, und alle erhoben sich, um es sofort ins Werk zu setzen. Auch Paul stand auf, obwohl er am liebsten in seinem dunkeln Winkel sitzen geblieben wäre.

„Wie mag das fremde Wort nur heißen?" fragte er sich; er hätte sich gern bei einem der Herren erkundigt, aber er schämte sich seine Unwissenheit zu verraten und so seinen Schwestern Schande zu machen. Elsbeth war mit den anderen Mädchen auf und davon gegangen, ihr hätte er sich noch[1] am liebsten anvertraut.

So schlich er trübselig den anderen nach; doch als er die erste der Damen sich[2] entgegenkommen sah, war die Angst in ihm so groß, daß er rasch vom Pfade abbog und sich im dickften Gebüsche verbarg.

Dort war ein Stücklein Wildnis, wie im tiefen Walde. Nesseln und Farnkraut erhoben ihre schlanken Stauden, und die unheimliche Wolfsmilch[3] stritt mit breitblättrigen Kletten um die Oberherrschaft. In diesem Blättergewirr kauerte er nieder, stützte die Ellbogen auf die Knie und dachte nach.

Also das nannten die Menschen sich amüsieren? Es war gut, daß er's einmal kennen gelernt, aber gefallen wollt's ihm nicht. Zu Hause war's jedenfalls hübscher — und zudem, wer konnte wissen, ob die Mägde zur rechten Zeit mit dem Jäten fertig geworden? ... ob der Torf nicht allzu feucht in Haufen gebracht worden war? ... Es gab so viel daheim zu tun, und er trieb sich herum und ließ sich auf törichte Spiele ein wie ein Hansnarr[4] ... Wenn nicht Elsbeth gewesen wäre ... aber freilich, was hatte er von ihr?[5] ... Wie sie ihn[6] anlächelte, so lächelte sie jeden an, und wenn gar Vetter Leo seine Scherze begann ... wie keck tat er, wie er ihnen allen schmeichelte![7] O, die Welt ist schlecht, und falsch sind sie alle, alle!

Er hörte von den Pfaden her seinen Namen rufen, aber

er schmiegte sich nur um so enger in sein Versteck hinein.
Hier war er wenigstens vor jedem Hohn geborgen. — Eine
beklemmende Schwüle lastete in der Luft — schläfrig sum=
mende Hummeln schlichen am Erdboden dahin — ein
Gewitter schien am Himmel zu stehen.

„Mir kann's recht sein," dachte Paul, „ich hab' nichts zu
verlieren, und — der Winterroggen ist drinnen."[1]

Draußen war es stille geworden — aus der Ferne tönte
das Klirren von Glastellern und Teelöffeln, und von Zeit
zu Zeit mischte sich ein gedämpftes Lachen darein.[2]

„Das nennt sich nun Vergnügen," dachte Paul.

In den Zweigen erhob sich ein Rauschen. Schwere
Tropfen klatschten auf die Blätter hernieder, da kroch Paul,
scheu wie ein Verbrecher, aus seinem Versteck hervor.

Jubelndes Gelächter empfing ihn von der Veranda her.

„Dort kommt Aujust,[3]" rief einer der Herren leise. Der=
selbe war in Berlin gewesen und hatte den Zirkus[4] gesehen;
und die anderen stimmten ein.

„Meine geehrten Herrschaften," schrie Leo, auf einen
Stuhl kletternd, „dieser Musterknabe, genannt Paul Mey=
höfer, hat sich in unverantwortlichster Weise dem Richter=
spruche der Gesellschaft entzogen. Da er in seines Nichts
durchbohrendem Gefühle[5] voraussah, daß er die meisten der
Körbe auf seinem unwürdigen Haupte vereinigen würde, so
hat er sich in höchst verwerflicher Feigheit —"

„Ich weiß nicht, warum Sie mich so schlecht machen,"
sagte Paul gekränkt, der das alles für Ernst hielt.

Ein neues, ungeheures Gelächter antwortete ihm.

„Ich stelle also den Antrag, ihm zur Strafe für sein Verbrechen die Zipfelmütze zuzuerkennen und zu diesem Behufe einen Gerichtshof bilden zu wollen."[1]

„Bitte — ich nehme die Mütze auch so,"[2] antwortete Paul gereizt. — Er brauchte jetzt nur den Mund zu öffnen, um neue Heiterkeit zu entfesseln.

Feierlich ward er mit der Schlafmütze gekrönt . . . „Ich muß doch recht drollig aussehen," dachte er, denn alle wälzten sich vor Lachen. Nur die Schwestern lachten nicht, hochrot vor Scham blickten sie in ihren Schoß, und Elsbeth schaute ihn verlegen an, als wollte sie ihm Abbitte leisten.

„August," ertönte es wieder leise aus dem Kreise der Herren.

Gleich darauf brach das Gewitter los. — In hellen Scharen flüchteten sie alle ins Haus.

Leo schlug vor, man solle einen Kreis bilden, und jeder solle dann eine Geschichte zum besten geben[3] . . . wem nichts einfiele, der müsse ein Pfand geben.

Man war's zufrieden. Das Los bestimmte die Reihenfolge, und einer der Herren machte den Anfang mit einer sehr lustigen Studentengeschichte, die er selber erlebt haben wollte.[4] Dann kamen ein paar der jungen Mädchen, die lieber Pfänder geben wollten, und dann wurde er selber aufgerufen.

Die Herren räusperten sich spöttisch, und die Mädchen stießen sich mit den Ellbogen an und kicherten. Da über=

mannte ihn sein Groll, und die Stirn in Falten ziehend, begann er aufs Geratewohl:

„Es war einmal einer, der so lächerlich war, daß man ihn bloß anzusehen brauchte, wenn man sich satt lachen wollte. Er selbst aber wußte nicht, wie das zuging, denn er hatte noch nie in seinem Leben gelacht..."

Es wurde ganz still in der Runde. Das Lächeln erstarrte auf den Gesichtern, und einer und der andere schaute zur Erde nieder.

„Weiter!" rief Elsbeth, ihm leise zunickend.

Ihn aber überkam die Scham, daß er es wagte, sein Innerstes vor diesen fremden Menschen bloßzulegen.

„Ich weiß nicht weiter," sagte er und stand auf.

Diesmal lachte niemand, für eine Weile[1] herrschte beklommenes Schweigen, dann kam das Mädchen, welches zur Schatzmeisterin gewählt war, zu ihm heran und sagte mit einem artigen Knicks:

„So müssen Sie ein Pfand geben."

„Gerne," erwiderte er und löste seine Uhr von der Kette.

„Ein ungemütlicher Mensch," hörte er einen der jungen Herren leise zu seinem Nachbar sagen. Es war der, welcher zuerst den Tölpelnamen gerufen hatte.

Hierauf kam Leo an die Reihe, welcher eine sehr übermütige Anekdote zum besten gab, aber die Freude wollte nicht wieder in Fluß kommen.

Erst als Elsbeth das Klavier öffnete und einen lustigen Tanz anstimmte, wurde der erstarrte Jubel wieder wach.

Paul stand in einem Winkel und sah sich das Treiben an. Man ließ ihn ganz in Ruhe, nur hin und wieder streifte ihn ein scheuer Blick.

Die Zwillinge rasten über den Tanzboden — ihre Locken
5 flatterten, und in ihren Augen erglomm ein wildes Leuchten.

„Laß sie nur rasen," dachte Paul, „sie müssen zeitig genug in den Jammer zurück." Aber daß es für sie keinen Jammer gab, daran dachte er nicht.

Als Elsbeth abgelöst[1] wurde, trat sie zu ihm heran und
10 sagte: „Du langweilst dich wohl sehr?"

„Nicht doch,"[2] sagte er. „Es ist ja alles neu für mich."

„Sei fröhlich," bat sie, „wir leben ja nur einmal!"

Und in diesem Augenblicke kam Leo auf sie zugestürzt, faßte sie um die Taille und jagte mit ihr davon.

15 „Sie ist dir doch fremd," dachte Paul.

Als sie wieder an ihm vorüberstreifte, raunte sie ihm zu: „Geh ins Nebenzimmer, ich will dir was sagen."

„Was kann sie dir zu sagen haben?" dachte er, aber er tat, wie sie ihm geheißen.

20 Hinter der Gardine halb verborgen wartete er, doch sie kam nicht. Von Minute zu Minute schwoll die Bitterkeit in seiner Seele höher empor. Seine schönen Reden über den Torfbau und Heines Buch der Lieder fielen ihm ein, und er zuckte höhnisch die Achseln über die eigene Dumm-
25 heit. Ihm war zu Mute, als sei er im Laufe dieses Nachmittags um Jahre[3] reifer geworden.

Und dann plötzlich kam ihm die Frage zu Sinn: Was

haft du hier zu suchen? Was gehn dich die fröhlichen
Menschen an, die lachen und einander gefallen wollen und
gedankenlos in den Tag hineinleben? Ein Narr, ein Elender warst du, als du glaubtest, auch du hättest ein Recht,
froh zu sein, auch du könntest werden wie sie.

Der Boden brannte ihm unter den Füßen. Ihm war
zu Mute, als versündigte er sich, wenn er noch eine einzige
Minute an diesem Platze verweilte.

Er schlich sich in den Hausflur, wo seine Mütze hing.

„Sagen Sie meinen Schwestern," bat er das Dienstmädchen, das dort wartete, „ich ginge heim, um einen
Wagen für sie zu besorgen."

Wie erlöst atmete er auf, als die Haustür hinter ihm
ins Schloß fiel.

Als er die Heide betrat und das väterliche Heimwesen
in düsteren Umrissen vor seinen Blicken liegen sah, da
breitete er die Arme aus und rief in den Sturm hinein:

„Hier ist mein Platz — hier gehör' ich her[1] — und ein
Schuft will ich sein, wenn ich mir noch einmal in der
Fremde meine Freuden suche. Hiermit schwör' ich es, daß
ich alle Eitelkeit abtun will und allem törichten Streben
entsage. Jetzt weiß ich, was ich bin, und was nicht zu
mir paßt, das soll mir verloren sein. Amen!"[2]

So nahm er Abschied von seiner Jugend und von seinem
Jugendtraum.

XIII.

Als er am andern Morgen erwachte, fand er die Mutter neben seinem Bette sitzen.

„Du schon auf?" fragte er verwundert.

„Ich hab' nicht schlafen können," sagte sie mit ihrer leisen
Stimme, die immer klang, als bäte sie um Entschuldigung für das, was sie sagte.

„Warum nicht?" fragte er.

Sie antwortete nicht, aber sie streichelte sein Haar und lächelte ihn traurig an; da wußte er, daß die Zwillinge geschwatzt hatten, daß der Gram um ihn es war, der[1] sie nicht ruhen ließ.

„Es war nicht so schlimm, Mutter," sagte er tröstend, „sie haben sich ein bißchen über mich lustig gemacht, weiter nichts —"

„Die Elsbeth auch?" fragte sie mit großen, ängstlichen Augen.

„Nein, die nicht," erwiderte er, „aber" — er schwieg und drehte sich nach der Wand.

„Aber?" fragte die Mutter.

„Ich weiß nicht," erwiderte er, „aber es ist ein Aber dabei."

„Du tust ihr vielleicht unrecht," sagte die Mutter, „und sieh, dies hat sie dir durch die Mädchen geschickt." Sie zog einen länglichen Gegenstand aus der Tasche, der sorgsam in Seidenpapier gehüllt war.

Darin lag eine Flöte, aus schwarzem Ebenholz gedreht, mit glänzend silbernen Klappen versehen.

Paul wurde rot vor Scham und Freude; aber die Freude verflog, und als er das Instrument eine Weile angesehen hatte, sagte er leise: „Was fang' ich nun damit an?"

„Du wirst darauf spielen lernen," erwiderte die Mutter mit einem Anflug von Stolz.

„Es ist zu spät," erwiderte er mit traurigem Kopfschütteln, „ich hab' jetzt anderes vor." — Ihm war, als ob er genötigt würde, etwas Verstorbenes wieder aus dem Grabe hervorzuzerren. — —

„Na, du scheinst dich gestern schön blamiert zu haben," sagte der Vater, als er mit ihm am Kaffeetisch[1] zusammentraf.

Er lächelte still in sich hinein, und der Vater brummte etwas von Mangel an Ehrgefühl.

Die Zwillinge hatten große, verträumte Augen, und wenn sie einander ansahen, flog ein seliges Leuchten über ihr Gesicht. Die wenigstens waren glücklich. — —

Die Wochen vergingen. — Die Ernte kam unversehrt in die Scheuern — dank Pauls unermüdlicher Fürsorge. Es war ein gesegnetes Jahr, wie es seit langem nicht gewesen. Der Vater aber rechnete bereits, wie er den Ertrag am besten für seine Torfspekulation[2] verwenden könnte.

Er schwadronierte in der alten Weise weiter, und je weniger Herr Douglas nun von sich hören ließ, desto mehr prahlte er in den Kneipen von dem Segen seiner Teilnehmerschaft.

Da er sich einmal aufs Schwindeln eingelassen hatte, so mußte er jede Lüge durch eine neue überbieten. — Mochte[1] Herr Douglas noch so langmütig sein, der Unfug, der mit seinem Namen getrieben wurde, mußte ihm schließlich zu arg werden.

Es war an einem Vormittag in den letzten Tagen des August, als Paul, der mit Michel Raudszus zusammen auf dem Hofe arbeitete, die hohe Gestalt des Nachbarn[2] über die Felder direkt auf den Heidehof zukommen sah.

Er erschrak, — das konnte unmöglich etwas Gutes bedeuten.

Herr Douglas reichte ihm freundlich die Hand, aber unter seinen eisgrauen, buschigen Brauen blitzte es unheilverheißend.

„Ist der Vater zu Hause?" fragte er, und seine Stimme klang gereizt und grollend.

„Er ist im Wohnzimmer," erwiderte Paul beklommen, „wenn Sie erlauben, begleit' ich Sie zu ihm."

Der Vater sprang beim Anblick des unerwarteten Gastes ein wenig verlegen von seinem Stuhle auf; aber er faßte sich sogleich, und in seinem bramarbasierenden Tone begann er: „Ah gut, daß Sie hier sind, Herr[3] —, ich habe dringend mit Ihnen zu reden."

„Ich mit Ihnen nicht minder!" erwiderte Herr Douglas, sich mit seiner massigen Gestalt dicht vor ihm aufpflanzend. „Wie kommen Sie dazu, lieber Freund,[4] meinen Namen zu mißbrauchen?"

„Ich — Ihren Namen — Herr[1] — was erlauben[2] — Paul, geh hinaus!"

„Mag er nur drin bleiben," erwiderte Douglas, sich nach Paul umwendend.

„Er soll aber hinaus, Herr!" schrie der Alte, „ich bin doch wohl noch Herr in meinem Hause, Herr?"

Paul verließ das Zimmer.

In dem dunkeln Hausflur fand er die Mutter, welche die Hände gefaltet hatte und mit stieren Blicken nach der Tür sah. Bei seinem Anblick brach sie in Tränen aus und rang die Hände. —

„Er wird uns noch den einzigen Freund verscherzen,[3] den wir auf Erden haben," schluchzte sie, und dann sank sie in seinen Armen zusammen, krampfhaft aufzuckend, wenn die scheltenden Stimmen der Männer lauter an ihr Ohr drangen.

„Komm fort, Mutter," bat er, „es regt dich zu sehr auf, und helfen können wir doch nicht."

Willenlos ließ sie sich von ihm in ihr Schlafzimmer ziehen.

„Gib mir ein bißchen Essig," bat sie, „sonst fall' ich um."

Er tat, wie sie ihm geheißen, und während er ihr die Schläfe einrieb, sprach er mit überlauter Stimme auf sie ein, damit sie das Schreien der Männer nicht höre.

Plötzlich wurden Türen geworfen — — eine Weile ward es still — unheimlich still — dann ertönte das Klirren einer Kette und der wutheisere Ruf des Vaters: „Sultan — — pack' an!"

„Um Gottes willen, er hetzt den Hund auf ihn," schrie er und stürzte auf den Hof hinaus.

Er kam gerade noch zur Zeit, um zu sehen, wie Sultan, eine große, bissige Rüde, Douglas an den Nacken sprang, während der Vater mit einer hochgeschwungenen Peitsche hinterdrein rannte.

Michel Raudszus hatte die Hände in die Hosen gepflanzt[1] und sah zu.

„Vater, was tust du?" schrie er, riß ihm die Peitsche aus der Hand und wollte dem Hunde nach; aber ehe er die Gruppe der Ringenden erreichen konnte, lag die Bestie, von der mächtigen Faust des Riesen erstickt, am Boden und streckte die viere[2] von sich.

Douglas rann das Blut an den Armen und am Rücken herunter. Sein Zorn schien ganz und gar verraucht. Er blieb stehen, wischte sich mit dem Taschentuche die Hände ab und sagte mit gutmütigem Lächeln:

„Das arme Vieh hat daran[3] glauben müssen."

„Sie sind verwundet, Herr Douglas," rief Paul, die Hände faltend.

„Er hat mein Genick für 'ne Kalbskeule angesehen," sagte er. „Kommen Sie ein Endchen mit und helfen Sie mir mich abwaschen, damit meine Weiber[4] sich nicht zu sehr erschrecken."

„Vergeben Sie ihm," flehte Paul, „er wußte nicht, was er tat." —

„Wirst du zurück,[1] du Bengel," schrie die Stimme des
Vaters vom Hofe her, „willst wohl mit dem wortbrüchigen
Kerl gemeinsame Sache machen?"

In den Fäusten des Nachbars zuckte es, aber er bezwang
sich, und mit einem gewaltsamen Lächeln sagte er: „Gehen
Sie zurück — der Sohn soll bei dem Vater bleiben."

„Ich will aber gutmachen —" stammelte Paul.

„Der Schwindler, der Halunke!" tönte es aus dem
Hintergrunde.

„Gehen Sie zurück," sagte Douglas mit zusammenge=
bissenen Zähnen, „schaffen Sie Ruh' — sonst geht's ihm
an den Leib!"[2]

Dann fing er mit vollen Backen an[3] einen Marsch zu
pfeifen, damit er das Schimpfen nicht höre, und schritt
breitbeinig von dannen . . .

Der Alte tobte wie ein Wahnsinniger auf dem Hofe
herum, warf Steine vor sich her, schwang einen Wagen=
schwengel in der Luft und stieß mit den Füßen nach rechts
und nach links.

Als er Paul begegnete, wollte er ihn bei der Kehle
fassen, aber in diesem Augenblicke stürzte mit gellendem
Schrei die Mutter aus der Tür und warf sich dazwischen.
Sie umklammerte Paul mit beiden Armen, sie wollte auch
etwas sagen, aber die Angst vor ihrem Manne lähmte ihre
Zunge. Nur ansehen konnte sie ihn.

„Weibsgesindel," rief dieser, verächtlich die Achsel zuckend, und wandte sich ab; aber da er seine Wut an irgend jemandem¹ auslassen mußte, so schritt er auf Michel Raudszus zu, der sich eben gemächlich zur Arbeit wandte.

„Du Hund, was gaffst du hier?" schrie er ihn an.

„Ich arbeit', Herr," erwiderte dieser und sah ihn unter den schwarzen Brauen hervor mit stechendem Blicke an.

„Was hält mich ab, du Hund, daß ich dich zu Brei zermalme?" schrie der Alte, ihm die Fäuste vor die Nase haltend.

Der Knecht duckte sich, und in diesem Augenblicke fuhren ihm beide Fäuste seines Herrn ins Gesicht. Er taumelte zurück — aus seinem finsteren Gesicht war jeder Blutstropfen gewichen, — ohne einen Laut von sich zu geben, griff er nach einer Axt. — — — —

Aber in diesem Augenblicke fiel ihm Paul, der mit steigender Angst der Szene zugeschaut hatte, von hinten in den Arm, rang ihm die Waffe aus der Hand und warf sie in den Brunnen.

Der Vater wollte dem Knecht aufs neue an die Brust; aber rasch entschlossen packte ihn Paul um den Leib, und obwohl der alte Mann mit Händen und Füßen um sich schlug, trug er ihn, alle Kräfte zusammennehmend, auf seinen Armen in das Wohnzimmer, dessen Tür er von außen hinter ihm verschloß.

„Was hast du dem Vater getan?" wimmerte die Mutter, die diesem Gewaltakt, starr vor Entsetzen, zugeschaut hatte; denn daß der Sohn sich an dem Vater vergreifen könnte, war ihr vollkommen unfaßbar. Ihr Blick glitt scheu an ihm empor, und klagend wiederholte sie: "Was hast du mit dem Vater[1] getan?"

Paul beugte sich zu ihr nieder, küßte ihr die Hand und sagte: "Sei still, Mutter, ich mußt' ihm ja das Leben retten."

"Und jetzt hast du ihn eingesperrt? Paul — Paul!"

"Bis Michel fort ist, muß er drin bleiben," erwiderte er, "mach' ihm nicht auf — es geschieht sonst ein Unglück."

Dann schritt er auf den Hof hinaus. Der Knecht lehnte, seinen schwarzen Bart kauend, an der Stalltür und schielte tückisch nach ihm hin.

"Michel Raudszus!" rief er ihm zu.

Der Knecht kam näher. Die Adern auf seiner Stirn waren zu blauen Strähnen angeschwollen. Er[2] wagte nicht, ihn anzusehen.

"Dein überschüssiger Lohn beträgt 5 Mark 40 Pfennig. Hier hast du sie. — In fünf Minuten mußt du den Hof verlassen haben."

Der Knecht warf ihm einen Blick zu, so unheimlich finster, daß Paul erschrak bei dem Gedanken, diesen Menschen so lange ahnungslos neben sich geduldet zu haben. Er[3] hielt ihn fest im Auge, denn er glaubte jeden Augenblick, von ihm angefallen zu werden.

Aber schweigend wandte der Knecht sich ab, ging nach dem Stalle, wo er sein Bündel schnürte, und zwei Minuten später schritt er zum Hoftore hinaus. — Er hatte während der ganzen fürchterlichen Szene nicht einen Laut von sich gegeben.

„So — jetzt zum Vater," sagte Paul, fest entschlossen, alle Schläge und Schimpfreden ruhig über sich ergehn zu lassen.

Er schloß die Tür auf und erwartete, den Vater auf sich losstürzen zu sehen.

Derselbe saß in einer Sofaecke, ganz in sich zusammengefallen, und starrte vor sich nieder. Er rührte sich auch nicht, als Paul auf ihn zutrat und abbittend sagte: „Ich tat's nicht gern, Vater, aber es mußte sein."

Nur einen scheuen Seitenblick warf er ihm zu, dann sagte er bitter: „Du kannst ja tun, was du willst . . . ich bin ein alter Mann, und du bist der Stärkere."

Dann sank er wieder in sich zusammen.

Seit diesem Tage war Paul der Herr im Hause.

XIV.

Drei Wochen waren seither verflossen. Paul arbeitete, als stände er im Frondienst.[1] Trotzdem hatte eine seltsame Unruhe sich seiner bemächtigt. Wenn er sich für einen Moment Erholung gönnen durfte, litt es ihn nicht mehr daheim. Ihm war zu Mute, als sollten die Mauern über ihm zusammenstürzen. Dann streifte er auf der Heide oder im Walde umher, oder er lungerte rings um Helenental herum. Was er dort wollte, wagte er sich selber[1] nicht einzugestehen. „Wenn ich Elsbeth träfe, ich glaube, ich müßte[2] vor Scham in die Erde sinken," so sagte er sich, und dennoch spähte er allerwegen nach ihr aus und zitterte vor Bangen und vor Freude, wenn er eine weibliche Gestalt von ferne daherkommen sah.

Auch die Nachtruhe begann er zu vernachlässigen. Sobald man im Hause eingeschlafen war, schlich er von dannen und kam oft erst am hellen Morgen wieder zurück, um mit wüstem Kopf und zerschlagenen Gliedern an die Arbeit zu gehn.[3]

„Ich will gutmachen — gutmachen," murmelte er oft vor sich hin, und wenn er die Sense durch das Korn zischen ließ, sagte er sich im Takte dazu: „gutmachen — gutmachen!" — Doch über das Wie war er sich gänzlich im unklaren; er wußte nicht einmal, ob Douglas durch die Bisse des Hundes Schaden genommen.

Einmal, da er in der Dämmerung jenseit des Waldes herumstrich, sah er Michel Raudszus von Helenental daherkommen. Er trug einen Spaten geschultert, woran ein Bündel hing. — Paul schaute ihm festen Blickes entgegen — er erwartete, von ihm angegriffen zu werden; aber der Knecht sah ihn scheu von der Seite an und ging in weitem Bogen um ihn herum.

„Der Kerl sieht aus, als ob er Böses im Schilde führte," sagte er, indem er ihm nachschaute.

Douglas hatte den Weggejagten in seine Dienste genommen, wie einer der Taglöhner zu erzählen wußte,

und als der Vater davon erfuhr, lachte er auf und sagte:
„Das sieht dem Schleicher ähnlich, der wird was Schönes
gegen mich zusammenbrauen."

Er war fest überzeugt, daß Douglas die Sache dem
Staatsanwalt übergeben habe, ja er fand eine gewisse
Wollust in dem Gedanken, verurteilt zu werden — „unge=
recht", wie selbstverständlich —, und da die Anklage von
einem Tage zum andern auf sich warten ließ, meinte er
höhnisch: „Der gnädige Herr lieben die Galgenfristen."[1] —

Aber Douglas schien willens, die ihm angetane Schmach
gänzlich zu ignorieren, nicht einmal die Kündigung des
entliehenen Kapitals traf ein. —

Pauls Seele war übervoll von Dankbarkeit, und je
weniger er ein Mittel fand, sie kundzutun, desto heißer
wühlte in ihm die Scham, desto wilder trieb ihn die Un=
ruhe umher.

So stand er eines Nachts wiederum vor dem Garten=
zaun von Helenental.

Frühherbstnebel lagen über der Erde, und das welkende
Gras schauerte leise. — Das „weiße Haus" verschwand in
den Schatten der Nacht, nur aus einem der Fenster schim=
merte ein trübes, dunkelrotes Licht.

„Hier wacht sie bei der kranken Mutter," dachte Paul.
Und da er kein anderes Mittel fand, sie zu rufen, so fing
er zu pfeifen an. — — Zwei=, dreimal hielt er inne, um
zu lauschen. — Niemand kam, und in seiner Seele stieg die
Angst. — —

Mit tastender Hand suchte er nach der lockeren Stakete, die Elsbeth ihm damals gezeigt hatte, und als er sie gefunden, drang er in das Innere. — Das Geästel zerzauste seine Kleider, wie in einer Wildnis kroch er am Fußboden dahin, einen Pfad zu finden. Endlich kam er ins Freie. Der weiße Kies verbreitete einen ungewissen Dämmerschein, heller leuchtete das Lämpchen aus dem Krankenzimmer.

Er setzte sich auf eine Bank und starrte dorthin. Ihm war, als ob ein Schatten hinter der Gardine sich[1] bewegte.

Dann mit einem Mal wurde es heller rings um ihn herum ... Die Rosenstöcke traten aus der Nacht hervor ... Der Kies glänzte, und der Giebel des Wohnhauses, der noch eben in schwarzen Massen sich erhoben, strahlte in dunkelrötlichem Lichte, als sei der Strahl des Morgenrots darauf gefallen.

Verwundert wandte er sich um — — das Blut erstarrte in seinen Adern, — — hoch an dem nächtigen Himmel erhob sich ein blutiger Feuerschein. Die schwarzen Wolken umsäumten sich mit flammenden Rändern, weißliche Lohe wirbelte dazwischen empor, und hochauf schossen feurige Strahlen, als stände ein Nordlicht am Himmel.

„Dein Vaterhaus brennt!" — — — — — — — — —

Schwer fiel sein Kopf gegen das Geländer der Bank — im nächsten Augenblicke raffte er sich empor — seine Knie wankten, das Blut siedete in seinen Schläfen — „Vorwärts, rette, was zu retten ist," so schrie es in ihm — und in

wildem Jagen drang er durch das Gebüsch, erkletterte den
Gartenzaun und sank jenseit desselben im Graben nieder.

Wie die aufgehende Sonne überstrahlte das brennende
Gehöft die weite Heide. Die Stoppeln leuchteten, und
der schwarze Wald tauchte sich in rötliche Glut. —

Noch stand das Wohnhaus unversehrt — seine Mauern
schimmerten wie Marmor, seine Fenster blitzten wie Kar=
funkelstein. — Taghell lag der Hof. — Die Scheune[1] war
es, die da brannte, die Scheune, vollgepfropft bis zum
First von Erntesegen. Seine Arbeit, sein Glück, sein Hoffen,
so ging es in Rauch und Flammen auf. — —

Wieder raffte er sich auf — — — in wilder Hast ging's
über die Heide. — Als er am Walde vorübereilte, war es
ihm, als sähe er einen Schatten an sich vorüberhuschen,
der bei seinem Nahen platt auf die Erde sank. Er achtete
kaum darauf.

Weiter — rette, was zu retten ist! —

Vom Hofe her drang wirres Geschrei ihm entgegen.
— Die Knechte liefen wild durcheinander, die Mägde
rangen die Hände — die Schwestern liefen umher und
schrien seinen Namen. —

Das Dorf war eben erwacht... Die Landstraße füllte
sich mit Menschen... Wasserkufen wurden herangeschleppt,
auch eine morsche Spritze kam dahergewackelt. —

„Wo ist der Herr?" schrie er den Knechten entgegen.

„Wird eben 'reingetragen — hat 'n Bein gebrochen,"
lautete die Antwort. —

Unglück über Unglück!

„Laßt die Scheune brennen! —" schrie er anderen zu, die gänzlich kopflos ein paar winzige Eimer Wasser in die Glut hineingossen.

„Rettet das Vieh — gebt acht, daß sie nicht in die Flammen rennen!"

Drei, vier Mann eilten in den Stall.

„Ihr anderen ans Wohnhaus — tragt nichts heraus."

„Nichts heraustragen!" wiederholte er, ein paar Fremden die Sachen aus der Hand reißend, die[1] sie eben aus dem Innern schleppten.

„Aber wir wollen retten."

„Rettet das Haus!" — — —

Er eilte die Treppe hinan. Im Vorübereilen sah er die Mutter stumm und tränenlos neben dem Vater sitzen, der wimmernd auf dem Sofa lag.

Durch eine Luke sprang er auf das Dach.

„Den Schlauch her!"

Auf eine Heugabel gespießt, reichte man ihm die metallene Spitze. Zischend glitt der Wasserstrahl über die erhitzten Ziegel.

Er ritt auf dem Dachfirst, seine Kleider erhitzten sich, in sein Haar setzten sich glimmende Körner, die von der Scheune herübersprühten, auf Antlitz und Händen fanden sich kleine, kohlende Wunden. Er fühlte nichts, was seinem Leibe geschah, doch sah und hörte er alles rings um sich her — seine Sinne schienen vervielfältigt. — —

Er sah die Garben in feuriger Lohe hochauf zum Himmel spritzen und in prächtiger Wölbung herniedersinken — er sah die Pferde und Kühe auf die Weide hinausjagen, wo sie zwischen den Zäunen sicher geborgen waren — er sah den Hund, halb versengt von der Glut, heulend an der Kette zerren. —

„Macht den Hund los!" schrie er hinunter. —

Er sah kleine zierliche Flämmchen in bläulichem Flimmerschein von dem Giebel der Scheune zum benachbarten Schuppen hinübertänzeln. — —

„Der Schuppen brennt," schrie er hinunter. „Rettet, was darin ist." —

Ein paar Leute eilten fort, die Wagen ins Freie zu ziehen.—

Und inzwischen sauste und zischte der Wasserstrahl übers Dach und bohrte sich in die Sparren und tastete unter den Ziegeln. — Kleine weiße Wölkchen stiegen vor ihm auf und verschwanden, um[1] an anderer Stelle wieder zu erscheinen.

Da plötzlich fiel ihm die „schwarze Suse" ein, die im hintersten Winkel des Schuppens zwischen altem Gerümpel vergraben stand. — Ein Stich fuhr ihm durch die Brust. — Soll nun auch sie zu Grunde gehen, auf die sein Herz von jeher hoffte? —

„Rettet die Lokomobile!" schrie er hinunter.

Aber niemand verstand ihn.

Die Begier, der „schwarzen Suse" Hilfe zu bringen, packte ihn so mächtig, daß ihm einen Augenblick zu Mute war, als müßte er selbst das Wohnhaus darangeben.

„Ablösung 'rauf!"¹ schrie er in die Menschenmasse hinunter, die zum größten Teile untätig gaffend dastand.

Ein stämmiger Maurer aus dem Dorfe kam emporgeklettert, deckte die Dachpfannen ab und bahnte sich so einen Pfad bis zum Firste empor. Ihm reichte Paul den Schlauch und glitt hinunter — innerlich verwundert, daß er sich nicht Arm und Bein² gebrochen.

Dann drang er in den Schuppen, aus dem schon erstickender Rauch ihm entgegenwirbelte.

„Wer kommt mit?" schrie er.

Zwei Taglöhner aus dem Dorfe meldeten sich.

„Vorwärts!"

Hinein in Qualm und Flammen ging's.

„Hier ist die Deichsel — angefaßt³ — rasch hinaus."

Krachend und polternd schwankte die Lokomobile auf den Hof hinaus. Hinter ihr und ihren Rettern brach das Dach des Schuppens zusammen. — — — — — —

Der Morgen graute. Der bläuliche Dämmerschein vermischte sich mit dem Rauch der Trümmer, aus denen die Flammen hie und da emporzuckten, um sofort müde zusammenzusinken.

Die Menge hatte sich verlaufen. Unheimliche Stille lastete auf dem Hofe; nur von dem Brandplatz her kam ein leises Knirschen und Pfauchen, als ob die Flammen vor dem Verlöschen noch einmal murmelnde Zwiesprach hielten.

„So," sagte Paul, „jetzt wären wir so weit!"[1]

Wohnhaus und Stall samt allem Lebendigen waren gerettet. Scheune und Schuppen lagen in Asche.

„Jetzt sind wir genau so arm, wie wir vor zwanzig Jahren waren," meditierte er, indem er seine Wunden streichelte, „und hätt' ich mich nicht 'rumgetrieben, es wäre vielleicht alles ungeschehen geblieben."

Als er die Laube betrat, welche die Haustür umrahmte, fand er die Mutter mit gefalteten Händen in einer Ecke zusammengekauert. — Über ihre Wangen zogen sich tiefe Rinnen, und ihre Augen starrten ins Leere, als sähe sie noch immer die Flammen züngeln.

„Mutter," rief er angstvoll, denn er fürchtete, daß sie nicht fern von Wahnsinn wäre.

Da nickte sie ein paarmal und meinte: „Ja, ja, so geht's!"

„Es wird auch wieder besser gehen, Mutter," rief er.

Sie sah ihn an und lächelte. Es schnitt ihm ins Herz, dieses Lächeln.

„Der Vater hat mich eben hinausgejagt," sagte sie, „ich bitte dich herzlich, jag' du mich nicht auch hinaus."

„Mutter, um Jesu willen, red' nicht so!"

„Sieh mal, Paul, ich bin wirklich nicht schuld daran," sagte sie und sah mit flehendem Ausdruck zu ihm empor, „ich gehe nie mit Licht in die Scheune."

„Aber wer sagt denn das?"

„Der Vater sagt, ich sei an allem schuld, ich soll mich zum Teufel scheren. — — Aber tu ihm nichts, Paul," bat

sie voll Angst, als sie ihn auffahren sah, „pack' ihn nicht
wieder an, er hat so große Schmerzen."

„Der Doktor kommt in einer Stunde, ich hab' schon
nach ihm geschickt."

„Geh zum Vater, Paul, und tröst' ihn ... ich möcht' ja
selber gern, aber mich hat er hinausgejagt," und sich wieder
zusammenkauernd, murmelte sie vor sich hin: „Hinausgejagt
hat er mich — hinausgejagt."

XV.

Unsagbares Elend war über den Heidehof hereingebrochen.
In dem Wohnzimmer lag der Vater auf seinem Schmer=
zenslager und wimmerte und schalt und verfluchte die Stunde
seiner Geburt. In weicheren Stunden ergriff er die Hand
seines Weibes, bat sie tränenden Auges um Verzeihung, daß
er ihr Schicksal an sein verdorbenes Leben gekettet, und
versprach, sie in Zukunft reich und glücklich zu machen.
Reich vor allem — reich!

Es war zu spät. Seine milden Worte machten keinen
Eindruck mehr auf sie, ihr angstgequältes Herz hörte aus
ihnen heraus schon die Scheltreden grollen, die ihnen, wie
immer, folgen mußten. Mit welken Wangen und erloschenen
Augen schlich sie einher, ohne je einen Laut der Klage von
sich zu geben, doppelt erbarmenswert in ihrem Schweigen.

Aber mit ihr hatte niemand Erbarmen, selbst Gott und
das ewige Schicksal nicht. Sie wurde müder von Tag zu

Tag, auf ihrer bleichen, blaugeäderten Stirn schien bereits der Stempel des Todes zu brennen, und das Glück, das lebenslang ersehnte,[1] war ferner denn je.

Der einzige, der imstande gewesen wäre, ihr beizustehen, war Paul; allein der stahl sich wie ein Verbrecher um sie herum, er wagte kaum, ihr zum Morgengruß die Hand zu reichen, und wenn sie ihn ansah, schlug er das Auge[2] nieder. Wäre sie minder stumpf und grambeladen gewesen, so hätte sie aus seinem absonderlichen Gebaren irgend einen Verdacht schöpfen müssen; aber alles, was sie in ihrem Jammer empfand, war nur, daß sein Trost ihr fehlte.

Einmal in der Dämmerung, als er, wie gewöhnlich zur Feierstunde, in dem Schutt der Brandstelle herumwühlte, ging sie ihm nach, setzte sich neben ihn auf das zerbröckelnde Fundament und versuchte ein Gespräch mit ihm zu beginnen; aber er wich ihr aus, wie er auch sonst getan.

„Paul, sei nicht so hart zu mir," bat sie da, und ihre Augen füllten sich mit Wasser.

„Ich tu' dir ja nichts, Mutter," sagte er und biß die Zähne zusammen.

„Paul, du hast etwas gegen mich!"

„Nein, Mutter!"

„Glaubst du, ich sei schuld am Brande?"

Da schrie er laut auf, umklammerte ihre Knie und weinte wie ein Kind; doch als sie sein Haar streicheln wollte, die einzige Liebkosung, die sonst zwischen ihnen gäng und gäbe[3] gewesen, da sprang er auf, stieß sie zurück und rief: „Rühr' mich nicht an, Mutter — ich bin's nicht wert!"

Darauf wandte er ihr den Rücken und schritt auf die Heide hinaus.

Seit dem Augenblick, da er nach dem Brande zum ersten Mal erwacht war, hatte sich eine fixe Idee seiner bemächtigt, die ihn nicht mehr aus ihrem Banne ließ, die fixe Idee: daß er, er allein an allem die Schuld trüge.

„Hätt' ich mich nicht 'rumgetrieben," so sagte er sich, „hätt' ich das Haus bewacht, wie's meine Pflicht war, das Unglück hätte nie und nimmer geschehen können."

All sein geheimes Sehnen erschien ihm nun wie ein Verbrechen, das er am Vaterhause begangen.

Über den Urheber des Brandes hatte er sich noch keine Gedanken machen können; die Sorgen, die aufs neue über ihn hereinbrachen, waren zu groß, als daß er der Rache hätte Raum gönnen dürfen.[1] — Es fehlte am Nötigsten, kaum das Geld für den Apotheker ließ sich noch auftreiben. Er sann und rechnete tags und nachts und entwarf große Feldzugspläne, die notwendigste Barschaft herbeizuschaffen. Auch an die Brüder schrieb er, ob sie ihm vielleicht durch ihren Einfluß gegen mäßige Zinsen ein paar hundert Taler besorgen könnten. Sie antworteten tieftraurig, daß sie selbst so mit Schulden beladen wären, daß sie unmöglich noch auf Kredit rechnen dürften.

Ein Segen war es bei alledem,[2] daß die Rapsernte bereits verkauft und abgeliefert war und daß die Kartoffeln zum größten Teile noch in der Erde steckten. — So ließen

sich kleine Barschaften erzielen, die zur Deckung der drin-
gendsten Ausgaben hinreichten. Freilich, wie[1] an einen
Wiederaufbau der Scheune zu denken war? —

Inmitten der traurigen Trümmer, von verkohlten Balken
und zerfallenden Mauern umgeben, stand hochaufgerichtet
mit ihrem rußigen Leibe und ihrem schlanken Halse die
„schwarze Suse", das einzige Stück, das — von ein paar
elenden Arbeitswagen abgesehen — aus dem Untergang
gerettet worden.

Die Zwillinge, die in dieser trüben Zeit viel von ihrer
Munterkeit verloren hatten und nur in heimlichen Winkeln
kosten und kicherten, gingen scheu um sie herum, und als
der Vater sich zum ersten Male von seinem Lager aufrich-
tete und das schwarze Ungetüm durch das Fenster glotzen
sah, ballte er die Fäuste und schrie: „Warum hat man das
Biest nicht verbrennen lassen?"

Paul aber schloß sie noch inniger in sein Herz. „Jetzt
wär's an der Zeit, daß du wieder lebendig würdest," sagte
er, zerrte an dem Rade und guckte in den Kessel hinein; er
begann abends aus Lindenholz kleine Modelle zu schnitzeln,
und eines Tages schrieb er an Gottfried: „Schicke mir aus
eurer Schulbibliothek ein paar Bücher über die Einrichtung
von Dampfmaschinen. Mir ist zu Mute, als ob für unser
Vaterhaus viel davon abhinge." — Gottfried ließ sich vergeblich bitten; erstens widerstreite es seinen Prinzipien, der
Bibliothek Bücher zu entnehmen, die er nicht selber ge-
brauche, und zweitens würden sie Paul doch nichts nutzen,

da er in der theoretischen Physik nicht bewandert sei. —
Dann wandte er sich an Max. Der sandte ihm umgehend
ein Zehnpfundpaket[1] mit funkelnagelneuen Bänden, denen
eine Rechnung von fünfzig Mark beilag. Er beschloß, die
Bücher zu behalten und die fünfzig Mark allgemach zu-
sammenzusparen. „Für die ‚schwarze Suse' ist nichts zu
teuer," meinte er.

Aber neue Unruhe sollte über ihn hereinbrechen.

Eines Vormittags kam ein Wagen auf den Hof gefahren, in welchem neben einem Gendarmen[2] zwei fremde
Herren saßen, von denen der eine, ein behäbiger Vierziger
mit goldener Brille auf der Nase, sich als Untersuchungsrichter[3] vorstellte.

Paul erschrak, denn er fühlte wohl, daß er mancherlei
zu verheimlichen hatte.

Der Untersuchungsrichter besah zuerst die Brandstelle,
nahm eine Zeichnung des Fundamentes auf und fragte, wo
Tore und Fenster sich befunden hätten; dann ließ er die
Dienstboten zusammenrufen, die er aufs genaueste befragte,
was sie am Tage vorher und bis zu dem Augenblicke des
Brandes getrieben.

Paul stand bleich und zitternd daneben, und als der
Richter das Gesinde entließ, um ihn selber zu vernehmen,
war ihm zu Mute, als sei der Weltuntergang herangekommen.

„Sind Sie an dem Tage vor dem Brande in der
Scheune gewesen?" fragte der Richter.

„Ja."

„Rauchen Sie?"

„Nein."

„Besinnen Sie sich, daß Sie in irgendwelcher Weise mit Feuer, Streichhölzchen und dergleichen hantierten?"

„O nein — ich bin viel zu vorsichtig dazu."

„Wann waren Sie zuletzt in der Scheune?"

„Um acht Uhr abends."

„Was taten Sie dort?"

„Ich hielt meinen allabendlichen Rundgang, bevor ich die Tore verschließe."[1]

„Verschließen Sie die Tore eigenhändig?"

„Ja — stets."

„Bemerkten Sie etwas an dem betreffenden Abende?"

„Nein."

„Haben Sie niemanden[2] in der Umgegend herumschleichen sehen?"

Wie ein Blitzstrahl fuhr es auf ihn nieder. In diesem Augenblicke erst entsann er sich des Schattens, den er beim Beginne des Brandes im Walde hatte untertauchen sehen. Aber das war ja nicht in der Umgegend. Und tief aufatmend, erwiderte er: „Nein."

So, jetzt kommt's! dachte er — die nächste Frage schon mußte seine nächtliche Wanderung ans Tageslicht ziehen, mußte das Geheimnis verraten, das er bisher im tiefsten Innern verschlossen gehalten.

Aber nein. Der Untersuchungsrichter brach plötzlich ab und sagte nach einer kleinen Pause:

„Bis vor kurzem war ein Knecht namens Raudszus in Ihren Diensten?"

„Ja," erwiderte er und starrte den Richter mit großen Augen an. Also Raudszus war's, auf den der Verdacht sich lenkte.

„Weshalb haben Sie ihn entlassen?"

Er erzählte ausführlich jenen schrecklichen Vorgang, gab aber wohl darauf acht, daß die Szene mit Douglas, die ihm vorangegangen, soviel als möglich im dunkeln blieb. Nun[1] die erste Gefahr abgeschlagen war, hatte er seine Ruhe wiedergefunden.

Der Protokollführer machte sich eifrig Notizen, und der Untersuchungsrichter zog die Brauen in die Höhe, als wär' er bereits völlig im klaren. Als Paul geendet hatte, gab er dem Gendarmen einen Wink, der[2] schweigend kehrtmachte und auf dem Wege nach Helenental von dannen ging.

„Jetzt zu Ihrem Herrn Vater!" sagte der Richter. „Ist er in einem Zustande, um vernommen zu werden?"

„Lassen Sie mich nachsehen," erwiderte Paul und ging in die Krankenstube.

Er fand den Vater hochaufgerichtet im Bette sitzen, sein Auge blitzte, und auf seinen Zügen lag der Schimmer mühsam unterdrückter Wut.

„Laß sie nur kommen!" rief er Paul entgegen, „es ist zwar alles Firlefanz — an den Wahren wagen sie sich ja doch nicht[3] — aber laß sie nur kommen!"

Auch er erzählte dem Untersuchungsrichter die Szene des

Kampfes; aber das gerade, was Paul schamhaft verschwiegen hatte, den Streit mit Douglas und das Hetzen des Hundes, das kramte er mit großsprecherischer Geschwätzigkeit vor den Fremden aus. Der Richter kratzte sich bedenklich den Kopf, und sein Schreiber notierte eifrig.

Als Meyhöfer bis zu dem Momente kam, in welchem er das Eingreifen seines Sohnes hätte schildern müssen, schwieg er stille. Aus seinem Auge schoß auf ihn ein Strahl, in welchem, jäh hervorbrechend, ein Feuer von Trotz und Ingrimm loderte.

„Und was weiter?" fragte der Richter.

„Ich bin ein alter Mann," murmelte er zwischen den Zähnen, „zwingen Sie mich nicht, meine eigene Schande zu gestehen."

Der Richter war's zufrieden. Als er den Alten fragte, ob sein Verdacht sich nicht schon vorher auf Michel Raudszus gelenkt hätte, da lachte er gar geheimnisvoll in sich hinein und raunte: „Die Hand, die elende Hand mag er wohl hergegeben haben; aber" — er stockte —

„Aber?"

„Schade, Herr Richter, daß die Gerechtigkeit eine Binde[1] vor den Augen trägt," antwortete er mit höhnischem Lachen — „ich habe nichts weiter zu sagen." —

Richter und Protokollführer sahen sich kopfschüttelnd an, dann wurde das Verhör geschlossen.

„Wird Michel Raudszus verhaftet werden?" fragte Paul die Herren, ehe sie den Wagen bestiegen.

„Er ist es hoffentlich bereits," antwortete der Richter. „Er hat im Rausche allerhand verdächtige Äußerungen getan, und was wir von Ihnen erfahren haben, ist mehr als ausreichend, die Untersuchung gegen ihn einzuleiten. Freilich wird sich noch manches aufzuklären haben."[1]

Damit fuhren sie von dannen.

Lange starrte Paul dem Wagen nach.

Die letzten Worte des Richters hatten die Angst aufs neue in ihm erweckt, und während die Wochen verflossen und die Voruntersuchung ihre Wege ging, saß er bangend und zitternd daheim, nicht viel anders, als wenn der Richterspruch ihn und ihn allein zerschmettern würde.[2]

Paul samt der Mutter und den Schwestern erhielten[3] eine Vorladung zum Schwurgerichte,[4] nur dem Vater war es freigestellt, daheim zum letztenmal verhört und vereidigt zu werden. Aber er erklärte, daß er lieber im Gerichtssaal tot zusammensinken wolle, als daß er zu Hause säße, während man den Vernichter seiner Habe frei auslaufen ließe. Wen er mit diesen Redensarten meinte, ließ er im unklaren; nur daß es der angeklagte Knecht nicht war, gab er deutlich genug zu erkennen.

Der Tag der Verhandlung kam heran. Paul hatte für den Vater einen Tragestuhl gezimmert, der ihm jeglichen Schritt ersparte. In demselben wurde er auf den Wagen gehoben und weich in dem Heulager gebettet.

Es war eine gar elende Klapperfuhre, welche die Familie Meyhöfer nach der Stadt hinführte, denn die besseren Wa=

gen waren samt und sonders verbrannt. Die Leitern hatte
Paul fortnehmen lassen und statt ihrer einen hölzernen
Kasten hineingebaut; über die Strohbündel, welche als Ge=
säße dienten, hatte er alte Pferdedecken gebreitet, welche die
Jahre zersetzt und entfärbt hatten.

Auf der falben Heide lagen die müden Strahlen der
Novembersonne, struppig reckten sich die Erikabüschel zwi=
schen gelben, dünnen Gräsern, hie und da schimmerten
Lachen von Regenwasser, und von den Krüppelweiden des
Weges hingen wie tote Sommervögel[1] vereinzelte Blättlein.

„Weißt du noch, wie wir vor einundzwanzig Jahren
desselben Weges fuhren?" sagte Frau Elsbeth zu ihrem
Manne und warf einen Blick auf Paul, den sie damals
an der Brust gehalten.

Meyhöfer murrte etwas in sich hinein, denn er war
kein Freund von Erinnerungen, von solchen Erinnerungen.
Frau Elsbeth aber faltete die Hände und dachte allerhand;
es mußte nichts Trauriges sein, denn sie lächelte dabei.

Je mehr der Wagen sich dem Ziele näherte, desto be=
klommener ward es Paul zu Mute. Er reckte sich auf
seinem Sitze, und durch seine Glieder jagte ein Frösteln
nach dem andern.

Mit unheimlicher Klarheit stand die wilde Brandnacht
vor seinen Augen, und inmitten jener Angst, vor fremden
Menschen zu stehn und zu sprechen, überkam es ihn wie
ein Gefühl des Glücks, wenn er dessen[2] gedachte, wie er in
Qualm und Flammen hoch auf dem steilen Dache gestanden,

handelnd und herrschend als der einzige, dem alle gehorchten,
der einzige, der inmitten der Wirrnis bei klarem Kopfe ge=
blieben. „Vielleicht kann ich doch meinen Mann stehn,[1]
wenn's darauf ankommt!" sagte er sich[2] tröstend, aber um
so tiefer versank er darauf im Anschaun seiner trübseligen, 5
gedrückten, kraft= und saftlosen Existenz. — „Es wird nie
anders — es kann nur schlimmer werden von Jahr zu
Jahr" — sagte er, da hörte er hinter sich die Mutter seuf=
zen, und was er soeben gedacht, erschien ihm als schnöde,
herzlose Selbstsucht.   10

„Auf mich kommt's nicht an," murmelte er — da fuhr
der Wagen durch das Stadttor.

Vor dem roten Gerichtsgebäude mit den hohen Stein=
treppen und den gewölbten Fenstern hielt der Wagen.
Nicht fern davon stand eine wohlbekannte Chaise,[3] und der 15
Kutscher auf dem Bock trug an seiner Mütze noch dieselbe
Troddel, die Paul einstmals, da er Konfirmande war, so
sehr imponiert hatte.

Als der Vater aufgerichtet wurde, fiel sie auch ihm in
die Augen.[4] „Na, der Lump ist ja auch da," rief er, „will 20
doch sehen,[5] ob er meinen Blick wird ertragen können!"

Darauf trug ihn Paul mit Hilfe eines Gerichtsdieners
die Stufen hinan bis in das Zeugenzimmer. Die Mutter
und die Schwestern gingen hinterdrein, und die Leute
blieben stehen und besahen sich die trübselige Prozession. 25

Das Wartezimmer der Zeugen war voll von Menschen,
meistens Angehörigen von Helenental. In einem Winkel

stand ein Häuflein Bettelvolk, ein Weib mit einem auf=
gedunsenen Gesicht, um den Leib ein rotbuntes Laken ge=
bunden, in welchem ein Säugling schlief. An den Falten
ihres Rockes hing eine kleine Schar zerlumpter Kinder,
welche sich die Köpfe kratzten und einander heimliche Rip=
penstöße gaben. Das war die Familie des Angeklagten,
welche aussagen wollte, daß der Vater in jener Nacht da=
heim gewesen.

Meyhöfer dehnte und streckte sich in seinem Stuhle und
warf herausfordernde Blicke um sich. Er erschien sich heute
mehr denn je als ein großer Mann, ein Held und ein
Märtyrer zugleich.

Die Tür öffnete sich, und Douglas samt Elsbeth erschien
auf der Schwelle.

Meyhöfer warf ihm einen giftigen Blick zu und lachte
dann höhnisch in sich hinein. Douglas achtete nicht auf
ihn, sondern setzte sich in die entgegengesetzte Ecke, Elsbeth
mit sich ziehend. Sie sah bleich und angegriffen aus und
hatte ein schüchternes, ängstliches Wesen, das von der frem=
den, unbehaglichen Umgebung herrühren mochte.

Sie nickte mit einem flüchtigen Lächeln nach der Mutter
und den Schwestern hinüber und sah Paul mit einem sin=
nenden Blick an, der etwas zu fragen schien.

Er schlug die Augen nieder, denn er konnte den Blick
nicht ertragen. — Die Mutter machte eine Bewegung, zu
ihr hinüberzugehen, aber Meyhöfer ergriff sie beim Rocke

und sagte, lauter als es wohl nötig gewesen: „Daß du dich
unterstehst!"[1]

Paul war wie gelähmt. Seine Knie bebten, auf seiner
Stirn lastete ein dumpfer Druck, der ihm jeglichen Ge=
danken benahm.

„Du wirst ihr Schande bringen," murmelte er immer=
fort vor sich hin, aber ohne zu wissen, was er sagte.

Drinnen im Schwurgerichtssaale begann das Zeugen=
verhör. Einer nach dem andern wurde aufgerufen.

Zuerst kamen die Tagelöhner an die Reihe, dann der
Wirt, in dessen Schenke Raudszus die Äußerungen getan,
dann das zerlumpte Häuflein aus dem Winkel. — Das
Zimmer fing an sich zu leeren. — Hierauf wurde der
Name des Herrn Douglas genannt. Er murmelte seiner
Tochter ein paar Worte ins Ohr, die auf die Meyhöfers[2]
Bezug haben mußten, und ging mit seinen breiten Schrit=
ten[3] von dannen.

Die Hände auf dem Schoße gefaltet, saß sie nun ein=
sam an der Wand. Eine tiefe Röte der Erregung ent=
flammte auf ihren Wangen. Gar lieblich und beklommen
schaute sie drein, und ihr schlichtes, wahrhaftes Wesen
malte sich in jedem ihrer Züge.

Die Mutter ließ keinen Blick von ihr, und bisweilen sah
sie zu Paul hinüber und lächelte dabei wie im Traume.

Eine Viertelstunde verrann, dann wurde auch Elsbeths
Name gerufen. Sie warf noch einen[4] freundlichen Blick

zur Mutter hin, dann verschwand sie in der Tür. Ihr Verhör währte nicht lange. — „Herr Meyhöfer senior,"[1] rief der Diener vom Saale her und sprang herzu, um Paul beim Tragen des Stuhles behilflich zu sein.

Der Alte prustete und blies die Backen, dann wieder lehnte er sich mit mannhaft leisem Ächzen nach hinten über, innerlich hocherfreut, eine so effektvolle Rolle spielen zu dürfen.

Der weite Schwurgerichtssaal verschwamm vor Pauls Augen in einem rötlichen Nebel, undeutlich sah er dicht= gedrängte Gesichter auf sich oder den Vater niederstarren, dann mußte er den Saal aufs neue verlassen.

Die Schwestern, die bis dahin neugierig um sich ge= schaut hatten, fingen an sich zu fürchten. Um die Angst zu betäuben, aßen sie die mitgebrachten Butterbrote. Paul sprach ihnen Mut ein und lehnte die Wurst ab, die sie ihm großmütig boten.

Die Mutter hatte sich in einen Winkel zurückgezogen, zitterte leise und meinte von Zeit zu Zeit: „Was mögen sie aber von mir wollen?"

„Herr Meyhöfer junior," hallte es von der Tür.

Im nächsten Augenblicke stand er in dem hohen, menschen= gefüllten Raume vor einem erhöhten Tische, an welchem etliche Männer mit strengen und ernsten Gesichtern saßen; nur einer, der ein wenig abseits Platz genommen hatte, lächelte immer. Das war der Staatsanwalt, vor dem alle Welt sich fürchtete. Auf der rechten Seite des Saales saß gleichfalls auf erhöhten Plätzen ein Häuflein würdiger Bürger, die sehr gelangweilt dreinschauten und sich mit Federmessern, Papierschnitzeln usw. die Zeit zu vertreiben suchten. Das waren die Geschworenen. Auf der linken Seite saß in einer verschlossenen Bank der Angeklagte. Er äugelte mit dem Zuschauerraum und machte ein Gesicht, als ob die Sache jeden andern anginge, nur nicht ihn. So freundlich hatte Paul den finstern Kerl noch nie gesehen.

„Sie heißen Paul Meyhöfer, sind geboren dann und dann, evangelisch usw.," fragte der mittelste der Richter, ein Mann mit einem ganz kurzgeschorenen Kopfe und einer scharfkantigen Nase, indem er die Daten[1] aus einem großen Hefte ablas. Er tat das in einem gemütlichen Murmeltone; aber plötzlich wurde seine Stimme scharf und schneidig wie ein Messer, und seine Augen schossen Blitze auf Paul hernieder.

„Vor Ihrer Vernehmung, Herr Paul Meyhöfer, mache ich Sie darauf[2] aufmerksam, daß Sie Ihre Aussage hernach mit einem Eide beschwören müssen."

Paul erschauerte. Wie ein Stich war das Wort „Eid" durch seine Seele gefahren. Ihm war zu Mute, als müßte er niederstürzen und sein Angesicht vor all den Späheraugen verbergen, die auf ihn niederstarrten.

Und dann fühlte er allgemach eine merkwürdige Veränderung in sich vorgehen. Die glotzenden Augen verschwanden — der Saal tauchte sich in Nebel, und je länger des Richters klare, scharfe Stimme auf ihn einsprach, je eindringlicher er sich mit himmlischen und irdischen Strafen bedrohen hörte,[1] desto mehr ward ihm zu Mute, als sei er ganz allein mit jenem Manne in dem weiten Saale, und all sein Sinnen richtete sich darauf, ihm so zu antworten, daß Elsbeth aus dem Spiele blieb. „Jetzt gilt's — jetzt zeig' dich als Mann," rief es in ihm. Es war ein ähnliches Gefühl, wie damals, als er oben auf dem Dache gesessen hatte; sein Geist verschärfte sich, und der dumpfe Druck, der allzeit auf ihm lastete, sank von ihm ab, als löste man Ketten, mit denen er gefesselt gewesen.

Er erzählte mit ruhigen, klaren Worten, was er von dem Angeklagten wußte, und schilderte sein Wesen; auch, daß er sich ihm innerlich verwandt gefühlt hatte, gab er an.

Als er das sagte, ging ein Murmeln durch den Saal, die Geschworenen ließen die Papierschnitzel sinken, und zwei oder drei Federmesser klappten geräuschvoll zu.

„Was geschah, als Herr Douglas mit Ihrem Vater zusammengeraten war?" fragte der Präsident.

„Das kann ich nicht sagen," erwiderte er mit fester Stimme.

„Weshalb nicht?"

„Ich müßte Übles von meinem Vater sprechen!" antwortete er.

„Was heißt das: ‚Übles'?" fragte der Präsident. „Wollen Sie damit sagen, daß Sie fürchten, Ihren Vater einer strafrechtlichen Verfolgung auszusetzen?"

„Ja," erwiderte er leise.

Wiederum ging das Murmeln durch den Saal, und hinter seinem Rücken hörte er knirschend die Stimme seines Vaters: „Der ungeratene Schlingel!" Doch ließ er sich dadurch nicht irre machen.

„Das Gesetz gestattet Ihnen, in solchem Falle die Aussage zu verweigern," fuhr der Präsident fort. „Wie aber geschah es, daß Ihr Vater sich gegen Raudszus wandte?"

Ohne Stocken erzählte er den Vorgang; nur als er beichten mußte, wie er seinen Vater ins Haus getragen, bebte seine Stimme, und er wandte sich um, als wollte er ihn um Verzeihung anflehen.

Der Alte hatte die Fäuste geballt, und seine Zähne schlugen aufeinander. Er mußte erleben, daß sein eigener Sohn die Glorie des Helden von seinem Haupte riß.

„Und nachdem Sie den Knecht entlassen, sahen und hörten Sie nichts mehr von ihm?" fragte der Präsident.

„Nein . . ."

„Als Sie in jener Brandnacht erwachten, was sahen Sie da zuerst?" fragte er weiter.

Langes Schweigen. Paul griff mit beiden Händen nach der Stirn und taumelte zwei Schritte zurück.

Eine Bewegung des Mitleids ging durch den Saal. Man glaubte nicht anders, als daß die Erinnerung an den fürchterlichen Augenblick ihn übermannte.

Das Schweigen dauerte fort.

„So antworten Sie doch."

„Ich — schlief — nicht."

„Sie waren also noch wach? ... Befanden Sie sich in Ihrem Schlafzimmer, als Sie den ersten Feuerschein gewahrten?"

„Nein!"

„Wo waren Sie?"

Lange Pause. Man hätte ein Blatt zur Erde fallen hören,[1] so still war es im Saale.

„Sie waren nicht in Ihrem Heimathause?"

„Nein."

„Also wo?"

„Im — Garten — von — Helenental."

Ein dumpfes Geräusch erhob sich, das sich zum Tumulte steigerte, als der alte Douglas, der von seinem Sitze aufgesprungen war, mit dröhnender Stimme in den Saal hineinrief: „Was hatten Sie da zu suchen?" Der alte Meyhöfer stieß einen Fluch aus, Elsbeth entfärbte sich und sank mit dem Kopfe schwer gegen die Lehne der Bank.

Der Präsident ergriff die Klingel.[2]

„Ich ersuche den Zeugen um Ruhe," sprach er, „ich selbst stelle die Fragen. Bei nochmaliger Störung lasse ich Sie aus dem Saale entfernen. — Also, Herr Paul Meyhöfer, was wollten Sie im Garten von Helenental?"

In demselben Augenblicke erhob sich im Hintergrunde ein neues Gemurmel, und im Zeugenraume bildete sich eine Gruppe um Elsbeth.

„Was gibt's da?" fragte der Präsident.

Der Staatsanwalt, dessen Auge kein Stäubchen im

ganzen Saale entgangen war, neigte sich zu ihm hinüber
und flüsterte mit vielsagendem Lächeln: „Die Zeugin ist in
Ohnmacht gefallen."

Da lächelte auch der Präsident, und das ganze Richter=
kollegium lächelte.

Elsbeth verließ, von ihrem Vater unterstützt, den Saal...

Nun erhob sich ein kleiner Mann mit einem scharfgeschnit=
tenen Gesicht, der vor dem Angeklagten saß und während
der ganzen Zeit mit einem Schlüsselbunde gespielt hatte,
und sagte: „Ich ersuche den Herrn Präsidenten, die Ver=
handlung auf fünf Minuten zu vertagen, da die Gegenwart
der mitbeteiligten Zeugin von Wichtigkeit ist."

Paul warf diesem Manne einen scheuen Blick zu. Die
Verhandlung wurde vertagt.

Die fünf Minuten waren eine Ewigkeit. Paul durfte
sich auf die Zeugenbank niedersetzen. Der Vater sah ihn
unverwandt mit wütenden Augen an, aber er gab ihm kein
Zeichen, daß er ihn sprechen wolle.

Elsbeth wurde in den Saal zurückgeführt, blaß wie eine
Leiche, und Paul trat aufs neue vor die Schranken.

„Ich ermahne Sie nochmals," begann der Präsident, „sich
in allen Stücken genau an die Wahrheit zu halten, denn
Sie wissen, daß jedes Wort Ihrer Aussage unter den
Zeugeneid fällt."

„Ich weiß es," sagte Paul.

„Jedoch haben Sie, wie Sie wissen, das Recht, die Aus=
sage zu verweigern, wenn Sie glauben, befürchten zu müssen,

daß dieselbe Ihnen oder einem Angehörigen eine Strafe zu=
ziehen dürfte. Wollen und können Sie, wie vorhin, auch
jetzt von diesem Rechte Gebrauch machen?"

„Nein."

Er sprach es mit fester, klarer Stimme, denn in ihm war
die Gewißheit aufgegangen, daß Elsbeths Ehre rettungslos
verfallen war, wenn er jetzt schwieg.

„Aber wenn mein Eid ein Meineid wird?" hallte es
hinterher aus seinem Gewissen nach. Es war zu spät.

„Also — was wollten Sie in dem Garten?" fragte der
Präsident.

„Ich wollte — gutmachen, was in meinem Vaterhause
an Douglas verschuldet war."

Ein Murmeln der Enttäuschung und des Unglaubens ging
durch den Saal.

„Und dazu schlichen Sie in dem fremden Garten umher?"

„Ich hatte das Verlangen, irgend jemand zu treffen, dem
ich Abbitte hätte leisten können."

„Und hierzu suchten Sie sich die Nachtzeit aus?"

„Ich konnte nicht schlafen."

„Und Sie wurden von Ihrer Unruhe dorthin getrieben?"

„Ja."

„Trafen Sie jemanden in dem Garten?"

„Nein."

„Waren Sie schon früher einmal zu derselben Stunde
dort gewesen?"

Lange Pause; dann ging ein abermaliges Nein, doch

dieses Mal leise und zögernd, gleichsam dem Gewissen ab=
gerungen, aus seinem Munde . . .

Die Spannung, die auf den Gemütern lastete, begann
sich zu lösen, der Präsident blätterte in seinen Akten, und
Elsbeth starrte mit großen, glanzlosen Augen zu ihm hin=
über.

„Wo befanden Sie sich, als Sie den Feuerschein zuerst
bemerkten?"

„Etwa zwanzig Schritt von dem Helenentaler Wohnhause
entfernt!"

„Und was taten Sie alsdann?"

„Ich war sehr erschrocken und eilte sofort nach dem Hei=
matshofe zurück."

„Auf welchem Wege verließen Sie den Garten?"

„Über den Gartenzaun."

„Sie öffneten also nicht die Türe, welche vom Garten
nach dem Hofe führt?"

„Nein."

„Und schritten nicht an dem Giebel vorbei?"

„Nein."

Eine neue Unruhe machte sich im Saale bemerkbar. Der
kleine Mann mit dem Schlüsselbunde erhob sich und sagte:
„Ich bitte den Herrn Präsidenten, Fräulein Douglas noch
einmal über das zu verhören, was sie in jener Nacht gehört
haben will."

„Fräulein Douglas, ich bitte," sagte der Präsident.

Mit einem langen Blick auf Paul trat sie vor. Dicht

nebeneinander standen sie nun in dem weiten, menschen=
gefüllten Saale, als ob sie zusammengehörten.

„Wohin verliefen sich die Schritte, die Sie hörten, als
der Feuerschein Sie weckte?"

„Nach dem Hofe zu," erwiderte sie leise, kaum ver=
nehmbar.

„Und hörten Sie deutlich die Klinke der Gartentüre
klappen?"

„Ja."

„Bedenken Sie wohl, ob Sie sich nicht getäuscht haben
können?"

„Ich habe mich nicht getäuscht," erwiderte sie leise, doch
bestimmt.

„Ich danke. Sie können sich setzen."

Mit unsicheren Schritten ging sie auf ihren Platz zurück.
Seit jenem verhängnisvollen Nein hing ihr Blick an Paul
wie festgebannt. Sie schien alles andere darüber vergessen
zu haben.

„Als Sie den Gartenzaun überschritten hatten, welchen
Weg schlugen Sie dann ein?" fragte der Präsident weiter,
zu Paul gewandt.

„Über die Heide!"

„Berührten Sie den Wald?"

„Nein — ich lief etwa zwei= bis dreihundert Schritt weit
davon vorüber."

„Begegneten Sie auf Ihrem Wege jemandem?"

„Ich sah einen Schatten, der sich dem Walde zu be=

wegte und bei meinem Kommen plötzlich verschwunden war."

Eine langanhaltende Bewegung ging durch den Raum, der Angeklagte verfärbte sich, und sein Auge nahm einen starren, glotzenden Ausdruck an. — Der Staatsanwalt ließ keinen Blick von ihm.

Noch ein paar Nebenfragen, dann durfte Paul sich setzen.

Die Mutter und die Schwestern wurden gerufen, aber was sie auszusagen hatten, war ohne Belang. Die Schwestern schauten neugierig, beinahe keck in die Runde. Die Mutter weinte, als sie den Augenblick des Erwachens erzählen mußte.

Paul fühlte sich stolz und glücklich darüber, daß Elsbeth nicht durch ihn verraten worden. Er schaute lächelnd vor sich nieder und freute sich seines Mutes. Doch als die Zeugen zur Vereidigung vorgerufen wurden und er die Hand erheben sollte, da war es ihm, als hinge eine Zentnerlast daran, als riefe eine leise, traurige Stimme ihm ins Ohr: „Schwöre nicht."

Und er schwor.

Als er sich auf den Platz gesetzt hatte, sagte die Stimme aufs neue: „Hast du vielleicht gar einen Meineid geschworen?" — Unwillkürlich erhob er das Haupt. Da war's ihm, als huschte ein grauer Schatten an ihm vorüber und streifte mit leisem Hauche seine Stirn.

Trotzig runzelte er die Brauen. „Und wenn ich selbst falsch geschworen,[1] geschah es nicht für sie?" Für einen

Augenblick erfüllte eine wilde Freude seine Seele bei diesem Gedanken; aber schon im nächsten legte es sich mit dumpfem Drucke auf seine Brust und preßte ihm die Kehle zu und schnürte ihm Hände und Füße, so daß ihm zu Mute ward, als könnte er sich fürder nicht mehr bewegen.

Er hörte die eintönige Stimme der Redner, die ihre Plaidoyers begannen, aber er achtete nicht darauf. — Einmal nur fuhr er empor, als der Verteidiger mit seinem Schlüsselbund auf ihn wies und mit seiner dünnen, keifenden Stimme durch den Saal rief: „Und dieser Zeuge da, meine Herren Geschworenen, der sich nachts in höchst geheimnisvoller Weise in fremden Gärten umhertreibt und allerhand psychologisch gekünstelte Ausflüchte sucht, um die zarten Motive seines nächtlichen Abenteuers zu bemänteln, dürfen Sie ihm Glauben schenken, wenn er angibt, er habe plötzlich Schatten auftauchen und verschwinden sehen, — Schatten, die, glimpflich gesprochen, nur seinem überhitzten Hirne entstammen können? — Was wollte er in dem Garten, meine Herren Geschworenen? Ich überlasse es Ihrem Scharfsinn und Ihrer Lebenskenntnis, sich diese Fragen selber zu beantworten, und was den Zeugen anbelangt, so ist es seine Sache, seinen Eid und sein Gewissen zu befreunden."

Da sank er vollends zusammen ...

Die Geschworenen sprachen ihr „Schuldig", Michel Raudszus wurde zu fünf Jahren Zuchthaus verurteilt.

In demselben Augenblicke, in welchem der Präsident den Spruch des Gerichtshofes verkündigte, hallte ein höhnisches

Gelächter durch den Saal. — Es kam aus dem Munde
Meyhöfers. Er hatte sich in seinem Stuhle aufgerichtet
und streckte die gekrümmten Hände nach Douglas aus, als
wollte er ihm an den Hals.

Als er hinausgetragen wurde, rief er in einem fort:
„Die kleinen[1] Brandstifter hängt man, die großen läßt
man laufen."

Unheimlich dröhnte das Gelächter des hilflosen Mannes
durch die weiten Korridore. — — —

XVII—XVIII.[2]

Der Sommer verging, mit seinen Nebelgewändern kam
der Herbst über die Heide geschlichen. — Um diese Zeit
begann auf dem Heidehof, der stiller dagelegen als je bis=
her, ein seltsames Tönen. Wie Hammerschlag und Glocken=
klang[3] zugleich hallte es weit über die Heide in streng
abgemessenen Takten.

Der Vater, der wie gewöhnlich gähnend und mürrisch in
seinem Winkel saß, war beim ersten Klange hoch empor=
gefahren und hatte die Zwillinge gerufen, daß sie ihm
Rede ständen. Allein die wußten auch nichts weiter, als
daß heute in der Frühe ein Handwerker mit Feilen und
Hämmern und Lötzeug aus der Stadt gekommen sei, mit
dem[4] Paul, allerhand Pläne und Zeichnungen in der Hand,
eine lange Unterredung gehabt habe. Sie liefen schleunigst
nachzusehen, und was sie fanden — — —:

Hinter dem Schuppen stand die „schwarze Suse", mit einem Holzgerüst umkleidet, wie eine Dame in ihrer Krinoline, und auf dem Gerüst kletterten Paul und der Handwerker eifrig umher, klopften, guckten und schroben an den Nieten.

Paul aber stand hoch oben auf dem rundlichen Leibe der „schwarzen Suse", an den schlanken Schlot gelehnt, und schaute sehnsuchtsvoll nach dem Moore hin, wie ein Kolumbus, der eine neue Welt entdecken will.

Der fremde Meister mußte mit am Herrentische niedersitzen, und der Vater gab ihm seine Mißbilligung dadurch[1] zu erkennen, daß er ihm den Gruß verweigerte und allerhand von Narren und Schmarotzern in den Teller hineinmurmelte.

Allein niemand kehrte sich danach, und die Arbeit nahm ruhig ihren Fortgang.

Nach Pauls Weisungen wurde die Maschine auseinandergenommen und bis in ihre kleinsten Teile hinein geprüft.

Wenn es dunkel geworden war und der Meister samt den Knechten Feierabend gemacht hatte,[2] pflegte er noch ein Stündchen auf der Werkstätte herumzustöbern, ohne Zweck und Ziel[3] eigentlich, nur weil er die „schwarze Suse" nicht verlassen wollte. Am liebsten hätte er bis zum Morgen als Nachtwächter neben ihr gestanden. Gerne mochte er hierbei eine Zeichnung oder ein paar seiner Bücher unter den Arm nehmen, ebenfalls ohne Zweck, denn es war ja finster — er wollte nur alles hübsch beieinander haben.

Das geschah in der größten Heimlichkeit, denn niemand hatte eine festere Überzeugung davon, daß Paul ein vollkommener Narr war, als Paul selber.

Eines Abends, als er im Dunkeln nach einem Buche kramte, das er mit hinunternehmen könnte, fiel ihm in dem hintersten Winkel seiner Schublade etwas Längliches, Rundes in die Hand, das fein in Seidenpapier gehüllt war.

Er fühlte in der Finsternis, wie er errötete. Es war Elsbeths Flöte. Wie war es nur möglich, daß er ihrer und der Geberin so selten gedacht hatte?

Er nahm die Flöte statt des Buches unter den Arm, schlich sich hinter den Schuppen und setzte sich auf den Dampfkessel. — Neugierig tastete er an den Klappen herum, er setzte auch das Mundstück an die Lippen; aber er wagte nicht einen Ton hervorzubringen, denn er wollte niemand aus dem Schlafe stören.

„Es wäre wohl schön," sagte er vor sich hin, „wenn ich allerhand liebliche Melodien blasen und dabei an Elsbeth denken könnte. Ich würde mich dann wieder einmal mit mir aussprechen können und wissen, daß ich auch für mich selber auf der Welt bin! Aber bin ich denn für mich selber auf der Welt?" fragte er, indem er sinnend eine Kurbel erfaßte. „Wie diese Kurbel sich dreht und dreht, ohne zu wissen, warum? und für sich selber nichts ist wie[1] ein totes Stück Eisen, so muß ich mich auch drehen und drehen und nicht fragen: warum? — — Es soll[2] ja Menschen auf der Welt geben, die das Recht haben, für sich selber zu leben

und die Welt nach ihren Wünschen zu bilden; aber die
sind anders geartet wie ich, die sind schön und stolz und
kühn, und um sie herum scheint immer die Sonne. Die
dürfen sich auch die Freude erlauben, ein Herz zu haben
und nach diesem Herzen zu handeln. Aber ich — ach, du
lieber Gott!" Er hielt inne und besah in trübseligem Sinnen die Flöte, deren Klappen in mattem Lichte durch die
Dämmerung schimmerten.

„Wenn ich so einer wäre," fuhr er nach einer Weile fort,
„dann würde ich ein berühmter Musiker geworden sein —
ich weiß wohl, da drinnen[1] sind viele Melodien, die noch
kein anderer gepfiffen hat — und wenn ich mein Ziel erreicht hätte, dann würde ich Elsbeth geheiratet haben —
und Vater würde reich und Mutter glücklich geworden sein.
Nun aber ist die Mutter gestorben, — der Vater ein armer
Krüppel, — Elsbeth wird einen andern nehmen — und ich
seh' mir die Flöte an und kann sie nicht blasen."

Er lachte laut auf, und dann rutschte er nach dem Vordergrunde hin, so daß er den Schornstein erreichen konnte.
Er streichelte ihn und sagte: „Aber diese Flöte, die will ich
spielen lernen, daß es 'ne Freude ist."[2]

———————————————————

Eines Freitagabends, zu Anfang März stand die „schwarze
Suse" blitzblank in ihrem neugeflickten Gewande da. — Am
nächsten Morgen sollte der Kessel probiert werden, und Holz
und Kohlen lagen bereits aufgeschichtet an den Wänden des
Schuppens.

Schlaflos wälzte sich Paul in seinem Bette. Träge schlichen die Stunden dahin — eine Ewigkeit qualvollster Erwartung lag zwischen Mitternacht und Morgengrauen...

"Wird sie lebendig werden? Wird sie?"...

Die Uhr schlug eins — da hielt er sich nicht länger, kleidete sich an und schlich, die flackernde Laterne in der Hand, in die naßkalte Märznacht hinaus. Der Wind fing sich in seinen Kleidern, und der eisige Sprühregen schlug ihm seine Geißeln ins Gesicht.

Aus dem dunkeln Schuppen glotzte die "schwarze Suse" ihm mürrisch entgegen, als wolle sie nicht dulden, daß man ihre letzte Nachtruhe störe... Die Laterne warf einen gespensterhaften Schein über den unwirtlichen Raum, und die Schatten der Maschine tanzten bei jeglichem Flackern in grotesken Sprüngen auf der gelben Bretterwand.

"Ob ich den Meister wecke?" dachte Paul. "Nein, mag er schlafen, ich will den ersten Schmerz oder die erste Freude für mich allein haben."

Prasselnd flogen die Kohlenhaufen in den schwarzen Schlund... Ein blaues Flämmchen zuckte auf, züngelte ringsumher, und bald erfüllte rötliche Glut den finsteren Raum... Trübe blinzelte die Laterne von der Wand hernieder, als sei sie neidisch auf den warmen, frohen Feuerschein.

Paul setzte sich auf einen Kohlenhaufen und schaute dem Spiel der Flammen zu... Die Tür der Feuerung begann sich rötlich zu färben, und durch den Rost sanken, funkenspritzend, halb ausgeglühte Schlacken.

Paul hörte sein Herz klopfen, und wie er seine Hand beruhigend darauf preßte, fühlte er in der Brusttasche Elsbeths Flöte. Er hatte sie an dem Tage, da die Arbeit wiederaufgenommen wurde, auf der Lokomobile liegen gefunden und seitdem bei sich getragen.

„Ob ich auch das wohl noch lernen werde?" fragte er in banger Freudigkeit über das bisher Errungene. — Er setzte die Flöte an den Mund und versuchte zu blasen — die Minuten schlichen langsam, er mußte sich die Zeit vertreiben. — Aber die Töne, die er hervorrief, klangen hohl und gequetscht — eine Melodie ließ sich noch weniger zusammensetzen.

„Ich lern's doch nicht mehr," dachte er. „Was ich für mich selber tue, mißlingt, — das ist nun einmal Gesetz in meinem Leben. Für andere muß ich säen, wenn ich ernten will."

Aber trotzdem setzte er die Flöte wiederum an die Lippen. „Es wäre schön," dachte er, „wenn ich ein Künstler geworden wäre, wie Elsbeth es mir prophezeite, anstatt daß ich hier Maschinen anheize."[1] — Ein Schauer der Erregung durchrieselte ihn.

„Wird sie lebendig werden? Wird sie?" . . .

Ein neuer quäkender Ton entrang sich der Flöte. „Brr," sagte er, „das geht durch Mark und Bein. Lieben und Flötespielen werd' ich wohl andern überlassen müssen."

Und in diesem Augenblick erhob sich im Innern der „schwarzen Suse" jenes geheimnisvolle Singen, das ihm all die Jahre hindurch treu in der Erinnerung geblieben.

„Hei, das ist 'ne schönre Musik!" rief er aufspringend und schleuderte die Flöte von sich... Die eiserne Tür klirrte... Neue Kohlenhaufen verschlang der glühende Rachen... Die Schaufel flog rasselnd auf den Boden.

„Sie werden im Hause erwachen," dachte er, für einen Augenblick erschrocken, „aber mögen sie,[1] mögen sie!" fuhr er fort, „es gilt ja ihr Glück, ihre Zukunft."

Lauter und lauter wurde das Singen, da faßte ihn plötzlich der Übermut, daß er hell zu pfeifen begann. — „Wie gut das klingt! Ja, wir verstehen uns auf das Musikmachen — wir sind stramme Musikanten, Suse — was?"[2]

Der Schlot gab mächtige Wolken schwarzen Qualmes von sich, die wie ein Baldachin sich unter der Decke verbreiteten, wogend und schwellend, als führe ein Sturmwind durch die Falten... Das eine der Ventile ließ einen leisen zischenden Ton vernehmen, und ein weißes Dampfwölkchen spritzte empor, das sich rasch mit dem schwarzen Rauche vermischte... Lauter und lauter wurde das Zischen, weiter und weiter rückte der Zeiger im Manometer...

„Jetzt ist's Zeit!"...

Mit zitternden Händen tastete er nach dem Hebel... ein Ruck... ein Schwung... und wirbelnd, wie von Geisterhänden gejagt, kreist das Rad in die Runde.

„Viktoria — sie lebt — sie lebt!"

Nun mögen sie hören, mögen kommen! Seine Hand zerrt an der Klappe der Dampfpfeife, und gellend ruft ihr Schrei in die Nacht hinaus:

164 Frau Sorge

„Ich leb', ich lebe!"

Da faltete er die Hände und murmelte leise: „O Mutter, das hättst du noch erleben müssen."[1] Und wie er das sagte, kam es plötzlich über ihn, als wäre auch dieses vergebens, als säße auch ihm der Tod im Nacken und schrie' ihm ins Ohr:

„Du stirbst, du stirbst — ohne gelebt zu haben."

„Noch hab' ich zu schaffen," sagte er mit feuchtem Auge, „erst will ich die Schwestern glücklich wissen — denn bleiben sie arm, so werden sie roh behandelt — erst will ich den Hof in Pracht erstehn sehn, dann mag er[2] kommen."

Und wie die schwarzen Wolken ringsum, so türmten sich aufs neue Jahre der Knechtschaft, Jahre des Ringens, des Sorgens vor seinem Blick empor.

Mit verschlafenen Gesichtern tauchte die Hausgenossenschaft im Tore des Schuppens auf, auch die Schwestern fanden sich ein und standen in dem Qualm und dem Feuerschein ängstlich aneinander geschmiegt, in ihren weißen Nachtkleidchen anzuschauen wie zwei blasse Rosen an demselben Stengel.

„Hier wird eure Zukunft bereitet, ihr armen Dinger,"[3] murmelte er, indem er ihnen zunickte.

Als der Meister zur Stelle war, ging Paul in das Schlafzimmer des Vaters, der ihm aus dem Bette verstört entgegenstarrte.

„Vater," sagte er bescheiden, wiewohl sein Herz vor Stolz sich schwellte, „die Lokomobile ist instand gesetzt;

sobald der Grund aufgetaut ist, können die Arbeiten auf dem Moor beginnen."

Der Alte sagte: „Laß mich in Ruh'!" und drehte den Kopf nach der Wand.

———————————————————

Als am andern Morgen die Lokomobile ins Freie gezogen wurde, ertönte auf der Schwelle des Schuppens ein eigentümlich prasselnder, quetschender Laut.

„Es ist etwas unter die Räder gekommen," sagte der Meister.

Paul sah nach. Da lag, als ein Häuflein Trümmer, mitten durchgebrochen und plattgedrückt — Elsbeths Flöte.

Ein bitteres Lächeln zog über sein Gesicht, als wollte er sagen: „Nun hab' ich dir auch mein Letztes geopfert, nun kannst du doch zufrieden sein, Frau Sorge?"

Seit diesem Tage war ihm zu Mute, als sei das letzte Band zwischen ihm und Elsbeth zerrissen. Er hatte sie verloren, wie sein Träumen, sein Hoffen, seine Würde, sein Selbst ...

Mit Hallo wanderte die „schwarze Suse" ins Moor hinaus. —

XIX.

Die Jahre gingen dahin. Lange schon lebten die Schwestern als glückliche Hausfrauen, die Mitgift war herausbezahlt, und die Schwäger fingen bereits an, bei Paul einen Pump aufzunehmen.

Wie schweigsam war es nun erst[1] auf dem stillen Heide=
hof! Der Vater humpelte jetzt wohl an einer Krücke in
Haus und Garten umher, aber er war viel zu träge ge=
worden, um das Szepter noch einmal zu ergreifen. Je
prächtiger sein Leib gedieh, desto bitterer und verbissener
wurde sein Gemüt. Eine seiner fixen Ideen war, daß
sein Sohn ihn absichtlich unterdrücke, damit er den Ruhm
der großen Ideen, die er selber ausgeheckt, für sich in An=
spruch nehmen könne.

Aber noch anderes wuchs in dem dunkelsten Grunde
seiner Seele, ein Racheplan gegen Douglas, den er heimlich
pflegte und großzog als sein eigenstes Geheimnis. Selbst
die Schwiegersöhne, denen er sonst gern sein Herz aus=
schüttete, erfuhren nichts davon. Ulrich[2] äußerte einmal
zu Paul:

„Nimm dich in acht, der Alte führt was gegen Douglas
im Schilde."

„Was sollte das wohl sein?" erwiderte er, scheinbar un=
besorgt, wiewohl er sich schon manchmal darüber Gedanken
gemacht hatte.

Dumpf und stumpf lebte Paul seine Tage dahin. —
Sein ganzes Innenleben war der platten Sorge um Gut
und Geld verfallen, doch ohne daß er je an dem Erworbenen
Freude gefunden.[3]

Manchmal überkam ihn eine tiefe Bitterkeit, wenn er
den Zweck seiner Arbeit, seiner Sorge, seiner durchwachten
Nächte mit dem verglich, was er dafür hingeopfert. —

Es schien ihm etwas ungeheuer Stolzes, Reiches, Glück=
bringendes gewesen, nur wußte er ihm keinen rechten Namen
zu geben.

Von diesem Grübeln befreite er sich am besten, indem
er sich kopfüber in neue Arbeit stürzte, und lange Zeit ver=
ging, bis ihn die Krankheit wieder packte.

Der Heidehof gedieh inzwischen prächtiger von Jahr
zu Jahr: die Schuld an Douglas war getilgt, die Felder
florierten, und auf den Wiesen weidete edles Rassenvieh.
Der ganze Hof sollte ein neues Gewand erhalten. Wohn=
haus, Stall und Scheune, alles sollte von Grund aus er=
neuert werden. — Und eines Frühlings begann es im Hofe
zu wimmeln von Arbeitsleuten aller Art. Das Wohnhaus
wurde niedergerissen, und während Paul für sich eine höl=
zerne Baracke zum Wohnsitz wählte, ließ der Vater sich
leicht bereden, zu einem der Schwiegersöhne überzusiedeln.

„Ich werde nicht mehr wiederkommen," sagte er beim
Abschiede, „ich bin nicht mehr imstande, dein verrücktes
Treiben anzusehen." Der erste aber, der sich im Herbste
wieder einfand, war der Alte. Er setzte sich behaglich in
seinen Lehnsessel und zog fortan auch die Schwiegersöhne
in sein Schimpfregister hinein. — Die mochten[1] ihn freilich
nicht mit Handschuhen angefaßt haben.

„Nun hab' ich keinen Platz mehr auf Erden, wo ich mein
graues Haupt zur Ruhe legen könnte," murrte er, während
er sich faul in den Polstern streckte.

Im nächsten Frühjahr kamen die Wirtschaftsgebäude

an die Reihe, besonders die Scheune sollte sich zu einem Schaustück ländlicher Pracht gestalten, als Denkmal jener fürchterlichen Nacht, welche der Mutter den Todesstoß gegeben.

Der Landmann, der nun über die Heide fuhr, machte wohl Halt, um die blanken Gebäude, die mit ihren roten Ziegeldächern ihm schon aus der Ferne entgegengeleuchtet hatten, bewundernd von nah zu sehen, und mancher schüttelte bedenklich den Kopf und murmelte das alte Sprüchlein:

> Bauen und Borgen,
> Ein Sack voll Sorgen!

Auf dem Moore draußen spie die „schwarze Suse" ihre schwarzen Wolken, die Messer der Schneidemaschine bohrten sich tief in den zähen Grund, und die Presse arbeitete langsam und schweigend wie ein gutwilliges Haustier. Ein neuerbauter Schuppen glänzte mit weißen Wänden im Sonnenlicht, und ringsherum erhoben sich die langen, schwarzen Mauern des gepreßten Torfes. Die Ziegel waren hart und schwer, mit wenig Fasern und viel Kohle. Sie schlugen ohne Mühe die Konkurrenz aus dem Felde und gewannen einen guten Ruf bis nach Königsberg hin.

Und als wollte der Himmel selbst das Weihfest geben, ließ er in diesem Jahre, dem siebenten seit der Mutter Tode, die Halme in solcher Fülle gedeihn und spendete so verschwenderisch Regen und Sonne, jedes zu seiner Zeit, daß es den Leuten schier unheimlich wurde vor all dem

Segen, und sie einander angstvoll fragten: „Kann das zum Guten sein?"

„Es wird wohl noch was dazwischen kommen, ein Hagelschlag oder dergleichen," sagte Paul, der stets auf das Schlimmste gefaßt war. Aber nein! hochgetürmt schwankte ein Erntewagen nach dem andern in die Scheuern, und der goldgelbe Ährensegen sank, Körner um sich streuend, in dem Fachwerk nieder, bis alles vollgepfropft war bis zum First hinauf.

Um dieselbe Zeit las er in der Zeitung, daß Elsbeth sich verlobt habe. Die Namen Elsbeth Douglas[1] und Leo Heller standen in schöngeschweiften Lettern dicht untereinander. Er fühlte keinen stechenden Schmerz, er erschrak nicht einmal, nur ein Lächeln voll wehmütiger Genugtuung umspielte seinen Mund, als er vor sich hinmurmelte:

„Ich hab's ja gleich gesagt."

Und dann erinnerte er sich des Schriftstücks, das der jüngere Erdmann einst in der Kirche herumgeschickt hatte, um ihn zu ärgern, und das ganz ähnlich gelautet, nur daß sein eigener Name an Stelle des fremden gestanden hatte. Und das war immerhin ein Unterschied.

Er hatte sie nun seit Jahren nicht gesehen. So dicht ihre Grundstücke nebeneinander lagen,[2] es gab kein Begegnen zwischen ihnen. Das „weiße Haus" leuchtete noch ebenso hell über die Heide in sein Fenster hinein, wie damals, als die Sehnsucht, zu ihm zu pilgern, in seiner Kinderseele erwachte; aber der magische Schimmer, der es damals, der es noch fünfzehn Jahre später umfloß, war verschwunden, verlöscht von den sinkenden Schatten der Alltäglichkeit.

„Mag sie glücklich werden!" sagte er und glaubte sich mit diesem Wunsche genugsam getröstet. —

Am nächsten Sonntag wurde in der Kirche das Erntefest[1] gefeiert. Paul saß in seinem Winkel, hörte die Orgel rauschen und den Pfarrer Lob und Dank zum Himmel rufen. Die Sonne leuchtete in tausend frohen Farben durch die gemalten Scheiben — just wie an seinem und Elsbeths Einsegnungstage, — aber auch düster und traurig in ihren aschfarbenen Gewändern stand noch immer die graue Frau und starrte aus großen, hohlen Augen auf ihn nieder. — — —

„Auch ich feiere heute ein Erntefest, das Erntefest meiner Jugend," dachte er, „aber allzu freudig ist es nicht." . . .

Der Gottesdienst ging zu Ende. Mit einem Triumphgesange entließ die Orgel die frohbewegten Beter, die sich auf dem eichenbeschatteten Vorplatz zusammendrängten, um einander glückwünschend die Hände zu reichen.

Als Paul die Stufen hinabschritt, erblickte er etwa fünf Schritte vor sich Elsbeth am Arme ihres Verlobten.

Sie schien gealtert und sah blaß und kränklich aus. — Als ihr Blick den seinen traf, wurde sie noch um einen Schatten blässer.

Er zitterte am ganzen Leibe, doch sein Auge wich nicht von ihrem Angesicht. Befangen griff er nach der Mütze, und an derselben Stelle, wo sie vor fünfzehn Jahren das erste Wort miteinander gesprochen, gingen die beiden schweigend und fremd aneinander vorüber. — — — — — —

— — — — — — — — — — — — — — — — — —

XX.

„Was mag der Vater da haben?" sagte Frau Käthe Erdmann zu Frau Grete Erdmann, die beide des Wegs dahergefahren kamen, um die Heimat zu besuchen und bei dieser Gelegenheit dem Bruder das Herz auszuschütten.

Der Alte stand geduckt in einem Winkel hinter der Scheune und machte sich in den Strohhaufen zu schaffen, die dort aufgeschichtet lagen. Als er den Wagen rasseln hörte, hielt er erschrocken inne und rieb sich die Hände wie einer, der sich Mühe gibt, unbefangen zu erscheinen.

Die beiden Schwestern sahen sich an, und Grete meinte: „Man müßte Paul einen Wink zukommen lassen."

O, sie waren sehr vernünftig geworden, die beiden Wildlinge, innen nicht minder als außen; ihre wirren, braunen Locken drückten sich glattgekämmt an den Ohren vorbei, und die glühenden Augen trugen einen müden Schimmer, als wüßten sie nun, wie's tut, wenn man in stiller Kammer sich satt weint.

Paul war nicht daheim, er arbeitete draußen im Moore; aber der Vater kam mit verschmitztem Lachen daher, und seine Krücke schwenkend, rief er: „Lauf' ich nicht wieder wie'n Junger?"

Frau Käthe sprach ihre Bewunderung aus, und Frau Grete stimmte ihr bei.

„Es geht wie geschmiert," lachte er, „vorgestern hab' ich sogar einen Spaziergang nach Helenental gemacht."

Erstaunt, fast erschrocken sahen sie ihn an, denn er war seit seinem Auszuge nicht mehr dort gewesen.

„Wie hat man dich empfangen?" fragte Frau Grete.

„Wer? Wie? — Ach, ihr dachtet wohl, ich hätt' 'ne Nachbarsvisite gemacht? Ihr seid mir die Rechten![1] Eher ging' ich bei eurem Hofhund zu Gaste und fräß' ihm die Hammelknochen weg!"

„Aber was tatst du denn dort?"

„Durchs Hoftor hab' ich geguckt, und hab' nach der Uhr gesehen, und bin dann wieder heimgegangen. Wie lange glaubt ihr wohl, daß ich brauche, um hinzukommen —? Ratet einmal!"

Sie hatten keine Ahnung.

„Anderthalb Stunden, akkurat wie ein Schnelläufer... Freilich," — er schaute sinnend vor sich hin, — „wenn man noch was trägt, kann's an die zweie[2] dauern."

„Und bloß um das auszurechnen, bist du...?"

„Bloß deshalb, mein Schatz, bloß deshalb!" Und seine Augen funkelten unheimlich.

Alsdann setzte man sich in die Veranda, welche Paul nach dem Muster des „weißen Hauses" vor der Türe hatte errichten lassen. Die alte Haushälterin, welche früher den Erdmanns die Wirtschaft geführt und nach der Heirat von dort zum Heidehof übergesiedelt war, mußte in die Küche wandern, um Kaffee zu kochen und Waffeln zu backen, und da der Vater mit seinen Töchtern nichts Besseres zu reden wußte, so schimpfte er auf Paul und die Schwiegersöhne. Er tat es heute weniger aus Liebe zur Sache, als aus alter Gewohnheit; seine Gedanken schienen ganz wo anders zu weilen, und während er sprach, rückte er mit unheimlicher Geschäftigkeit auf seinem Stuhle hin und her.

„Laß uns hineingehen!" sagte Käthe, „wir müssen uns ein wenig in der Wirtschaft umsehen, auch fliegen wir hier beinahe auf, so weht uns der Wind unter die Röcke."

„Es wird Sturm geben zur Nacht," meinte Grete. Und dann plötzlich wandten beide sich erschrocken um, denn das Lachen, das der Alte hören ließ, hatte so gar seltsam geklungen.

„Laß es nur Sturm geben," meinte er, ein wenig verlegen, „das schadet rein gar nichts. Gibt's bei euch in der Ehe nicht auch manchmal Sturm?"

In Käthens Antlitz blitzte es auf wie von alter Schelmerei, aber Grete zog die Mundwinkel herunter, als wollte sie weinen. Bei ihr schien der letzte[1] noch nicht ganz verwunden.

„Ja, es wird früh Herbst dieses Jahr," meinte sie mit einem Anfall von Melancholie.

Der Alte blies: „Wenn die Schwalben heimwärts ziehn,"[2] und Käthe meinte:

„Laß es Herbst werden, die Scheunen sind ja voll."

„Gott sei Dank," kicherte der Alte, „sie sind voll."

Die Schwestern hatten sich umschlungen und schauten, die Stirnen gegen die Scheiben gelehnt, auf den sonnbeglänzten Hof hinaus, auf welchem die Sandwolken in hohen Tromben zum Himmel wirbelten ...

Mit Dunkelwerden kam Paul nach Hause, schwarz, wie ein Mohr; denn der Torfstaub, der vom Winde umhergetrieben wurde, hatte sich ihm in Bart und Antlitz festgesetzt.

Er reichte den Schwestern stumm die Hand, blickte ihnen scharf in die Augen und sagte: „Hernach werdet ihr mir klagen."[1]

Grete sah Käthen an, und Käthe sah Greten an, dann lachten sie plötzlich hell auf, ergriffen ihn bei beiden Schultern und tanzten mit ihm in der Stube herum.

„Ihr werdet euch schwarz machen, Kinder," sagte er.

„Mein Liebster ist ein Schornsteinfeger,"[2] trällerte Grete, und Käthe sang den zweiten Vers: „Mein Liebster ist aus Mohrenland."

Darauf küßten sie ihn und liefen vor den Spiegel, um zu sehen, ob der Kuß abgefärbt hatte.

Als er hinausgegangen war, sich zu säubern, meinte Grete: „Drollig, er braucht einen bloß anzusehen, und alles ist wieder gut."

Und Käthe fügte hinzu: „Aber er selber ist heute schweigsamer als je."

„Paul, sei gut!" schmeichelten sie, als sie alle zusammen beim Abendbrotstische saßen, „wir dürfen nur alle Jubeljahr einmal hierher! ... Mach' uns ein freundlich Gesicht."

„Habt ihr vergessen, welch ein Tag heute ist?" erwiderte er, indem er ihre Haare streichelte.

Sie erschraken, denn sie dachten zuerst an den Todestag der Mutter; aber erleichtert atmeten sie auf — der fiel ja in die Johanniszeit.

„Nun?" fragten sie.

„Heute vor acht Jahren brannte unsere Scheune!"

Alle schwiegen — nur der Vater grollte und lachte in sich hinein. — — — — — — — — — — — .— —

Es fing an finster zu werden, über die Heide her glomm noch ein glühroter Streif, der einen Feuerschein über den weißgedeckten Tisch hinwarf ... An den Fensterläden rüttelte der Sturm.

Gut, daß die Haushälterin jetzt ins Zimmer trat. Eine geschwätzige Alte, die stets mit Neuigkeiten aufzuwarten wußte.

„Na, Frau Jankus, was gibt's Gutes?" rief Käthe ihr entgegen, froh, den Alp der Erinnerung loszuwerden.

„O, Madamchen," rief die alte Person, „wissen Se's[1] denn noch nicht? — In der Kirche geht's heute hoch her."

„Was ist denn los?"

„Hochzeit ist los! Das Fräulein Douglas macht morgen Hochzeit!"

Die beiden Schwestern schraken zusammen, warfen sich einen raschen Blick zu und schauten dann auf Paul. — Der aber drehte eine Brotkrume zwischen den Fingern und tat, als ob ihn die Geschichte nicht im mindesten anginge.

Die Schwestern warfen sich einen neuen Blick zu und nickten verständnisinnig. Dann ergriffen sie in gleichem Impulse seine beiden Hände.

„Kinder, ihr zerreißt mich ja!" sagte er mit einem schwachen Lächeln.

„So, dann gibt's ja heute Polterabend[1] drüben?" fragte der Vater, der plötzlich sehr lebendig geworden war.

„Wahrscheinlich, wahrscheinlich!" antwortete die Wirtschafterin. „Vorhin sah ich 'nen Haufen von Kindern vorübergehn, die waren ganz beladen mit alten Töpfen und sonstigem Gekrassel."

„Bei unserer Hochzeit haben sie's glimpflich gemacht," meinte Grete, und beide Schwestern sahen sich an und lächelten träumerisch.

„Das trifft sich ja prächtig," raunte der Alte und rieb sich die Hände.

„Warum prächtig?" fragte Paul.

„Ach, ich meine nur so[2] ... Zufall — derselbe Tag, wo sie unsere Scheune niederbrannten. Sag' mal — du, Paul, du warst ja wach — was war wohl die Uhr, als du die Flamme aufsteigen sahst?"

„Eins kann es gewesen sein."

„Na, du mußt's ja wissen. Was du in Helenental eigentlich zu suchen hattst, ist mir zwar noch heute unklar, aber es ist gut — ganz gut so —, ich weiß nun ganz genau, um wieviel Uhr es war!"

„Dann weißt du was Rechts,"[3] sagte Grete lachend.

„Weiß ich auch!" erwiderte er trotzig. „Wirst schon sehn, mein Töchterchen, wirst schon sehn!"

Käthe wollte der Schwester zu Hilfe kommen, aber Paul winkte ihnen heimlich zu, daß sie den Alten in Ruhe ließen.

Bald darauf nahmen die Schwestern Abschied.

„Du wolltest Paul ja sagen, daß der Vater hinter der Scheune Heimlichkeiten hat," sagte Käthe, als sie beide auf dem Wagen saßen.

„Ja, richtig!" erwiderte diese,[1] ließ den Kutscher halten und winkte Paul zu sich heran. Aber der Alte, der in seinem Mißtrauen überallhin zu horchen pflegte, drängte sich dazwischen, und so mußte es unterbleiben.

Als Paul bei seinem allabendlichen Rundgang in die Küche kam, gewahrte er, wie der Vater mit der Wirtschafterin um einen irdenen Topf unterhandelte.

„Wozu brauchen Sie den Topf, Herr Meyhöfer?" fragte die Alte.

„Ich will auch Polterabend feiern gehen, Frau Jankus!" erwiderte er mit einem hohlen Gelächter, „vielleicht schenken sie mir dort was vom Hochzeitskuchen."

Die Alte wollte sich schier zu Schanden lachen, und der Vater humpelte mit seinem Topfe in das Schlafzimmer, dessen Tür er sorgfältig hinter sich verschloß...

Das Haus war zur Ruhe gegangen, nur Paul trieb sich noch auf dem dunkeln Hofe umher.

„Also morgen macht sie Hochzeit," sagte er, die Hände faltend, „wenn ich ein guter Christ wäre, müßte ich nun

für ihr Glück ein Vaterunſer beten ... Aber ſo ein ſchlapper
Geſelle bin ich doch noch lange[1] nicht ... Ich glaub', ich
hab' ſie mal ſehr lieb gehabt, mehr lieb,[2] als ich ſelber
wußte ... Wie mag es nur gekommen ſein, daß ich ihr
ſo fremd geworden bin?" Er ſann und ſann, konnte aber
zu keinem rechten Schluſſe kommen.

Der Mond ging über der Heide auf — eine große,
blutrote Scheibe, die einen ungewiſſen Glanz über den
Hof hinbreitete ... Der Sturm ſchien ſich verſtärkt zu
haben ... Er pfiff in den Ecken und brauſte durch die
Wipfel ...

"Wenn heute eine Feuersbrunſt ausbräche, ſo würde ſie
mit der Scheune wohl nicht zufrieden ſein," dachte Paul,
und dabei fiel ihm ein, daß er dem Agenten ein Monitum
ſchicken müßte, damit er die Verſicherung beſchleunige.
"Denn man kann nicht wiſſen, was über Nacht geſchieht ...
Ich will ſchlafen gehn," ſchloß er ſeine Überlegungen,
"morgen iſt auch ein Tag und — ein Hochzeitstag dazu."

Auf Zehenſpitzen ſchlich er ſich in ſein Schlafzimmer, das
er ſich neben dem des Vaters eingerichtet hatte, um hilfreich
beiſpringen zu können, wenn dem alten Mann irgendwas
paſſierte. Er zündete kein Licht an, denn der höher ſteigende
Vollmond ſchien bereits hell in das Gemach.

"Ob du wohl heute noch einſchlafen wirſt?" dachte er eine
Stunde ſpäter. — Die Schatten der ſturmbewegten Blätter
tanzten auf der Bettdecke einen wilden Reigen, und zwi=
ſchendurch blitzten die Mondlichter wie weiße Flämmchen.

„In jener Johannisnacht schien der Mond ebenso hell," dachte er, und dabei fiel ihm ein, wie weiß das Nachtkleid Elsbeths unter dem dunkeln Mantel hervorgeleuchtet hatte.

„Das war doch die schönste Nacht in meinem Leben," murmelte er mit einem Seufzer, und darauf beschloß er, einzuschlafen, und zog sich zur Bekräftigung die Bettdecke über die Ohren . . .

Eine Weile darauf war es ihm, als hörte er im Nebenzimmer den Vater leise aufstehen und zur Tür hinaushumpeln . . . Deutlich hörte er, wie die Krücke auf den Steinfliesen des Hausflurs klapperte.

„Er wird wohl gleich wiederkommen," dachte er, denn es geschah öfters, daß der Vater in der Nacht noch einmal aufstand.

Hierauf überfiel ihn ein unruhiger Halbschlaf, in welchem allerhand schreckhafte Träume einander jagten. Als er vollends wiedererwachte, stand der Mond schon hoch am Himmel, kaum daß[1] noch ein Strahl ins Zimmer fiel. Doch Garten und Hof lagen gebadet in seinem Lichte.

„Seltsam — mir ist doch, als hab' ich den Vater nicht wiederkommen hören," sagte er vor sich hin. Er richtete sich auf und sah nach der Taschenuhr, die über seinem Bette hing.

Acht Minuten bis eins! . . . Zwei Stunden waren inzwischen verflossen.

„Ich werde wohl fest geschlafen haben,"[2] dachte er und wollte[3] sich wieder aufs Ohr legen, da schlug, vom Sturme geschüttelt, die Haustür klirrend ins Schloß, daß das ganze Haus in seinen Fugen erbebte.

Erschrocken fuhr er empor . . . „Was ist das? . . . die Haustür offen . . . der Vater noch nicht zurück?" Im nächsten Augenblicke hatte er Rock und Beinkleid übergeworfen und barfuß, barhäuptig stürzte er hinaus . . .

Die Tür, welche von des Vaters Schlafzimmer nach dem Hausflur führte, stand weit geöffnet. — Bleich vor Angst trat er an das Bett . . . dasselbe lag unberührt, nur zu Fußenden war in der bauschigen Bettdecke eine Lücke eingedrückt.[1] — Da also hatte der Vater gesessen, ohne ein Glied zu rühren, länger als anderthalb Stunden — augenscheinlich, um zu warten, bis er selber im Schlafe läge.

Was um des Himmels willen bedeutet das alles? —
Suchend irrte sein Blick im Zimmer umher . . . Dort im Winkel lagen umhergeworfen die wollenen Schuhe, in denen der Vater sonst den ganzen Tag über umherschlürfte, aber die Stiefel, die seit Monaten ungebraucht dort standen — die waren fort . . .

Wie — wollte der lahme Vater zur Nachtzeit auf die Wanderschaft? Sein Herz drohte, stille zu stehen . . . Er stürzte auf den Hof hinaus.

Taghell lag er vor seinen Blicken; nur soweit der Schatten der Scheune reichte, herrschte Nacht . . .

Der Sturm brauste in den Bäumen — der Sand wirbelte leuchtend empor, sonst alles still, alles leer . . .

Er durcheilte den Garten — keine Spur — hinter dem

Stalle — keine Spur . . . was ist das? Das Haustor[1]
offen? — Wo ist er hin? . . .

An seiner Seite winselte der Hund ihm entgegen — rasch
befreite er ihn. —

„Such' den Herrn, Turk, den Herrn!"

Der Hund schnüffelte am Boden entlang und rannte
nach dem Giebelende der Scheune, dorthin, wo die Stroh=
haufen lagen, die sich wie fahle Sandberge rings um die
Mauern auftürmten . . . Blendend lag das Mondenlicht
auf der weißen Tünche der Wand und schillerte auf dem
hellgelben Boden . . . Man hätte eine Stecknadel finden
können . . . Nichts war zu bemerken, nur an einer Stelle
schien das Stroh zerwühlt . . .

Aber halt! — wie kommt die Leiter hierher, die an der
Wand lehnt? Die Leiter, die noch vor zwei Stunden an
der Innenseite des Zaunes platt auf dem Boden gelegen?

Wer hat sie von ihrem Platze genommen?

Und — beim Himmel, was ist das? — — — Wer
hat die Luke des Giebels geöffnet? Die Luke, die er
selbst von innen verriegelt hat, ehe die Garben das Fach=
werk füllten? — — —

Unten am Fuße der Leiter schimmerte der Boden feucht,
als habe man eine Flüssigkeit verschüttet . . . Ein Dunst
von Petroleum stieg aus der Lache empor.

Mit zitternden Händen griff er in die Halme hinein, die
den Boden bedeckten. Ja, sie waren naß, und der üble
Geruch teilte sich den Fingern mit, die sie berührt hatten.

Er fühlte seine Knie wanken, eine dumpfe, fürchterliche Ahnung umnebelte seine Sinne, — mit Mühe raffte er sich auf und stieg die Leiter hinan, bis er die Luke erreicht hatte.

Unten winselte der Hund ...

"Such' den Herrn, Turk, den Herrn!"

Das Tier brach in ein freudiges Heulen aus und rannte schnüffelnd im Kreise umher, bis er die Fährte gefunden zu haben schien.

Paul starrte ihm nach. Sein Leib zitterte fieberisch in qualvoller Erwartung.

Zum Hoftor ging des Tieres Weg. — Also wirklich! Der Vater war's gewesen, der es geöffnet hatte!

Aber dann — dann! Wohin wird er sich wenden?

"Such' den Herrn, Turk, den Herrn!"

Der Hund heulte noch einmal kurz auf und rannte dann spornstreichs auf dem Wege nach — Helenental von dannen.

Nach Helenental — was will der Vater in Helenental? Ja, hat er nicht jüngst davon gesprochen, er sei nachmittags dort gewesen, "probeweise," wie er sagte. — — Probeweise! — — Und wie seltsam, wie unheimlich hat er dazu gelacht.

Und heute noch — wie rätselhaft war sein Gebaren! und als vom Scheunenbrande die Rede war, was wollten da seine Worte,[1] daß es sich prächtig träfe heute? — warum gerade heute?

Nun gilt's des Rätsels Lösung finden,[2] eh's zu spät ist!

Hilfesuchend starrte er um sich.

Seine Hand tastete mechanisch in das Dunkel der Luken=

öffnung hinein und ergriff den Henkel einer Blechkanne, die
dort versteckt unter den Garben stand ... Es war der
Petroleumbehälter, den er gestern frisch hatte füllen lassen.
Und auf wessen Rat? Wer war gekommen und hatte ge=
sagt — —

„Vater, Vater, um Jesu willen, was willst du in
Helenental?"

Und jetzt — wie viel ist noch drinnen? Kaum halb voll
ist sie, kaum halb voll!

Und wie er sinnlos um sich weiter tastete, fand er
Pakete mit Streichhölzern, die rings um die Kanne ver=
streut lagen ...

Da sank die Binde von seinen Augen! Ein qualvoller
Schrei — „Er ist dabei, Helenental anzuzünden."

Alles rings um ihn wirbelte und wogte, seine Hände
umklammerten krampfhaft das Randbrett, sonst wär' er
rücklings herniedergestürzt.

Nun lag alles klar ... des Vaters wirres Reden, sein
Lachen, sein Drohen!

Aber noch war es Zeit. — Der Alte kroch ja nur an
seiner Krücke. — Wenn er selber sich zu Pferde warf —
ihm nachgaloppierte ...

„Ein Pferd aus dem Stall!" schrie er in den Sturm
hinein und sprang an der Leiter hinab ... Da plötzlich
zuckte es durch sein Hirn:

„Warum fragte der Vater so genau nach der Zeit, da
vor jenen Jahren[1] — — — Soll etwa zu derselben Minute

das Rachewerk sich vollziehen? Jesus, dann ist alles ver=
loren. Eins war die Stunde, die ich ihm nannte, — und
die Uhr ist eins . . ."

Eine wahnsinnige Angst packte ihn — wiederum flog er
die Leiter hinan.

Im nächsten Augenblicke mußte die Flamme drüben
emporsteigen.

Flammt es da nicht schon? Nein, nur der Mond ist's,
der in den Fenstern des „weißen Hauses" glitzert . . . Vater
im Himmel, gibt es keine Rettung, kein Erbarmen? Wenn
ein Gebet, wenn ein Fluch die Kraft besäße, daß die er=
hobene Hand erstarre! . . . Wer warnt ihn, wer gibt ihm
ein Zeichen, daß er umkehre auf seinem Wege? . . .

Aber da flammt's! — Nein . . . Noch eine Sekunde viel=
leicht, dann wird der Feuergleisch am Himmel stehen . . .

„Elsbeth, wach' auf!"

Ebenso wird es flammen, wie damals vor acht Jahren,
als ihm, der im Helenentaler Garten lauerte, der blutige
Schein die Glieder lähmte! — Wenn heute, wie damals,
über der Heide ein Gleisch aufstiege! Damit des Vaters
Hand erstarre, mitten im verbrecherischen Werke!

Gott im Himmel, laß ein Wunder geschehen! — Laß
einen Gleisch aufsteigen über der Heide, wie damals —
wie damals!

Flammen müßt' es — hier müßt' es flammen! Ein
Blitz müßte niederfahren auf den First des Heimatshauses,
damit die Lohe zum Vater hinüberschriee: „Halt ein, halt

ein!" — Und liegt denn alles klar und sternenhell? steigt keine Gewitterwolke über der Heide auf? — Vielleicht reckt er sich jetzt schon zum Strohdach empor! Vielleicht reibt er jetzt schon an den Hölzern! Im nächsten Augenblick kommt jede Warnung zu spät.

Flammen müßt' es — hier müßt' es flammen!

Und ist keine Fackel da, die ich schwingen könnte, ihn zu warnen?

Flammen müßt' es — hier müßt' es flammen!

Und wie er mit stieren, vorgequollenen Augen, ringend nach Rettung, um sich starrte, da loderte es plötzlich hell wie jene Flamme, die ersehnte,[1] durch sein irres Hirn.

Er jauchzte laut auf. —

„Ja, das ist's! Der Schreck wird ihn erstarren machen."

Rettung! Rettung um jeden Preis!

Mit beiden Händen ergriff er die Kanne, und in weitem Schwunge goß er den Inhalt über die aufgestapelten Garben . . .

Ein Griff nach den Streichhölzern — ein leises Zischen — der Sturm braust hohl in die Öffnung — und — hoch= auf spritzt die Flamme und pfaucht ihm ins Gesicht . . .

Ein wilder, gellender Schrei . . . Ihm wird es dunkel vor den Augen . . . er sucht einen Halt und greift blind= lings in das Feuer hinein . . . doch was er erfaßt, gibt nach, und — — in dem nächsten Augenblicke stürzt er, eine flammende Garbe krampfhaft umklammernd, in weitem Bogen mitsamt der Leiter rücklings in das Stroh . . .

Schon lodert sein Lager hell auf — noch hat er soviel Kraft, sich seitwärts hinabzukollern — im nächsten Augenblicke schon steht alles ringsum in Flammen...

Und der Sturm bläst hinein, da erhebt sich ein Pfeifen, ein Zischen, ein Singen hoch in den Lüften... schon leckt es feurig am Firste hinan.

Er stürzt auf den Hof zurück, der noch schweigend vor ihm liegt.

„Feuer — Feuer — Feuer!" geht gellend sein Ruf, die Schlafenden zu wecken...

In den Ställen, wo die Knechte liegen, wird es lebendig, aus den Kammern tönt ein Kreischen...

Schon ist das Dach in einen feurigen Mantel gehüllt. Die Dachpfannen[1] beginnen zu platzen und stürzen prasselnd zur Erde. Wo eine Lücke entsteht, spritzt sofort eine Flammengarbe gen Himmel.

Bis dahin hatte er mutterseelenallein auf dem Hofe gestanden und mit gefalteten Händen dem grausenvollen Werke zugeschaut; nun wurden die Türen aufgerissen, Knechte und Mägde stürzten schreiend auf den Hof.

Da seufzte er tief und erleichtert auf, wie nach vollbrachtem Tagewerk, und schritt langsam nach dem Garten, ehe daß einer ihm begegnete, — „hab' lange genug gearbeitet," murmelte er, die Tür des Zaunes hinter sich ins Schloß werfend. „Heut will ich ausruhen."

Mit schleppenden Schritten ging er den Kiespfad hinab,

wie ein Todmüder, und unaufhörlich sprach er vor sich hin: „Ausruhen — Ausruhen."

Sein Blick glitt matt in die Runde... Von Mondenglanz und Flammenschein in ein Meer des Lichts getaucht, lag rings um ihn der Garten da, und die Schatten der sturmgepeitschten Blätter liefen gespenstisch vor ihm her. Hie und da fiel ein Funke, wie ein Leuchtkäferchen anzuschauen,[1] auf seinen Weg. Er suchte sich die dunkelste Laube aus und verkroch sich in ihrem hintersten Winkel. Dort setzte er sich auf die Rasenbank und schlug die Hände vors Gesicht. Er wollte nichts mehr sehen und hören...

Aber ein stumpfes Gefühl der Neugierde hieß ihn nach einer Weile wiederaufschauen. Und wie er die Augen erhob, sah er die Lohe wie einen purpurnen, weißumsäumten Baldachin sich über dem Wohnhause wölben, denn dorthin stand der Sturm.

Da wußte er, daß alles dahin war.

Er faltete die Hände. Ihm war, als müßte er beten.

„Mutter, Mutter!" rief er, Tränen in den Augen, und reckte die Arme zum Himmel. — —

Und plötzlich ging eine merkwürdige Veränderung in ihm vor. Ihm wurde ganz frei und leicht zu Sinn; der dumpfe Druck, der all die Jahre lang in seinem Kopfe gelastet hatte, schwand, und hoch aufatmend strich er sich über Schultern und Arme, als wollte er sinkende Ketten abstreifen...

„So," sagte er, wie einer, dem eine Last vom Herzen fällt, „jetzt hab' ich nichts mehr, jetzt brauch' ich auch nicht mehr zu sorgen! Frei bin ich, frei wie der Vogel in der Luft!"

Er schlug sich mit den Fäusten vor die Stirn, er weinte, er lachte. Ihm war zu Mute, als sei ein unverdientes, unerhörtes Glück plötzlich vom Himmel auf ihn herabgefallen. —

„Mutter! Mutter!" rief er in wildem Jubel. „Jetzt weiß ich, wie dein Märchen endet. — Erlöst bin ich — erlöst bin ich!"

In diesem Augenblicke drang angstvolles Tiergebrüll an sein Ohr und brachte ihn wieder zur Besinnung — „Nein, ihr armen Viecher sollt nicht umkommen um meinetwillen!" rief er aufspringend, „eher will ich selbst dran glauben..."

Er eilte zurück nach der Hintertür des Hauses, wo Knechte und Mägde eifrig Möbel ins Freie schleppten.

„Seht den Herrn!" riefen sie weinend und wiesen einer dem andern seine nackten Füße...

„Laßt liegen!" schrie er, „rettet das Vieh!"

Eine Axt liegt am Wege. Mit ihr sprengt er die Hintertüren des Stalles, die nach den Feldern führen, denn der Hof ist schon ein Flammenmeer.

Wie im Traume sieht er Garten und Wiese mit Menschen sich füllen. Die Dorfspritze rasselt heran, auch auf dem Wege von Helenental wird es lebendig.

Drei-, viermal geht's in die Flammen hinein, die Knechte

hinter ihm drein; dann sinkt er, von Schmerzen[1] ohnmächtig, mitten in dem brennenden Stalle zusammen …

Ein Schrei, ein markerschütternder aus Weibermunde, ließ ihn noch einmal die Augen öffnen.

Da schien's ihm, als sähe er Elsbeths Angesicht, wie in Nebeln verschwindend, über seinem Haupte; dann ward es wieder Nacht um ihn. — — — — — — — — — —

XXI.

Beim ersten Morgengrauen fuhr ein gar trauriger Zug auf dem Wege nach Helenental über die herbstliche Heide. Zwei schmächtige Leiterwagen, die langsam hintereinander herschlichen. Auf ihnen fand alles Platz, was von dem Heidehof noch übriggeblieben.

In dem ersten lag, in Stroh gepackt, von Decken umgeben, sein Herr — mit Wunden bedeckt, bewußtlos … Das blasse, zitternde Weib, das sich angstvoll über ihn neigte, war die Gespielin seiner Jugend.

So holte sie ihn sich heim …

„Wir wollen ihn zu einer der Schwestern schaffen," hatte Herr Douglas gesagt; aber sie hatte die Hände auf Pauls Brust gelegt, von welcher die versengten Kleiderfetzen niederhingen, als wollte sie für immer Besitz von ihm nehmen, und hatte erwidert:

„Nein, Vater, er kommt zu uns!"

„Aber deine Hochzeit, Kind — die Gäste!"

„Was geht mich die Hochzeit an!" hatte sie gesagt, und der lustige Bräutigam hatte verblüfft daneben gestanden.

In dem zweiten Wagen lagen die wenigen Möbel, die gerettet waren, eine alte Kommode, ein paar Schubladen
5 mit Wäsche und Büchern und Bändern, irdene Schüsseln, ein Milcheimer und die lange Pfeife des Vaters. — —

Wo aber war der hingekommen?

Der einzige, der vielleicht Auskunft geben konnte, lag hier besinnungslos, am Ende schon gar mit dem Tode
10 ringend.

War er geflohen? War er in den Flammen zu Grunde gegangen? Die Mägde hatten sein Schlafzimmer leer gefunden, von ihm selber keine Spur.

„Mir ahnt nichts Gutes," sagte der alte Douglas, „An=
15 lage zur Verrücktheit besaß er schon immer, und wenn wir morgen seine Knochen im Schutte finden, so bin ich mir klar darüber, daß er selber die Scheune in Brand gesteckt und sich dann in die Flammen gestürzt hat."

Als sie aber eben durch das Helenentaler Hoftor fahren
20 wollten, hörten sie seitwärts von der Scheune her ein klägliches Hundegeheul und sahen einen fremden Köter, welcher die Vorderpfoten auf eine dunkel daliegende Masse gestemmt hatte und von Zeit zu Zeit an etwas zerrte, das wie der Zipfel eines Gewandes aussah.
25 Erschrocken ließ Douglas Halt machen und schritt dorthin. Da fand er den Gesuchten als Leiche liegen. Seine

Züge waren schrecklich verzerrt und die Arme noch halb
erhoben, als sei er plötzlich zu Stein erstarrt. Neben ihm
lag ein zerbrochener Topf, und eine Streichholzbüchse
schwamm in einer Lache von Petroleum, das in den leh=
migen Wagenspuren wie in Rinnen weitergeflossen war.

Da faltete der graue Riese seine Hände und murmelte
ein Gebet. Als er zum Wagen zurückkehrte, zitterte er am
ganzen Leibe, und seine Augen standen voll Wasser.

„Elsbeth, sieh dorthin," sagte er, „dort liegt die Leiche
des alten Meyhöfer. Er hat unser Gut anzünden wollen,
und Gott hat ihn erschlagen."

„Hat uns einer gerettet, so tat es dieser!" sagte Elsbeth.

„Was? Er soll alles geopfert haben,[1] er soll ein Brand=
stifter geworden sein — bloß um —"

„Frag' ihn!" sagte sie tonlos, und in aufsteigender Her=
zensangst schlug sie die Hände vor die Brust und wimmerte
laut.

„Geb' Gott, daß er noch einmal zu antworten vermöchte,"
murmelte Douglas. Dann erteilte er ein paar Knechten
den Befehl, daß sie die Leiche des Alten in das Wohnhaus
brächten. Nach einem Arzte war bereits gesandt worden,[2]
er selbst wollte zu den Schwestern fahren, um sie zu be=
nachrichtigen.

Mit verstörten Gesichtern kamen die Gäste dem Wagen
entgegengestürzt, der vor der blumengeschmückten Veranda
hielt.

„Elsbeth, wie siehst du aus? Elsbeth, schone dich!" riefen die Tanten und machten Miene, sie in Beschlag zu nehmen.

„Geht fort," sagte sie und wehrte die tätschelnden Hände mit einer Gebärde des Grauens von sich ab.

Auch der lustige Bräutigam, der während dieser Nacht eine gar klägliche Rolle gespielt hatte, kam herbei und versuchte ihr zuzureden, daß sie sich von dem hilflosen Leibe entferne. Sie aber schaute ihn mit irrem Blicke von oben bis unten an, als erinnere sie sich nicht, ihn jemals gesehen zu haben. — Ein Gefühl seiner Wertlosigkeit[1] mochte in ihm aufsteigen. — Beklommen und verschüchtert ließ er von ihr ab.

Die Tanten eilten händeringend zu dem alten Douglas, der, auf ein Fuhrwerk wartend, vor den Ställen auf und ab schritt. Seine mächtige Brust arbeitete schwer, seine weißen, buschigen Brauen preßten sich zusammen, und seine Augen schossen Blitze. — Ein Sturm schien durch seine Seele zu gehen.

„Erbarm' dich!" riefen die Weiber, „schaff' Elsbeth zur Ruhe, — sie muß sich erholen, — es scheint, als will sie[2] wahnsinnig werden."

„Wenn es so ist, wie sie sagt," murmelte er vor sich hin, „wenn er sein Hab und Gut geopfert hat! — — — Donnerwetter, laßt mich in Ruh'!" schrie er die Weiber an, die ihn umringten.

„Aber denk' an Elsbeth," riefen sie — „um zwölf Uhr kommt der Pfarrer — wie wird sie aussehen?" — —

„Das ist ihre Sache!" schrie er, „laßt sie nur machen! Sie weiß genau, was sie tut!"

In dem Augenblicke, in welchem Paul vom Wagen gehoben wurde, kam von dem Tore ein Häuflein Knechte daher, welche die Leiche seines Vaters trugen. ———

Dicht hintereinander wurden die beiden Körper in das „weiße Haus" getragen, und der Hund ging winselnd und schnuppernd hinterdrein. Es war eine traurige Prozession. ———

Elsbeth ließ Paul in ihr Schlafzimmer schaffen, schloß die Tür und setzte sich neben das Bett.

Vergeblich flehten die Tanten um Einlaß.

Um elf Uhr kam der Arzt und erklärte, bis zum nächsten Morgen bei dem Kranken bleiben zu wollen. Er hatte sich wohl[1] darauf eingerichtet, denn er war ein alter Freund des Hauses und gehörte zu den Hochzeitsgästen. Inzwischen sollte nach einer Wärterin telegraphiert werden.[2]

„Darf ich nicht bei ihm bleiben?" fragte Elsbeth.

„Wenn Sie können!" antwortete er verwundert.

„Ich kann!" erwiderte sie mit einem rätselhaften Lächeln.

Die Tanten pochten aufs neue. „Erbarm' dich, Kind!" riefen sie durch den Türspalt, „du mußt dich anziehen, du mußt zum Standesamt.[3] Der Pfarrer ist gekommen."

„Er kann wieder gehn!" antwortete sie.

Draußen ließ sich ein Murmeln vernehmen, auch der Bräutigam half ratschlagen.

„Was wollen Sie tun, mein Kind?" sagte der greise

Arzt und sah ihr forschend ins Auge. Da sank sie weinend vor dem Bette auf die Knie, ergriff Pauls schlaff herabhängende Hand und drückte sie gegen Augen und Mund.

„Das ist Ihr fester Wille?" fragte der alte Mann.

Sie nickte.

„Und wenn er stirbt?"

„Er stirbt nicht," sagte sie, „er darf nicht sterben."

Der Arzt lächelte traurig. „Es ist gut," sagte er dann, „bleiben Sie eine Weile bei ihm allein und erneuern Sie alle zwei Minuten den Umschlag. Ich werde inzwischen Ruhe schaffen."

Alsbald hörte man draußen Wagen vorfahren und den Hof verlassen. Eine Stunde später trat der Arzt wieder in das Krankenzimmer. „Das Haus ist bald leer," sagte er, „die Feier ist aufgeschoben."

„Aufgeschoben?" fragte sie angstvoll. — — —

Der alte Mann sah sie an und schüttelte den Kopf. Das Menschenherz zeigte sich ihm jeden Tag in neuen Rätseln. — — — — — — — — — —

Wochenlang schwebte der Kranke zwischen Leben und Tod. Das Nervenfieber, das sich hinzugesellt hatte, schien jede Hoffnung zu Schanden zu machen.

Elsbeth wich kaum von seinem Bette, sie aß nicht, sie schlief nicht, ihr ganzes Leben war aufgegangen in der Sorge um den Geliebten.

Der Alte ließ sie gewähren. „Sie muß ihn gesund machen," sagte er, „damit ich ihn fragen kann."

Der lustige Vetter fing an zu ahnen, daß seine Lage keine beneidenswerte war, und nachdem er sich von dem Oheim seine sämtlichen Schulden hatte bezahlen lassen,[1] verließ er Helenental.

Die Leiche des alten Meyhöfer war schon am Tage nach dem Brande von den beiden Zwillingen abgeholt worden. Sein rätselhafter Tod erregte großes Aufsehen, die Zeitungen der Hauptstadt berichteten davon, und was er sein ganzes Leben nicht erreicht hatte, sich als Held[2] gefeiert zu sehen, ward ihm[3] nun im Tode.

Im Hintergrunde aber lauerten die Gerichte auf Pauls Genesung.

XXII.

Der Verteidiger hatte geendet. — Ein Murmeln ging durch den weiten Schwurgerichtssaal, dessen Galerie von dichtgedrängten Köpfen starrte.

Wenn der Angeklagte die Wirkung des glänzenden Plaidoyers durch ein unbedachtes Wort nicht wieder verdarb, so war er gerettet.

Die Replik des Staatsanwalts verhallte ungehört.

Und nun klirrten die Lorgnetten und Operngucker. Aller[4] Augen wandten sich nach dem blassen, schlichtgekleideten Manne, der auf demselben Armensünderbänkchen saß, auf welchem vor acht Jahren der tückische Knecht gesessen hatte.

Der Präsident hatte gefragt, ob der Angeklagte noch etwas zur Erhärtung seiner Unschuld beizubringen habe.

„Schweigen, Schweigen!" ging es murmelnd durch den Saal.

Aber Paul erhob sich und sprach, erst leise und stockend, doch sicherer von Augenblick zu Augenblick:

„Es tut mir von Herzen leid, daß die Mühe, welche sich der Herr Rechtsanwalt gegeben hat, mich zu erretten, umsonst gewesen sein soll. Aber ich bin nicht so unschuldig an der Tat, wie er mich darstellt."

Die Richter sahen sich an. „Was ist das? — Er will gegen sich selber sprechen."

„Er hat gesagt, ich wäre durch die Angst so gut wie besinnungslos gewesen. Ich hätte gehandelt in einer Art von Wahnsinn, die mich in jenem Augenblicke unzurechnungsfähig machte. — Das ist aber nicht so."

„Er bricht sich den Hals," hieß es im Zuschauerraum.

„Ich habe mein ganzes Leben lang ein scheues, gedrücktes Dasein geführt und habe gemeint, ich könnte keinem Menschen ins Auge sehen, obwohl ich doch nichts zu verbergen hatte; wenn ich mich aber diesmal feige betrage, so glaub' ich, ich werd's[1] noch weniger können als je, und diesmal werd' ich auch Grund genug dazu[2] haben. — Der Herr Rechtsanwalt hat auch mein Vorleben als ein Muster aller Tugenden dargestellt. — Dem war aber nicht so.[3] — Mir fehlte die Würde und das Selbstbewußtsein, — ich vergab mir zu viel gegenüber den Menschen und mir selber. — Und das hat mich stets gewurmt, obwohl ich nie recht darüber ins klare kommen konnte. — Es hat zu viel auf mir gelastet, als daß[1] ich jemals hätte frei aufatmen können, wie der Mensch es muß, wenn er nicht stumpf werden und verkümmern soll.

„Diese Tat aber hat mich frei gemacht und mir das geschenkt, was mir so lange fehlte, — sie ist mir ein großes Glück gewesen; und ich soll so undankbar sein, daß ich sie heute verleugne? — Nein, das tu' ich nicht. — Sie mögen mich immerhin einsperren, so lange Sie wollen; ich werde die Zeit schon überdauern und ein neues Leben anfangen. — Und so muß ich denn sagen: ich hab' mein Hab und Gut in vollem Bewußtsein angesteckt, ich war nie mehr bei Sinnen, als damals, als ich die Petroleumkanne über mein Getreide ausschüttete, und wenn ich heute in dieselbe Lage käme, weiß Gott, ich tät' es wieder. — — — Warum sollt' ich auch nicht? — Was ich zerstörte, war meiner Hände Werk — ich hatte es in langen Jahren durch harte Arbeit geschaffen und konnte damit machen, was ich wollte. Ich weiß wohl, das Gericht ist anderer Ansicht, und dafür werd' ich meine Zeit auch ruhig absitzen. Aber wer litt denn auch Schaden außer mir? — Meine Geschwister waren alle gut versorgt, und mein Vater" — — er hielt einen Augenblick inne, und seine Stimme zitterte, als er fortfuhr: „Ja, wär's nicht besser, mein alter Vater hätte seine letzten Lebensjahre in Ruh' und Frieden bei einer seiner Töchter verbracht, als da, wo ich jetzt hingehe?

„Das Schicksal hat es nicht so gewollt. Der Schlag hat ihn gerührt, und meine Brüder sagen, ich sei sein Mörder gewesen. — Aber meine Brüder haben gar nicht das Recht, darüber zu urteilen, die kennen weder mich noch den Vater. Die haben sich ihr Lebtag nur um sich selber gekümmert und mich allein sorgen lassen für Vater und Mutter und Schwestern und Haus und Hof, und ich bin ihnen nur gut[1] genug gewesen, wenn sie was von mir haben wollten. — Sie wenden sich heute von mir; aber sie können mir in Zukunft gar nicht fremder werden, als sie mir gewesen sind.

„Meine Schwestern" — er wandte sich nach der Zeugenbank, wo Grete und Käthe mit verhüllten Gesichtern weinend saßen, und seine Stimme wurde weich wie von verhaltenen Tränen — „meine Schwestern wollen auch nichts mehr von mir wissen[2] — aber denen verzeih' ich's gern, die sind Frauen und aus zarterem Ton geknetet — auch stehen hinter ihnen zwei fremde Männer, die es sehr leicht haben, über meine ungeheuerliche Tat entrüstet zu sein. Sie sind nun alle von mir abgefallen — nein, nicht alle" — über sein Gesicht flog ein Leuchten, „doch das gehört nicht hierher. Eins aber will ich noch sagen, und mag ich selbst[3] als Mörder gelten: Ich bereue es nicht, daß der Vater durch meine Tat gestorben ist. Ich hab' ihn lieber gehabt,[4] da ich ihn tötete, als wenn ich ihn hätte leben lassen. Er war alt und schwach, und was seiner[5] wartete, war Schmach und Schande — er lebte ein so ruhiges Leben, und hätte so elend hinsiechen müssen. Da ist's besser, der Tod kam auf ihn herab, wie der Blitz, der den Menschen mitten in seinem Glücke erschlägt. Das ist meine Meinung, ich hab' mich

mit meinem Gewissen abgefunden und brauche niemandem
Rechenschaft abzulegen als Gott und mir selber. Und nun
mögen Sie mich verurteilen."

„Bravo!" rief eine dröhnende Stimme von der Zeugenbank in den Saal hinein.

Douglas war's.

Die greise Hünengestalt stand hochaufgerichtet, die Augen
blitzten unter den buschigen Brauen, und wie der Präsident
ihn zur Ruhe rief, setzte er sich trotzig nieder und sagte zu
seinem Nachbar: „Auf den kann ich stolz sein, was?"[1]

XXIII.

Zwei Jahre später war's an einem heitern Junimorgen,
da öffnete sich die rotgestrichene Pforte der Gefängnismauer und ließ einen Gefangenen heraus, der mit lachendem Gesichte in die Sonne hineinblinzelte, als wollte er
lernen, ihren Glanz aufs neue ertragen.[2] — — Er schwenkte
das Bündel, das er trug, in die Runde und schaute lässig
nach rechts und nach links, wie einer, der sich über die
Richtung seines Weges noch nicht im klaren ist, dem's aber
im Grunde gleichgültig scheint, wohin er sich verirrt. —

Als er den Giebel des Gerichtsgebäudes streifte, sah er
eine Karosse stehn, die ihm bekannt sein mußte, denn er
stutzte und schien mit sich zu Rate zu gehn. Alsdann
wandte er sich an den Kutscher, der mit seiner quasten=

geschmückten Pelzmütze hochmütig vom Bock herniederˍ
nickte. —

„Ist jemand aus Helenental hier?" fragte er.

„Ja, der Herr und das Fräulein. Sie sind gekommen,
5 Herrn Meyhöfer abzuholen."

Und gleich darauf ertönte es von der Freitreppe her:
„He, hallo, da ist er ja schon — Elsbeth, sieh, da ist er ja
schon!"

Paul sprang die Stufen hinan, und die beiden Männer
10 lagen sich in den Armen.

Da öffnete sich leise und schüchtern die schwere Flügelˍ
tür und ließ eine schlanke, in Schwarz gekleidete Frauenˍ
gestalt ins Freie, die sich mit wehmütigem Lächeln gegen
die Mauer lehnte und ruhig wartete, bis die Männer
15 einander freigeben würden.

„Da hast du ihn, Elsbeth!" rief der Alte.

Hand in Hand standen sie nun einander gegenüber und
sahen sich ins Auge, dann lehnte sie den Kopf an seine Brust
und flüsterte: „Gott sei Dank, daß ich wieder bei dir bin."

20 „Und damit ihr euch ganz für euch alleine[1] habt, Kinder,"
sagte der Alte, „fahrt ihr hübsch zu zweien nach Hause, und
ich will derweilen eine Flasche Rotspohn auf meines Nachˍ
folgers Wohl ausstechen. Ich hab's ja gut,[2] ich setz' mich
heute zur Ruhe."

25 „Herr Douglas!" rief Paul erschrocken.

„Vater heiß' ich, verstanden![3] Gegen Abend laß mich
holen! Du bist ja jetzt der Herr daheim! Adjes."

Damit polterte er die Stufen hinab. — — — — —

"Komm," sagte Paul leise, mit niedergeschlagenen Augen.

Elsbeth ging mit schüchternem Lächeln hinter ihm drein, denn da sie nun allein waren, wagte keiner sich dem andern zu nähern.

Und dann fuhren sie schweigend in die sonnige, blumige Heide hinaus.

Paul hatte sich tief in die Polster zurückgelehnt und schaute aus halbgeschlossenen Augen auf die Fülle lieblicher Wunder herab.

"Bist du glücklich?" fragte Elsbeth, sich zu ihm hinüberneigend.

"Ich weiß nicht," erwiderte er, "es will mir das Herz abdrücken."

Sie lächelte, sie verstand ihn wohl.

"Sieh dort, unsere Heimat!" sagte sie, auf das "weiße Haus" hinweisend, das sich schimmernd in der Ferne erhob. — Er preßte ihre Hand, doch die Stimme versagte ihm.

Am Waldesrande mußte der Wagen halten. — Beide stiegen aus und gingen zu Fuße weiter. Da sah er, daß sie ein weißes Päckchen unter dem Arme trug, welches er vorher nicht bemerkt hatte.

"Was ist das?" fragte er.

"Du wirst schon sehen," erwiderte sie, und ein ernstes Lächeln glitt über ihr Antlitz.

"Eine Überraschung?"

"Ein Andenken!"

Als sie den Wald betraten, bemerkte er zwischen den rötlich glänzenden Stämmen etwas Schwarzes, das mit Kränzen behangen[1] war.

„Was bedeutet das?" fragte er, die Hand ausstreckend.

„Erkennst du deine Freundin nicht mehr?" erwiderte sie. „Sie hat die erste sein wollen, die dich begrüßt."

„Die ‚schwarze Suse'," jubelte er und fing zu laufen an.

„Nimm mich mit," lachte sie keuchend, „du vergißt, daß wir fortab zu zweien sind."

Er nahm sie bei der Hand, und so traten sie vor das getreue Ungetüm, das am Wege Wache hielt.

„Altes Tier," sagte er und streichelte den rußigen Kessel. Und als sie weitergingen, schaute er sich alle drei Schritte nach ihr um, als könne er sich nicht von ihr trennen.

„Ich habe sie gut bewacht," sagte Elsbeth, „sie steht sonst dicht unter meinem Fenster, denn wir haben sie mit deines Vaters Erbschaft zusammen erstanden, damit sie dir nicht verloren ginge."

Als sie sich dem jenseitigen Waldesrande näherten, sagte er, auf zwei der Stämme zeigend, die zwanzig Schritte abseits vom Wege standen: „Hier ist der Platz, wo ich dich in der Hängematte liegen fand."

„Ja," sagte sie, „da war's auch, wo ich zum ersten Male merkte, daß ich nie würde von dir lassen können."

„Und hier ist der Wacholderstrauch," fuhr er fort, als sie ins Freie hinaustraten, „wo wir" — und dann plötzlich schrie er laut auf und streckte beide Hände ins Leere.

„Was ist dir?" rief sie, angstvoll zu ihm aufschauend.
Er war totenblaß geworden, seine Lippen zitterten.

„Er[1] ist fort," stammelte er.

„Wer?"

„Der — der — mein — mein Eignes."

Wo sich einst die Gebäude des Heidehofes erhoben hatten, breitete sich nun eine flache Ebene aus, nur einzelne Bäume streckten kümmerliches Geästel in die Lüfte.

Er konnte sich an den Anblick nicht gewöhnen und verdeckte das Gesicht mit den Händen, während ein Schüttelfrost durch seinen Körper ging.

„Sei nicht traurig," bat sie. „Papa hat ihn nicht wiederaufbauen lassen wollen, ehe du nicht[2] deine Anordnungen getroffen hättest..."

„Komm hin," sagte er.

„Bitte, bitte, nein," erwiderte sie, „es ist dort nichts zu sehen — außer ein paar Schutthäufchen — ein andermal, wenn du nicht so erregt bist..."

„Aber wo werd' ich schlafen?"

„In demselben Zimmer, in dem du geboren bist... Ich hab's für dich herrichten lassen und die Möbel deiner Mutter hineingestellt. Kannst du nun noch sagen, daß du die Heimat verloren hast?"

Er drückte ihr dankbar die Hand, sie aber wies auf den Wacholderstrauch, der ihm vorhin aufgefallen war.

„Komm lieber dorthin," sagte sie, „leg' den Kopf auf den Maulwurfshügel und pfeif' mir eins. Weißt du noch?"

„Ob¹ ich weiß!"

„Wie lange ist's her?"

„Siebzehn Jahre!"

„Ach, du lieber Gott, und so lang lieb' ich dich nun
schon und bin darüber eine alte Jungfer geworden...
Und gewartet hab' ich auf dich Jahr um Jahr! Aber du
hast nichts davon sehen wollen. Endlich muß er doch kom=
men, dacht' ich mir, aber du kamst nicht... Und da bin
ich mutlos geworden und habe gedacht: aufdrängen kannst
du dich ihm doch nicht, schließlich will er dich gar nicht...
Du mußt ins klare kommen mit dir... Und um allem
Sehnen ein Ende zu machen, hab' ich dem Vetter das Ja=
wort gegeben, der schon an die zehn Jahre² an mir her=
umschwänzelte. Er hatte mich so oft zum Lachen gebracht,
und da glaubt' ich, er würde³ — aber still davon," — und
sie schauerte zusammen. „Komm, leg' dich hin, — pfeife!"

Er schüttelte den Kopf und wies mit der Hand schwei=
gend über die Heide hin, wo am Horizonte drei einsame
Fichten ihre rauhen Arme gen Himmel streckten.

„Dorthin!" sagte er, „ich hab' keine Ruh', eh' ich dort
gewesen bin."

„Du hast recht," sagte sie, und Hand in Hand schritten
sie durch das blühende Heidekraut, welches wilde Bienen
mit schläfrigem Summen umschwärmten.

Als sie den Kirchhof betraten, läutete vom „weißen
Hause" her die Mittagsglocke. Zwölfmal schlug sie an
mit kurzen scharfen Schlägen, ein leiser Nachhall verzitterte

in den Lüften, und dann ward's wieder still, nur das leise Summen und Singen dauerte fort. —

Das Grab der Mutter war dicht bewachsen mit Efeu und wilder Myrte. Schweigend standen sie beide da, und Paul zitterte. Keiner wagte die heilige Stille zu brechen.

„Wo haben sie den Vater begraben?" fragte Paul endlich.

„Deine Schwestern haben die Leiche nach Lotkeim hinübergeführt," antwortete Elsbeth.

„Es ist gut so," erwiderte er, „sie ist ihr Lebtag einsam gewesen, mag sie's auch im Tode sein. Doch morgen wollen wir auch zu ihm hinüber."

„Willst du bei den Schwestern einkehren?"

Er schüttelte traurig den Kopf. — Darauf versanken sie wieder in Schweigen. Er stützte den Kopf in beide Hände und weinte.

„Weine nicht," sagte sie, „es hat ja jetzt ein jeder von euch seine Heimat." Und darauf nahm sie das Päckchen, das sie unter dem Arme hielt, löste das weiße Papier der Umhüllung, und was sie zum Vorschein brachte, war ein altes Schreibheft mit zerzaustem Deckel und vergilbten Blättern.

„Sieh, das schickt sie dir," sagte sie, „und läßt dich grüßen."

„Wo hast du das her?"[1] fragte er erschrocken, denn er hatte die Handschrift der Mutter erkannt.

„Es lag in der alten Kommode, welche beim Brande gerettet wurde, zwischen Lade und Hinterwand geklemmt. Dort scheint es seit ihrem Tode gelegen zu haben."

Darauf setzten sie sich nebeneinander auf das Grab,

legten das Buch zwischen sich auf ihre Knie und fingen an zu studieren.

Allerhand alte Lieder standen darin, die waren fließend abgeschrieben, daneben andere halb durchstrichen und mit Verbesserungen versehen.

Da war eines, das lautete so:

  Schlaf ein, lieb Kind; lieb Kind, schlaf ein!
  Es wacht am Bett die Mutter dein,[1]
  Bis du in Traum gesungen.
         Schlaf ein!

  Das Glöcklein, das vom stillen Wald
  So sanft, so süß herüberhallt,
  Ist auch wohl bald verklungen.
         Schlaf ein!

  Schlaf ein, lieb Kind; lieb Kind, schlaf ein!
  Es glänzt im Hof der Mondenschein,
  Erzählt ein Märchen der Linde[2] —
         Schlaf ein!

  Vom Hirtensohn auf der Heide draus
  Und der Prinzeß im weißen Haus; —
  Da seufzen die Blätter im Winde.
         Schlaf ein!

— — — — — — — — — — — —

  Schlaf ein, lieb Kind; lieb Kind, schlaf ein!
  Es wacht am Bett die Mutter dein
  Und harret und harret beklommen;
         Schlaf ein!

  Wohl rinnt die Zeit, die Mutter wacht;
  Es naht, es naht die Mitternacht,
  Vielleicht wird auch Vater dann kommen.
         Schlaf ein!

Und gleich darauf stand in großen Buchstaben über=
schrieben:

Das Märchen von der Frau Sorge.

Es war einmal[1] eine Mutter, der hatte der liebe Gott einen Sohn geschenkt; aber sie war so arm und so einsam, daß sie niemanden hatte, der bei ihm Pate stehen konnte. Und sie seufzte und dachte: „Wo krieg' ich wohl eine Ge= vatterin her?" — Da kam eines Abends mit der sinkenden Dämmerung eine Frau zu ihr ins Haus, die hatte graue Kleider an und ein graues Tuch um den Kopf geschlungen; die sagte: „Ich will bei deinem Sohne Pate stehen, und ich werde dafür sorgen, daß er ein guter Mensch wird und dich nicht Hungers sterben läßt. Aber du mußt mir seine Seele schenken."

Da zitterte die Mutter und sagte: „Wer bist du?"

„Ich bin die Frau Sorge," erwiderte die graue Frau.

Und die Mutter weinte; aber da sie so großen Hunger litt, so gab sie der Frau ihres Sohnes Seele, und diese stand Pate bei ihm.

Und ihr Sohn wuchs heran und arbeitete schwer, um ihr[2] Brot zu schaffen. Aber da er keine Seele hatte, so hatte er auch keine Freude und keine Jugend, und oftmals sah er die Mutter mit vorwurfsvollen Augen an, als wollte er fragen:

„Mutter, wo ist meine Seele geblieben?"

Da wurde die Mutter traurig und ging aus, ihm eine Seele zu suchen.

Sie fragte die Sterne am Himmel: „Wollt ihr ihm eine Seele schenken?" Die aber sagten: „Dafür ist er zu niedrig."

Und sie fragte die Blumen auf der Heide; die sagten: „Dafür ist er zu häßlich."

Und sie fragte die Vögel auf den Bäumen; die sagten: „Dafür ist er zu traurig."

Und sie fragte die hohen Bäume; die sagten: „Dafür ist er zu demütig."

Und sie fragte die klugen Schlangen; die sagten: „Dafür ist er zu dumm."

Da ging sie weinend ihres Weges. Und im Walde begegnete ihr eine junge, schöne Prinzessin, die war von einem großen Hofstaat umgeben.

Und weil sie die Mutter weinen sah, stieg sie von ihrem Rosse und nahm sie mit sich auf ihr Schloß, das ganz von Gold und Edelstein gebaut war.

Dort fragte sie: „Sage, warum weinst du?" Und die Mutter klagte der Prinzessin ihr Leid, daß sie ihrem Sohne keine Seele schaffen könnte und keine Freude und keine Jugend.

Da sagte die Prinzeß:[1] „Ich kann keinen Menschen weinen sehen! Weißt du was?[2] — ich werd' ihm meine Seele schenken."

Da fiel die Mutter vor ihr nieder und küßte ihr die Hände.

„Aber," sagte die Prinzeß, „aus freien Stücken tu' ich's nicht, er muß mich darum fragen." — Da ging die Mutter

mit ihr zu ihrem Sohne; aber die Frau Sorge hatte ihm
ihren grauen Schleier um sein Haupt gelegt, daß er blind
war und die Prinzeß nicht sehen konnte.

Und die Mutter bat: „Liebe Frau Sorge, laß ihn doch
frei."

Aber die Sorge lächelte — und wer sie lächeln sah, der
mußte weinen — und sie sagte: „Er muß sich selbst be=
freien."

„Wie kann er das?" fragte die Mutter.

„Er muß mir alles opfern, was er liebhat," sagte Frau
Sorge. — Da grämte sich die Mutter sehr und legte sich
hin und starb. — Die Prinzeß aber wartet noch heute auf
ihren Freiersmann.[1] — — — — — — — — —

* *

„Mutter, Mutter!" schrie er auf und sank an dem Grabe
nieder.

„Komm," sagte Elsbeth, mit ihren Tränen kämpfend,
indem sie die Hand auf seine Schulter legte. „Laß die
Mutter, sie hat ihren Frieden, und uns soll sie nichts mehr
tun, deine böse Frau Sorge."

NOTES

Page 1. — 1. **Zum 16. November 1887**, the *thirty-first* anniversary of the marriage of the poet's parents — in spite of „vor dreißig Jahren" in line 3.

2. **Frau Sorge**, *Dame Care*, personification of care such as is well known from Horace (*Carmina* iii, 1. 40: *post equitem sedet atra cura*) and, in German literature, especially from Goethe's *Faust*, Part II, lines 11385–11498.

3. **die, so ... schliefen**, *those who slept* ... i.e. the children unborn as yet. — so archaic for the relative.

4. **verblichen**, supply war; the auxiliary is often omitted in dependent clauses.

5. **Erhobenen Arms**, adverbial genitive, *with her arms uplifted*, for a blessing; cf. page 2, line 9, Mit ... segnenden Händen. — Note that Arms is the genitive singular; cf. page 2, line 9, mit starrem Aug'.

Page 2. — 1. **verzagt** may be the second person plural of the imperative, or, more likely — on account of the position, the past participle.

2. **habt Ihr Euch ... gemüht** = wenn Ihr Euch ... gemüht habt.

3. **bei der Tage Neigen** = bei dem Neigen der Tage.

4. **Jungens**, colloquial plural in -s, from the Low German; cf. Mädchens, Kerls.

5. **blaue Glücksblumen**, the *blue miraculous flowers* of the German fairy-tale. Whoever finds one and puts it on his hat is supposed to discover the hidden treasure.

Page 3. — 1. **Frau Elsbeth**, leave untranslated. Pronounce Elß′bet.

2. **neben sich die Wiege ...**, *having* (or *with*) *the cradle ... at her side*. — Wiege is in the so-called accusative absolute.

211

3. **sich hören ließ,** 'let hear itself', i.e. 'let itself be heard' or better, *could be heard*.

4. **dahergefahren kam,** *came driving along*.

5. **Ist's so weit?** 'Have matters proceeded so far'? i.e. *has the time come* (when the house has been sold).

6. **Hangen und Bangen,** *anxious suspense*, a rhyming couplet, just as schalten und walten on page 11, line 4, weit und breit on page 66, line 17.

7. **quälen mußte,** *must have tormented*.

Page 4. — 1. **bekommen,** supply hatte; cf. page 1, note 4.

2. **ja,** *you know*, or *of course*.

Page 5. — 1. **erst vor ein paar Tagen,** *only a few days ago;* erst often means 'only', 'but', 'not until'.

2. **So,** *Indeed.* — **ich soll ... ihm,** *I suppose you want me to go begging to him;* ich soll etwas tun is often to be rendered by 'I am wanted (or expected) by someone to do something' = 'someone wants me to do something'; wohl often = 'I suppose'; bei ihm, lit.. 'near him' or 'at his house'.

3. **nicht doch,** *no, no!* doch is here intensive.

4. **tut's,** render by future.

5. **Douglas,** pronounce this originally Scotch name (cf. *Introduction,* page iv) thus: Düg'las.

6. **hätt' ... gejagt,** supply ich before hätt', *I should have most gladly chased him from the yard,* or *I should have liked best to chase him from the yard;* the pluperfect subjunctive regularly takes the place of the English conditional perfect, just as the preterit subjunctive takes the place of the English conditional present.

7. **hing doch ... sein ... Leben ab,** inversion with doch, the classical example of which is found in the first verses of Goethe's *Hermann und Dorothea:*

> Hab' ich den Markt und die Straßen doch nie so einsam gesehen,
> Ist doch die Stadt wie gekehrt, wie ausgestorben ...

doch, *in reality, in fact*.

8. **als hörte sie** = als ob (wenn) sie ... hörte.

9. **Was sollen uns ...?** *Of what use are to us ...?*

10. **ihrer fünfzig,** *fifty (thousand) of them.*

11. **indem du ... gehst,** *going ...,* or *by going ...*

Page 6. — 1. **du wärst ... geblieben,** cf. page 5, note 6; **wärst, hattst,** and **hättst** are colloquial forms for **wärest, hattest** and **hättest.** — Note position of **du**!

2. **spekulierte,** preterit subjunctive; cf. page 5, note 6.

3. **ließe sich ... verdienen,** cf. page 3, note 3.

Page 7. — 1. **mir,** ethical dative, not to be translated here.

2. **ließen sich ... ertragen,** cf. page 3, note 3.

3. **ich mit dem Bettelsack,** etc., portion of a well-known ditty which runs:

> Ich und mein junges Weib
> Können schön tanzen,
> Sie mit dem Bettelsack,
> Ich mit dem Ranzen.

4. **dir kann geholfen werden.** Note the impersonal construction in the passive voice of a verb intransitive in German. Translate **dir** as if subject.

5. **z. B.** = **zum Beispiel.**

6. **hieße,** preterit subjunctive, *would mean* or *be* (lit. 'would be called'); cf. page 5, note 6.

7. **manches,** say *many a part of it.*

Page 8. — 1. **Der Meyhöfer,** *That Meyhöfer.* The article before proper names expresses familiar acquaintance.

2. **zugegriffen;** the past participle and the infinitive are frequently used in place of the imperative (cf. page 2, note 1), especially in military commands.

Page 9. — 1. **sei.** The conversation between Frau Elsbeth and the one who announces her visitor is given in indirect discourse, hence in this and the following lines the subjunctive. Note that the tense (otherwise than in English) is the same as would be used in direct discourse.

2. **schwebenden Schrittes,** *with gliding steps;* cf. page 1, note 5.

3. **am liebsten möchte ich ...,** *I should like best,* or *I should very much prefer ...*

Page 10. — 1. **hat ... bereiten wollen,** *wanted to give me a sur-*

prise. The modal auxiliaries, and some verbs like laſſen, ſehen, helfen, hören, lernen, when accompanied by an infinitive, usually form the perfect, pluperfect, future perfect and conditional perfect with a form that looks like the infinitive.

2. **erworben,** supply hatte; cf. page 1, note 4.

3. **indem ich . . . bäte,** *by asking;* cf. page 5, note 11. The preterit subjunctive is in accordance with usage in indirect discourse.

4. **als ob dies ſo ſein müßte,** 'as if this had to be thus'=*as if it were a matter of course.*

5. **dadurch, daß ich . . . nehme;** this is a type of a very common idiom, dadurch introducing the clause with daß; transl. *by my taking.*

6. **uns** has the same reciprocal meaning as the following einander.

Page 11.

1. **das wir . . . bewirtſchaften laſſen wollen,** *which we intend to let a superintendent manage.*

2. **uns,** as the direct object of ſtören, is in the accusative. Supply another uns in the dative to go as indirect object with erweiſen.

3. **was frag' ich!** was may mean *what,* or, more probably, *why.*

4. **wehrte ſie haſtig ab,** *she said, checking her* (from calling them).

Page 12.

1. **ſein,** infinitive in place of imperative; cf. page 8, note 2.

2. **Ich habe mir ſagen laſſen,** lit. 'I have let people say to me', *I have been told;* cf. page 3, note 3.

3. **Wiſſen Sie was?** *I'll tell you what!*

4. **ſich,** cf. page 10, note 6.

5. **kamen . . . geſtürzt,** cf. page 3, note 4.

Page 13.

1. **Töpfer.** The potter sets up tile-stoves (Kachel= öfen) and mends them. — Note the lack of the article in an enumeration.

2. **ehe an einen Umzug zu denken war,** *before moving was to be thought of.*

3. **deſſen,** 'that one's', *his,* genitive of the demonstrative pronoun der and depending on Handlungsweiſe.

Page 14.

1. **Das jüngſte . . .,** cf. page 3, note 2.

2. **ihr . . . über die Wangen,** 'over her cheeks', *down her cheeks;* ihr is a possessive dative, a form of the dative of interest.

3. **Faſt hätte ſie laut aufgeſchrien,** *she nearly shrieked aloud;*

strictly, this is the conclusion ('she would almost have shrieked aloud') of a condition contrary to fact (for instance, 'if she had not controlled herself').

4. **dessen,** genitive of the relative pronoun das, depending on Wänden.

Page 15. — 1. **saß ... und starrte,** *she would sit ... and stare.*

2. **war er.** In translating, place *he was* immediately before *a healthy boy.*

Page 16. — 1. **ein und demselben;** in this combination ein is often left uninflected.

2. **eine Frau,** apparently in the nominative through attraction of the relative clause, although it is the apposition of einer grauen Frau.

Page 17. — 1. **denn,** say *pray* or *I wonder*, or omit altogether.

2. **Mochte er sie noch so flehentlich bitten,** *however urgently he implored her.*

3. **liebkoste;** for the rendering of this and the following preterits, cf. page 15, note 1.

Page 18. — 1. **riß ... eins ... über den Nacken,** *would occasionally strike Max or Gottfried over the back with his switch.* Max and Gottfried are in the dative case; cf. page 14, note 2. — eins, lit. 'one thing', must be translated according to the context, here it means *a cut*, or *stroke.*

2. **Kehrte er ... zurück** = Wenn er ... zurückkehrte. — Do not translate so or, at most, say *then.*

3. **Dann trat er wohl ...,** *then he was very likely to step ...*

4. **ihm ... über den Nacken** = über seinen Nacken, cf. page 14, note 2. — The relative clause, **der still daneben stand,** may here be rendered: *as he stood quietly beside her.*

5. **doch,** cf. page 5, note 7.

Page 19. — 1. **als ergösse ...,** cf. page 5, note 8.

Page 20. — 1. **Öffentlich durfte nicht von ihm gesprochen werden,** *they were not permitted to speak of it* (i.e. the white house) *openly.*

2. **öffnete,** cf. page 15, note 1.

3. **Glaskugel.** Large balls of colored glass on posts are often found in German gardens.

4. **man denke,** subjunctive, *just imagine!*

5. **spiegeln taten sie;** tun is used here as an auxiliary to emphasize the preceding infinitive; this use is rare compared with that in English.

Page 21. — 1. **sollte,** *was to.*

2. **wer das könnte!** *if one could do that!*

3. **tröstete er sich,** 'he consoled himself', i.e. *he said to himself by way of consolation.*

Page 22. — 1. **um . . . willen;** translate as if the more correct wegen had been used.

2. **mochte ihm auch noch so . . .,** cf. page 17, note 2.

3. **saßen die Ersten,** *occupied the first places.* In the common schools of Germany pupils are from time to time assigned seats according to proficiency.

4. **da würde was aus ihnen werden,** 'something would then become of them', *they would amount to something.*

5. **zu Bettlern,** *to be beggars.*

Page 23. — 1. **sollte,** cf. page 21, note 1.

2. **so selbstverständlich es stets gewesen,** *just as it always had been a matter of course.* — **so . . . war es auch,** *so it was also a matter of course.*

3. **er kam sich so wichtig . . . vor,** *he felt so important,* or *he took his new duty so seriously;* sich vorkommen = 'to seem to oneself'.

4. **das Maß . . . wäre;** for the position, cf. page 6, note 1.

Page 24. — 1. **gute Tante,** see *Introduction*, page iv.

2. **erst,** cf. page 5, note 1, but do not translate here.

3. **ging's an . . .,** *there began . . .*

Page 25. — 1. **indem er . . . schüttete,** cf. page 5, note 11.

2. **Ostern.** In Prussia the scholastic year begins after a vacation of several weeks, which is determined by the date of Easter.

3. **sind wir zu zweien,** *there are two of us;* some of the lower numbers, when not followed by a noun, may take the ending –e in the nominative and accusative, and corresponding endings in the genitive and dative.

4. **an Tuß,** baby prattle for einen Kuß.

5. **Paul steckte den Kopf ... hervor,** *Paul stuck out his head from between ...*

6. **er.** To what does er refer?

Page 26. — 1. **keines,** *neither of the two;* the neuter keines is used because it refers to two words of different gender at the same time.

2. **sie wolle,** subjunctive of indirect discourse.

3. **Tränenliese,** 'tearful Lizzie', *cry-baby;* some much used proper names are employed as common nouns, especially in compounds.

4. **wie** gradually replaces als after comparatives, ander, and similar words, especially if accompanied by a negation, just as als has almost completely replaced denn (see page 56, line 3) in like use.

5. **Stangen mit Leitern und Gerüsten;** these nouns refer to gymnastic apparatus.

Page 27. — 1. **letzten,** cf. page 22, note 3.

2. **es müsse so sein,** 'it had to be so', *it was a matter of course.*

3. **zu erzählen wußte,** *used to tell.*

4. **hundertjährige Dornenhecke,** a reference to Grimm's fairy-tale, *Dornröschen.*

Page 28. — 1. **man kann ja nicht wissen,** transl. *you never can tell!*

2. **so rasch ... konnte** = so rasch als er laufen konnte.

3. **seiner,** genitive of er.

4. **jetzt erst,** 'now for the first time', *not till now, only now.*

5. **weil ... eben,** *just because ...*

Page 29. — 1. **wie wenn ... zieht,** *like that of the beater drawn from the churn.* Note the present tense.

2. **Er ging ihm vorsichtig aus dem Wege,** *he carefully avoided it.*

3. **je größer ... stieg;** note the position of the verb and see Vocabulary sub je.

4. **sollte die selbst am Sonntage arbeiten?** *was that likely to work even on Sunday?*

Page 30. — 1. **ihn ... frieren;** mich friert or es friert mich = 'I feel cold', 'I am cold'.

2. **wöchentlich wohl drei-, viermal,** *perhaps three, four times a week.*

Page 31. — 1. **er mochte es nicht merken lassen,** 'he did not like to let notice it', i.e. *he did not want her to notice.*

2. **auch er;** note the position of **auch,** and translate *he, too.*

3. **wieder,** *in turn.* If **wieder** followed **die Mutter,** its meaning would be 'again'.

4. **bloß dazu da, um ... zu machen,** *here only to make ...;* **dazu** merely anticipates the clause with **um.**

5. **ihr Weiber habt klug reden,** *for you women it is easy to talk.* Perhaps a mixing up of **ihr habt gut reden** and **ihr redet klug**?

Page 32. — 1. **wir Männer ... Leben,** a reminiscence of the well-known passage in Schiller's famous *Lied von der Glocke:*

> Der Mann muß hinaus
> Ins feindliche Leben,
> Muß wirken und streben.

2. **geht mir mit euren Mahnungen,** *leave me alone with your exhortations;* for **mir,** cf. page 7, note 1.

3. **Zu Michaelis** (pronounce Mi=cha=e'=lis), *At Michaelmas.* The four yearly terms, at which notes fall due, servants are hired or discharged, houses are occupied or vacated, etc., are still designated by **zu Ostern, zu Johanni(s)** ('St. John's day', June 24th), **zu Michaeli(s)** (September 29th), and **zu Weihnachten.**

4. **oben** most likely refers to the *barn-loft.*

5. **als friere sie;** for the case of **sie,** cf. page 30, note 1. — The present subjunctive often takes the place of the preterit subjunctive in concessive clauses preceded by **als.**

6. **bemerkte ..., wie sie ... aufstand, ... überwarf und ... trat,** *noticed her getting up ..., putting on ... and stepping ...*

Page 33. — 1. **andern,** see Vocabulary.

2. **Laube;** for its location, see page 132, line 8.

Page 34. — 1. **Ihr glücklichen Kinder,** cf. page 31, note 5.

2. **Kommt ein Vogel geflogen.** The first stanza of this popular folk-song runs:

> Kommt ein Vogel geflogen,
> Setzt sich nieder auf mein'n Fuß,
> Hat ein'n Zettel im Schnabel
> Und vom Liebchen ein'n Gruß.

3. **Heil dir im Siegerkranz,** Prussian national anthem to the tune of *God Save the King* and *America*.

4. **ließ sie zusammenfahren,** *made her start, gave her a start.*

Page 35. — 1. **dessen,** cf. page 14, note 4.

2. **an sich hatte,** *possessed;* lay stress on an in pronouncing.

Page 36. — 1. **Karo! Nero!** The form of these names suggests Italian origin. Other names of dogs occurring in this story are Sultan and Turk.

2. **Kaffee,** i.e. the customary mid-afternoon lunch of coffee and rolls or cake.

Page 38. — 1. **auf die zu antworten,** *to answer which.*

2. **Und was kannst du denn schon alles?** *Well, what things can you do?* The modal auxiliaries are frequently used as transitive verbs.

3. **eins,** *a tune;* cf. page 18, note 1.

Page 39. — 1. **die eine,** *one (of them),* when two are mentioned.

2. **ist ... hineingeflogen.** Note the perfect in conversation in spite of the exact definition in time; use the preterit. Omit the ethical dative mir in translating.

3. **'runtergeschmissen,** for heruntergeschmissen; schmeißen is used a good deal colloquially, instead of the more literary werfen.

Page 40. — 1. **du,** *Say!*

2. **dachte bei sich,** *he meditated,* or *asked himself.*

3. **Immer 'ran** (heran), *Just come here! Come on!*

4. **rief ... und schnalzte ...;** the second of two such verbs, connected by und and accompanying a direct discourse, is best translated by the present participle, thus in this case ... *called out snapping* ...

5. **anderen,** cf. lines 13 and 22.

Page 41. — 1. **Heißt;** for the other form, cf. page 36, line 17.

2. **ich bin doch,** *why, I am.*

3. **sie ist ja,** *you know she is.*

4. **mag;** for the transitive use of mögen, see Vocabulary, and cf. page 38, note 2.

5. **keines,** cf. page 26, note 1.

6. **müssen nach Hause;** an infinitive of a verb of motion is as un-

necessary here in German as in the well-known English 'truth will out'.

7. **küss' die Hand.** It is customary, even now, in the eastern provinces of Germany to kiss the hands of one's superiors; cf. page 79, line 23 and page 80, line 1.

Page 42. — 1. **Schritt**; note the singular after ein paar, and cf. page 51, line 9.

2. **Du,** cf. page 40, note 1.

Page 43. — 1. **Er darf dir nichts tun,** *he must not do you any harm;* ich darf nicht regularly means 'I must not'.

2. **noch**; omit noch in translating, and replace der einzige by der letzte.

3. **Sie hätte**; differing from the construction on page 9, line 1 (see note), the tense of this indirect discourse is the same as it would be in English; habe would have been entirely correct. Cf., however, page 51, note 3.

Page 44. — 1. **gemieden hätte,** *avoided,* 'diplomatic subjunctive', a mild assertion of a fact.

Page 45. — 1. **kam ... abbitten,** *came and begged pardon;* kommen as well as gehen (cf. page 5, lines 7 and 25) are often used with the infinitive without zu.

2. **erst recht,** *more than ever.*

3. **Dafür ... auch,** *on the other hand.*

4. **nie und nimmer,** *never, never.*

5. **daran war nicht zu denken,** *that was not to be thought of.*

6. **es war wohl auch am besten so,** *after all, it was best this way.*

7. **Schülerverbindung;** *all* fraternities are forbidden among the pupils of secondary schools.

8. **Sallust,** accent on the last syllable. — **Cicero,** pronounce Zī'-ze-rō.

9. **schon allein,** *if for no other reason.*

10. **nichts ... als,** cf. page 26, note 4.

Page 46. — 1. **bei deren Anschauen ... schon,** *at the mere sight of which ...*

2. **dachte nicht anders, als,** 'didn't think otherwise than'; transl. *actually thought.*

3. **wandten sie sich vertrauensvoll,** *they applied with confidence;* a

hackneyed phrase from business-advertisements, here used with a tinge of irony.

Page 47. — 1. **Am meisten Furcht,** a very unusual word-order; we should expect Furcht after Paul.

2. **tat er ... kund,** see kund=tun in the Vocabulary; for wie say: *not only;* and for auch, *but also.*

3. **Seit er,** construe with hatte ... ausbrechen sehen; for hatte ... ausbrechen sehen, cf. page 10, note 1. Contrary to the general rule regarding dependent clauses, the auxiliary always precedes the infinitive in such combinations.—**ihrer,** genitive sing. of sie, cf. seiner, page 28, note 3.

Page 48. — 1. **hören würdet.** The use of the conditional in place of the preterit subjunctive in subordinate conditional clauses is increasing.

2. **trug sich mit Plänen,** *entertained plans,* or *had plans in his head.*

3. **Heimlich.** It is difficult to understand how all this could be done *secretly.*

4. **war nicht zu bewegen,** 'was not to be induced', *could not be induced.*

5. **Levy;** pronounce Lee=fi or Lee=vi.

Page 50. — 1. **hatte die Halsbinde im Nacken sitzen,** *had his neck-tie hanging* (lit. 'sitting') *behind;* notice the infinitive.

2. **erst als,** *only when;* cf. page 5, note 1 and page 28, note 4.

3. **So,** *There!* — **ihr,** cf. page 31, note 5.

Page 51. — 1. **gewandt,** translate *turning.*

2. **werde, seien, könne.** Note that these tenses of the indirect discourse agree with the rule laid down on page 9, note 1.

3. **würden.** The rule concerning the indirect discourse (see preceding note and page 43, note 3) is not observed here, because the subjunctive werden which it requires cannot be distinguished from the indicative. Note that hoffe in the same sentence is according to rule.

4. **drei Männer,** Sadrach, Mesach, Abednego; see Book of Daniel, Chap. III. The Lobgesang, although not contained in the English Bible, is found in some German Bibles as an apocryphal addition.

5. **nun ... erſt,** *above all.*

6. **ſaß;** the position of ſaß is rather unusual.

Page 52. — 1. **Starr vor Staunen ſtand,** notice the alliteration.

2. **große Zimmer,** usually called Wohnzimmer or Wohnſtube.

3. **ſchon,** *by and by.*

4. **bekam ſie Vaters ſchwarzen Hut aufgeſetzt,** less elegant than common for: wurde ihr Vaters ſchwarzer Hut aufgeſetzt.

Page 53. — 1. **was ſie tun ſollten,** *what (they were) to do.*

2. **mochte ... anwandeln,** *may have seized.*

3. **ſteckte in die Hoſentaſchen.** As it is not considered good form in Germany to place one's hands in the pockets of one's trousers, the author always makes his characters do so when they are in a certain frame of mind, such as indifference, or, as here, defiance.

Page 54. — 1. **ſich,** translate by possessive pronoun with Hände und Füße; however, it is the dative dependent on abhacken.

2. **eigen,** the nominative and accusative neuter singular of the strong adjective are still used without inflection in some set phrases, e.g., alt Eiſen, ſein eigen Fleiſch und Blut, dumm Zeug.

3. **Einem ... Hinſehn,** unusual position instead of Vom bloßen Hinſehn wurde einem ſchwindlig.

Page 55. — 1. **tat ... groß,** see groß=tun.

2. **für eine Woche,** unusual for eine Woche (lang).

3. **wie der Herrgott in Frankreich leben.** More usual is the simpler wie Gott in Frankreich leben. No satisfactory explanation of this phrase has been given; it seems, however, to contain a compliment to the richer country, in which it is a pleasure to live.

4. **wie,** cf. page 26, note 4. — **acht Tage,** the common German expression for *a week.*

5. **dreie,** cf. page 25, note 3.

Page 56. — 1. **denn,** cf. page 26, note 4.

2. **das Ende vom Lied** (more usual Liebe), a proverbial phrase, *the outcome of the matter.*

3. **ohne daß eines Menſchen Blick auf ſie fiel,** lit. 'without that a person's look fell upon it', i.e. *without anybody's eyes ever noticing it.*

4. **betaſtete,** cf. page 15, note 1.

Page 57. — 1. Konfirmandenunterricht, *confirmation class*, instruction preparatory to confirmation (Einsegnung) in the Protestant churches of Germany.

2. so wie so, *as it is.*

3. war's zufrieden; the old genitive es is now generally felt as an accusative, cf. page 112, line 20.

4. danach anticipates the clause auf seine Schultern zu nehmen, and is not to be translated.

5. sollten ... sagen können, *were to be able to say* ...

6. Philologie (accent on the last syllable), means here, as usually, the university study of the Greek and Latin languages and literatures, preparatory to teaching them at a Gymnasium.

Page 58. — 1. hätte ... mögen, 'would have liked to', *could have* ...

2. lauter, when meaning *sheer, none but, nothing but*, is regularly left uninflected and must not be confused with inflected forms of laut (*loud*).

3. ein Trauriges, unusual for etwas Trauriges.

4. darf ... nicht, cf. page 43, note 1. — Erden, archaic form of a feminine noun with inflection in the singular contrary to the present rule.

Page 59. — 1. seinem schwarzen. At the present time, the second of two adjectives not preceded by a modifier often shows a weak inflection in the dative singular of the masculine and neuter, and in the genitive plural.

2. des Studenten, *of his brother, the student.* Student', practically always, refers to students at universities.

3. An ... vorbei, *past.*

Page 60. — 1. Lasset, etc., is the German version of "*Suffer little children to come unto me*".

2. Schon der erste, *the very first;* notice the position of the verb.

Page 61. — 1. sich, *him.* Differing from the English, but much like the Latin, the German language requires a reflexive pronoun in an infinitive clause, where a pronoun preceded by a preposition refers back to the subject of the whole sentence.

2. Courage, pronounce g as *s* in 'pleasure', but sound the e as in German.

3. **auf sie,** *in regard to her.*

4. **hernach**; the more usual **nachher** is hardly ever used in this text.

Page 62. — 1. **gewartet haben mußte,** *evidently had waited;* the meaning of **hatte warten müssen** would be *had been obliged to wait.*

2. **Erdmanns**; the plural of family names often has an unnecessary **s**; more irregular yet is the plural **Erdmänner,** occurring on page 64, line 4, and often elsewhere.

Page 63. — 1. **so hübsch erwachsen klang es,** *it had such a nice, grown-up sound.*

2. **Auch er,** cf. page 31, note 2.

Page 64. — 1. **soll**; in less colloquial language we should expect **solle.**

2. **wie wenn man . . . hersagt,** *in the way a person recites;* cf. page 29, note 1.

3. **viel kränklich**; what would be '*very* sickly' in German?

4. **ging's,** i.e. **ginge es.** Notice here and elsewhere in indirect discourse the free interchange of present subjunctive and preterit subjunctive, and other corresponding subjunctives, without any difference in meaning.

Page 65. — 1. **ohne daß er . . . geredet hätte,** cf. page 56, note 3 and also page 44, note 1.

Page 66. — 1. **hat gemeint,** *thought;* **meinen** often means 'to give expression to one's thinking'; compare in English the double meaning of the expression 'to observe'. In conversation the perfect is much used where, in English, the preterit would be used.

2. **Wiesenfrauenhaar,** etc. Notice the alliteration; cf. page 52, note 1.

Page 67. — 1. **dumm Zeug,** cf. page 54, note 2.

2. **irgend etwas wirst du doch können,** *you can do something or other, I am sure.* The future may express a present probability. Cf. page 38, note 2 for the use of **können** as a transitive verb.

3. **darauf mußt du nichts geben,** *you must pay no attention to that.*

Page 68. — 1. **meinte,** *said;* cf. page 66, note 1.

2. **Ob!** *Does he?* or *I should say he does.*

3. **was** for etwas.

4. **daß Gott erbarm'!** *pitifully* (*stupid*); lit., 'God-a-mercy', an impersonal construction with Gott as object of the verb.

5. **wenn ich ... denke;** to complete the thought, insert before wenn ich something like: ich muß lachen.

6. **leuchtete auf.** What would be the position of auf according to general rules?

Page 69. — 1. **wohl;** note the force of wohl in this passage, differing from that of doch in the otherwise similar passage, page 67, note 2.

2. **lachte sie,** *she said, laughing,* or *she said with a laugh.*

3. **was?** say *are you not?*

4. **Ja ... habe sie angestrengt;** notice the combination of direct and indirect discourse.

5. **dankte;** do not translate literally, but see Vocabulary.

6. **ist nicht gut zu sprechen auf uns,** *bears us a grudge.*

7. **das würde,** etc., supply tun. — If the author intends these to be the literal words of Paul, there should be a colon in the place of the comma and das capitalized.

Page 70. — 1. **Es ist ganz hübsch bei euch,** *your place looks quite pretty.*

2. **Eule.** According to Grimm, the head of this ill-boding bird is nailed by hunters and peasants on gable and barn like those of other birds of prey.

3. **den ersten besten,** *the first ... we run across, the nearest.*

4. **dessen** is used instead of sein to prevent ambiguity.

Page 71. — 1. **Dornröschens Hecke,** cf. page 27, note 4.

2. **Hans-im-Glücke,** 'Jack in Luck', *Lucky Jack,* another hero in a well-known fairy-tale.

3. **Wird,** colloquial for Es wird.

Page 72. — 1. **des alten Fritzen.** Note the weak genitive of Fritz in der alte Fritz, the popular nickname of King Frederick (the Great) of Prussia who reigned from 1740 to 1786.

Page 73. — 1. **keines,** cf. page 26, note 1.

Page 74. — 1. **nichts;** the subject, unless it be an unaccented monosyllabic pronoun, is very often placed after objects and adverbial phrases.

2. **der eine,** cf. page 39, note 1.

3. **und wenn,** *even if*.

Page 75. — 1. **trug sich mit ... Plänen,** cf. page 48, note 2.

2. **war auf ... schlecht zu sprechen,** cf. page 69, note 6.

3. **Funken,** a later form by the side of Funke, just as Glauben, Frieden, Namen are used by the side of Glaube, Friede, Name.

4. **Genies;** sound the g as the *s* in 'pleasure' and accent second syllable, nies.

5. **nun einmal,** *once for all*.

Page 76. — 1. **vor aller Augen;** case of aller?

2. **Als Verlobte empfehlen sich,** the regular formula for *announcing an engagement* in newspapers and on cards meaning literally: The man and woman 'commend themselves' to the interest of their friends 'as engaged to be married', but always with the lady's name put first; cf. page 169, lines 10 and following.

3. **für einen Moment,** cf. page 55, note 2.

Page 77. — 1. **die Nacht über;** notice the position of über.

Page 78. — 1. **welches beides,** *both of which;* cf. page 26, note 1.

Page 79. — 1. **Lobe den Herren,** etc., one of the most famous Protestant church hymns; text and music by Joachim Neander (1610 to 1680).

Page 80. — 1. **war ein Entschluß ...;** what does the inverted word-order signify?

2. **keiner,** in this text usually keines (cf. page 26, note 1) when referring to two persons of different sex.

3. **mir,** cf. page 7, note 1.

4. **Glück.** The conception of Fortune as a winged goddess was originally a Roman conception.

Page 81. — 1. **was fing' ich wohl an,** 'what *should* I do'. Notice that wohl lends emphasis.

2. **ohne daß ... wagten;** the pluperfect subjunctive, as e.g. page 65, line 14, would be more idiomatic. Cf. also page 56, note 3.

3. **die weißesten;** the comparison of an adjective like weiß is rare.

4. **Du,** cf. page 40, note 1.

Page 82. — 1. **säete,** *sowed*, rather archaic for säte.

2. **Säelaken,** a sheet tied with a knot around the shoulder so as to form a bag in front, from which the sower easily takes the seed. This Säelaken appears on some well-known paintings which show the sower at his work.

Page 83. — 1. **Es lief ihm ... über den Nacken herab,** *he became first hot, then cold; alternately hot and cold.*

2. **machte sich daran, ... loszulösen,** *set about untying.*

3. **rot und goldenem.** The lack of inflection of the first adjective denotes that the one binding contains two colors.

Page 84. — 1. **da sie keinen anderen Rat wußte,** *as she didn't know what else to do.*

Page 85. — 1. **hatte ... lachen gesehen;** sehen is more usual than gesehen in such a compound tense; cf. page 10, note 1.

2. **die ... Zeit über,** cf. page 77, note 1.

3. **ach, du,** *dear me!*

Page 86. — 1. **grün-weiß-roten.** The coat being white, the ground-color of the cap was also white, but at its bottom the cap was surrounded by three narrow stripes, one green, one white, and one red. Cf. *Introduction*, page iv, for the fraternity wearing these colors and Sudermann's connection with them.

2. **was ... alles,** cf. page 38, note 2.

3. **der Betty Schirrmacher,** cf. page 8, note 1, but do not translate der here.

4. **alles,** *all of them*, note the neuter singular.

Page 87. — 1. **Heines Buch der Lieder,** the most famous work by Heinrich Heine (1797 to 1856), one of the greatest lyric poets of Germany, many of whose poems, set to music by Schumann, Silcher, and other composers, are universally popular.

2. **fliegen möchte,** etc. Elsbeth almost quotes (note the rhythm) from one of the poems of the book:

> Auf Flügeln des Gesanges,
> Herzliebchen, trag' ich dich fort,
> Fort nach den Fluren des Ganges,
> Dort weiß ich den schönsten Ort.

> Dort liegt ein rotblühender Garten
> Im stillen Mondenschein;
> Die Lotosblumen erwarten
> Ihr trautes Schwesterlein.

3. **wie . . . es,** *such as.*

Page 88. — 1. **Doch,** *Yes, you do.*

2. **hast . . . spielen gelernt;** the author might have said lernen; cf. page 10, note 1.

3. **würde reden können.** This passage shows an irregularity in word-order; for one similar, cf. page 47, note 3.

Page 90. — 1. **schien sie . . . auch** = wenn sie auch . . . schien, *even though she seemed.*

Page 91. — 1. **Hierin;** hierein would be more correct.

2. **wem sie wohl gelten mochte,** *who was perhaps the cause of it.*

3. **Frau Douglas,** dative case; for the position of the subject in a dependent clause, cf. page 74, note 1.

Page 92. — 1. **ließ sich das Leben gar sauer werden** (sauer = 'sour'; *fig.*, 'arduous') 'let his life become very arduous', *led a very laborious life.*

2. **ein hoffnungsloses.** Compare the English *a hopeless one;* but the uninflected adjective hoffnungslos would still be the rule in the predicate.

3. **durch Wochen hin;** the hin adds the meaning that through the weeks he had worked on with his aim constantly before him.

Page 93. — 1. **von neuem,** an adverbial phrase, *anew,* or *again.*

Page 94. — 1. **es** is not to be translated.

Page 95. — 1. **an der Mutter fand er . . . keinen Rückhalt mehr,** *he no longer found any support in his mother.*

2. **ließ sich . . . betrügen,** say *allowed the draper and the dressmaker to cheat him,* rather than 'allowed himself to be cheated by', etc.

3. **ließen . . . schenken,** say *allowed them to make presents of bouquets of violets to them;* but what is it in literal translation?

4. **Abstract of Chapter X:** The Meyhöfer family, without Paul, go to a popular festival in a near-by grove, where Paul later finds

them seated at a table together with Mr. Douglas and his party, among the latter Elsbeth's cousin, Leo Heller. The suspicious behavior of Paul's sisters and the Erdmann boys prevents a meeting between him and Elsbeth (who is anxious to see him alone), since his mother has charged him with watching over his wayward sisters. Meyhöfer urges Douglas to take shares in his peat project, and gets from him a reply which he interprets as a promise to do so.

5. **Johannisnacht**, *St. John's eve* (cf. page 32, note 3), *Midsummernight*, still celebrated in country-districts of Germany and other parts of Europe, principally by the kindling of large bonfires and jumping through them.

Page 96. — 1. **Pfarrers**, 'Pastor's', i.e. *the pastor's daughter*, without the article, being treated like a proper name, since there is only one pastor in the village.

2. **Gesellschaft**, what case?

3. **zog's ihn**, the indefinite es, *he was drawn*.

Page 97. — 1. **Liederbuche**, cf. page 87, note 1.

Page 98. — 1. **Willst du nicht näher treten?** *Won't you come in?* a very common phrase, by which persons are invited to enter someone's house or room.

2. **als**, followed by the inverted order = als ob.

Page 100. — 1. **es ist gleich vorüber**, *it will soon be over;* the present tense is equivalent to the English future, in connection with a word such as gleich (= sogleich).

2. **Ausweinen lassen**, *to let one have a good cry*, or *to let one cry to one's heart's content*.

3. **Capri**, a small island (for this reason auf, and not in) near Naples. It is one of the beauty-spots of the world, hence spoken of here as inciting *everyone* to *laugh and rejoice*.

Page 101. — 1. **Wer könnte das wohl?** Notice the force of wohl: 'Who *could* do that'?

2. **einer, mit dem du dich aussprichst**, *one to tell everything to*.

3. **so gut** = so gut als, *as well as, as accurately as;* the position of the verb at the end denotes the subordinate clause so clearly that als is found unnecessary.

Page 102. — 1. **die** takes up the preceding words; omit in translating.

2. **wenn es ihnen noch so nahe ist,** *if it is ever so near to them*, or *however near it is to them*.

3. **Ich wünschte,** subjunctive of a mild or tentative expression of opinion; in English the present indicative has to be used here.

4. **schon,** *somehow* (Gruener).

Page 103. — 1. **Auf einen selber ... ankommen,** *one's own person is not to be considered in such a matter*.

2. **und es ist nicht gekommen;** in thought, these words depend on **wenn,** although the word-order is that of an independent sentence.

3. **möcht' ... gar zu gerne,** *would be only too glad.* — **es,** *to have me so* (i.e. happy).

4. **du.** Whom does Paul address?

Page 104. — 1. **komm' ich, dir zu pfeifen;** for the more usual **kommen** with the infinitive without **zu,** cf. page 45, note 1.

2. **alle.** Is **alle** to be connected with **sie** or **ihr Leid**?

Page 105. — 1. **der Pfarrer,** etc., a rather unlikely fib of the twins.

2. **einen Mann,** use the plural *husbands*.

3. See page 95, note 4, "Abstract of Chap. X".

Page 106. — 1. **junior;** pronounce this originally Latin word strictly as a German word.

2. **die Ratten riechen den Speck,** a proverbial saying.

3. **Es wird sich machen,** *it will do*.

4. **machen;** supply the object, *one*. — **tröstete er sich,** cf. page 21, note 3.

5. **Revolution,** accent the last syllable, pronounce t as z, and o long.

6. **gelobten** is here the past participle of **geloben** 'to promise', not of **loben** 'to praise'. Note the alliteration in **gelobten Lande der Lust.**

Page 107. — 1. **einem,** notice the case and gender before translating.

2. **man sollte schon sehn,** 'they were certainly to see', i.e. *he was going to show them*.

3. **wir ... die Sporen verdienen,** *you will earn your spurs*. **Herr**

Douglas suggests that Paul, metaphorically speaking, is to be dubbed a knight today, if he shows himself a gallant cavalier.

Page 108. — 1. **allons**, French for gehen wir, much used in Germany; pronounce in the French way.

2. **sagte er und lächelte**, cf. page 40, note 4.

3. **Vetter Leo.** Elsbeth's cousin, Leo Heller, is introduced in a previous chapter omitted in this edition (see page 95, note 4); he is a young scapegrace, endowed with some social accomplishments which impress Paul and make him jealous.

Page 109. — 1. **ein schönes Spiel spielen**, a facetious allusion to the well-known words from Goethe's *Erlkönig* („Gar schöne Spiele spiel' ich mit dir"). Leo probably pronounces the words, Szpiel szpielen, as is sometimes done by fops, to attract attention.

2. **Est-ce que vous m'aimez?** French for *Do you love me?*

3. **Je vous adore**, French for *I adore you.*

4. **den Abend über**, cf. page 77, note 1.

Page 110. — 1. **ihr ... noch**, *to her, if to any one at all.*

2. **sich**, cf. page 61, note 1.

3. **unheimliche Wolfsmilch**, probably called *uncanny* on account of its somewhat poisonous property.

4. **Hansnarr**, *fool*, cf. page 26, note 3.

5. **was hatte er von ihr?** *what good was she to him?*

6. **ihn** is strongly contrasted with jeden.

7. **wie ... schmeichelte!** *how he flattered all of them!* Note that of these two coördinate sentences containing an exclamation, one (wie keck, etc.), has the word-order of an independent sentence, the other that of a dependent clause.

Page 111. — 1. **drinnen**, i.e. in the barn.

2. **darein**, cf. page 91, note 1.

3. **Aujust**, the Berlin term for a clown; it is the Berlin pronunciation of August (Augustus).

4. **den Zirkus**; with the definite article, this should be an allusion to the then famous Zirkus Renz.

5. **in seines Nichts durchbohrendem Gefühle**, *in the piercing feeling of his nothingness.* Leo, for humorous effect, quotes from Schiller (*Don Karlos*, 2. 1), a rather hackneyed passage which, in

its unnatural word-order, is liable to be misunderstood. Likewise, he uses many heavy and high-sounding words (superlatives!) in his little speech.

Page 112. — 1. **bilden zu wollen,** official language for the simpler zu bilden.

2. **auch so,** *even without that.*

3. **zum besten geben,** 'to give as a prize'; transl. *tell.*

4. **wollte,** *claimed.*

Page 113. — 1. **für eine Weile,** cf. page 55, note 2.

Page 114. — 1. **abgelöst,** *relieved,* i.e. at the piano.

2. **Nicht doch,** *Oh no;* cf. page 5, note 3.

3. **um Jahre,** *by whole years.*

Page 115. — 1. **hier gehör' ich her** = hierher gehör' ich, *hither I belong.*

2. **Amen,** accent on the first syllable.

Page 116. — 1. **der,** in place of was (which would be entirely correct here), shows the same attraction to the preceding noun as the English *that.*

Page 117. — **Kaffeetisch,** *breakfast-table.* As coffee is the principal item in the German breakfast, Kaffee is very commonly used instead of Frühstück.

2. **Torfspekulation;** for the pronunciation of the second part, cf. page 106, note 5.

Page 118. — 1. **mochte ... noch so langmütig sein,** *however forbearing ... might be;* cf. page 17, note 2, and page 22, note 2.

2. **Nachbarn;** note the weak inflection and compare with des Nachbars (page 121, line 4).

3. **Herr ———,** *Mr. ———.* Meyhöfer starts to say Herr Douglas, but does not finish.

4. **lieber Freund,** *my good man.*

Page 119. — 1. **Herr** is somewhat contemptuously used here and where Meyhöfer addresses Douglas in the following line.

2. **was erlauben;** supply, for the understanding, Sie sich, and see the Vocabulary, but do not translate in full.

3. **Er wird uns noch ... verscherzen,** *he will manage to make us lose ...*

Page 120. — 1. **die Hände in die Hosen gepflanzt,** cf. page 53, note 3.

2. **die viere,** more usual **alle viere**; for the inflection, cf. page 25, note 3.

3. **daran glauben müssen,** see Vocabulary sub glauben.

4. **meine Weiber,** *the women of my household.* This somewhat patronizing use of the word Weib is much in vogue among the country gentlemen of the north-eastern part of Prussia.

Page 121. — 1. **Wirst du zurück;** willst du zurück is more usual; supply kommen in either case. Cf. page 69, note 7.

2. **sonst geht's ihm an den Leib,** *otherwise it will go badly with him.*

3. **fing er ... an.** One would rather expect the order: fing er an.

Page 122. — 1. **jemandem;** the uninflected form jemand would be at least as good.

Page 123. — 1. **mit dem Vater getan** seems a mixing-up of dem Vater getan (as on page 122, line 25) and mit dem Vater gemacht.

2. **Er** evidently refers to der Knecht.

3. **Er,** contrary to rule, refers to Paul.

Page 124. — 1. **als stände er im Frondienst,** freely, *like a galley-slave;* Frondienst is the compulsory service rendered the lord of a manor by his dependents.

Page 125. — 1. **sich selber,** *to himself.*

2. **ich glaube, ich müßte** (*should have to*). Note the normal order in spite of the introducing wenn-clause.

3. **um ... zu gehen;** und ging would read better.

Page 126. — 1. **Der gnädige Herr lieben die Galgenfristen,** *mi lord kindly grants a respite.* The verb in the plural in regard to a subject in the singular is almost entirely restricted to the language of servants addressing their masters. Galgenfrist = 'respite from the gallows', 'reprieve'.

Page 127. — 1. **als ob ... sich,** and lines 12 and 13, **der noch eben ... sich.** More naturally, and according to the author's usual custom, sich should be immediately after als ob and der respectively: als ob sich ein Schatten, etc.; der sich noch eben, etc.

Page 128. — 1. **die Scheune war es, die,** cf. page 116, note 1.

Page 129. — 1. **die sie.** According to best usage die should refer to Sachen, and sie to Fremden.

Page 130. — 1. **um . . . zu** = (*only*) *to* . . .

Page 131. — 1. **Ablösung 'rauf,** *Relief up here!* similar to the military term Ablösung vor, used on *relieving* a sentinel or a guard.

2. **Arm und Bein;** note the singular in this standing phrase; the plural could have been used just as well.

3. **angefaßt,** cf. page 8, note 2.

Page 132. — 1. **jetzt wären wir so weit!** *now we have come to such a pass.* These words are explained by lines 4 and 5, in which this subjunctive of guarded statement (modest assertion) is replaced by the present indicative.

Page 134. — 1. **ersehnte,** supply Glück or translate by a relative clause.

2. **das Auge,** the plural would be more usual.

3. **gäng und gäbe,** *customary.* Two adjectives of like formation which formerly were also used separately (the former = 'capable of going', the latter = 'capable of giving'), but which now are to be found only in this combination that originally referred to coins.

Page 135. — 1. **zu groß, als daß er . . . hätte gönnen dürfen,** 'too great than that he might have been permitted to grant room to vengeance', *too great to permit of his harboring thoughts of vengeance.*

2. **bei alledem,** *with all that.*

Page 136. — 1. **Freilich, wie,** *how, indeed* . . .

Page 137. — 1. **Zehnpfundpaket.** There is a special low rate for *ten-pound parcels* in the German mail service. — Accent =paket on the last syllable, and pronounce e long.

2. **Gendarmen.** The Gendarm (from French *gens d'armes*, therefore pronounce in the French way) is a rural policeman somewhat

like the Texas rangers or the Canadian mounted police, but not necessarily provided with a horse.

3. **Untersuchungsrichter,** *examining judge,* one of the associate judges of the district court (Landgericht), who, as a secondary occupation, has to conduct the preliminary investigation (Voruntersuchung) in criminal cases.

Page 138. — 1. **hielt . . . verschließe,** rather terse for hielt meinen Rundgang, wie ich ihn alle Abende halte, bevor ich die Tore verschließe, cf. page 29, note 1.

2. **niemanden,** cf. page 122, note 1.

Page 139. — 1. **Nun . . . war** = Nun, da . . . war. Note the word-order and cf. page 101, note 3.

2. **der . . . kehrtmachte;** in place of the relative clause, a principal sentence would be better.

3. **an den Wahren wagen sie sich ja doch nicht,** *they do not dare to attack the real criminal anyhow.*

Page 140. — 1. **eine Binde.** The goddess of justice (Themis) is represented as wearing a bandage over her eyes.

Page 141. — 1. **Freilich wird sich noch manches aufzuklären haben,** *to be sure, there are still some points that will have to be cleared up.*

2. **als wenn . . . zerschmettern würde** (*would crush*), a somewhat rare construction, in which the conditional after wenn is entirely in place; cf. page 48, note 1, for the wrong use of the conditional.

3. **. . . erhielten;** cf. this plural with a singular in a similar passage, page 144, line 13; and see also page 158, lines 19 and 20.

4. **Schwurgerichte,** "court of jury", *assizes;* a court in certain criminal matters, consisting of a jury of twelve men, and presided over by a senior judge (Präsident) who is assisted by two associate judges. The word also means 'trial by jury'.

Page 142. — 1. **Sommervögel,** *butterflies.*

2. **dessen,** the genitive neuter of the demonstrative pronoun (gedenken regularly governs the genitive), anticipates the following clause; but omit in translation.

Page 143. — 1. **meinen Mann stehn,** *hold my own.*

2. sich is probably a dative dependent upon sagte.

3. **Chaise** (*f.*, pron. Schäse), *carriage*. The adjective wohlbekannte would seem to indicate that the author means the same carriage of the Douglas family which he formerly (cf. page 58, line 13, and page 62, lines 12 and following) called Karosse; but a Chaise is a much less pretentious vehicle than a Karosse.

4. **fiel sie auch ihm in die Augen,** *it* (most likely the Chaise) *attracted his attention too.*

5. **will doch sehen,** emphasis is given by the doch, 'I'll *see*'.

Page 145. — 1. **Daß du dich unterstehst!** *Don't you dare!* (Gruener).

2. **die Meyhöfers,** cf. page 8, note 1.

3. **mit seinen breiten Schritten,** not merely mit breiten Schritten; this characteristic of his was mentioned on page 121, line 15.

4. **noch einen,** *one more*.

Page 146. — 1. **senior,** cf. page 106, note 1.

Page 147. — 1. **Daten** refers to all the *data* mentioned or intimated before, and not merely to the dates.

2. **darauf,** *to the fact*.

Page 148. — 1. **er sich . . . bedrohen hörte,** 'he heard (object not expressed) . . . threaten himself', i.e. *he heard himself threatened*.

Page 150. — 1. **hätte . . . fallen hören,** *would have heard . . . fall*; cf. page 10, note 1.

2. **Klingel.** The presiding officer of a court-session, a public meeting, and the like rings a *bell* to get the attention of the assembly.

Page 155. — 1. **wenn ich selbst falsch geschworen,** *even if I should have sworn falsely*.

Page 156. — 1. **psychologisch,** *psychological;* sound the p, pronounce y as ü, ch as in euch, the second o as in oben, and g as in *go*.

Page 157. — 1. **Die kleinen,** *etc*. Meyhöfer adapts to his use the well-known proverb: Die kleinen Diebe hängt man, die großen läßt man laufen.

2. **Abstract of Chapter XVI:** While Paul worries concerning the oath he has sworn in court, his mother becomes weaker and weaker;

and, while he studies at her bedside books on physics in order to bring "Black Susie" to life, his mother dies, not without hope for his success in that direction. Her rather boisterous funeral is described with some harrowing details.

3. **Wie Hammerschlag und Glockenklang,** *Like the (stroke) sound of hammers and the ringing of bells*, would remind almost every German of the words from Bürger's poem:

> „Hoch klingt das Lied vom braven Mann,
> Wie Orgelton und Glockenklang."

4. **dem** is the relative pronoun, and **Paul** is the subject of the clause.

Page 158. — 1. **dadurch . . ., daß;** use *by* followed by the gerund, cf. page 10, note 5.

2. **der Meister samt . . . hatte,** cf. page 141, note 3.

3. **ohne Zweck und Ziel,** *without aim or end*. The two synonyms are held together by alliteration.

Page 159. — 1. **wie;** notice the author's use of **wie** instead of **als**, as also a few lines further on, and cf. page 26, note 4.

2. **Es soll . . . geben,** *there are said to be* . . .

Page 160. — 1. **da drinnen,** i.e. in my brain (head).

2. **ist,** notice the present with future meaning.

Parts of Chapters XVII and XVIII, omitted in this edition, relate how Paul first humiliates himself in vain to persuade the Erdmann brothers, Ulrich and Fritz, to marry his sisters, whom they have seriously compromised; and how he then forces them at the point of a pistol to redeem their pledges. During the same winter Mrs. Douglas dies.

Page 162. — 1. **anstatt daß . . . anheize,** *instead of my firing* . . .

Page 163. — 1. **mögen sie,** *let them!*

2. **was?** *arn't we?*

Page 164. — 1. **das hättst du noch erleben müssen,** 'you should have had to experience that yet', i.e. *you should have lived long enough to hear that.*

2. **er** refers to **der Tod**.

3. **ihr armen Dinger,** *you poor things;* a quotation, out of place

in Paul's mouth, from Mephistopheles' song in Goethe's *Faust*, Part I, lines 3693 and following:

„Nehmt euch in acht!
Ist es vollbracht,
Dann gute Nacht,
Ihr armen, armen Dinger!"

Page 166. — 1. **nun erst,** i.e. the stillness was much greater than ever before.

2. **Ulrich,** see Abstract after note 2 on page 160.

3. **ohne daß er ... gefunden.** What is to be supplied after gefunden? Cf. page 1, note 4, and page 65, note 1.

Page 167. — 1. **Die mochten ... nicht,** *they were not likely to.*

Page 169. — 1. **Elsbeth Douglas,** cf. page 76, note 2.

2. **So dicht ... lagen,** *close as ... lay* or *however close ... lay.*

Page 170. — 1. **Das Erntefest** or **Erntedankfest** is celebrated in the kingdom of Prussia on the first Sunday after Michaelmas (cf. page 32, note 3).

Page 172. — 1. **Ihr seid mir die Rechten!** 'You are *great* guessers!'

2. **an die zweie,** *as much as two;* note the definite article and the inflection; cf. page 25, note 3.

Page 173. — 1. **der letzte,** supply Sturm.

2. **Wenn die Schwalben,** etc., a well-known popular song by Karl Herlosssohn, and set to music by Franz Abt, the first stanza of which runs:

Wenn die Schwalben heimwärts ziehn,
Wenn die Rosen nicht mehr blühn,
Wenn der Nachtigall Gesang
Mit der Nachtigall verklang,
Fragt das Herz
In bangem Schmerz,
Ob ich dich auch wiederseh'?
Scheiden, ach Scheiden,
Scheiden tut weh!

Page 174. — 1. **Hernach werdet ihr mir klagen,** *later you'll complain* (about your affairs) *to me.*

2. **Mein Liebster ist ein Schornsteinfeger.** Diligent investiga-

tions and numerous inquiries of prominent professors (among them, indirectly, the highest authority on the Volkslied) have failed to locate this song. It seems to have been patterned by Sudermann on some well-known popular songs beginning with Mein Liebster ist ein ...

Page 175. — 1. Se's for Sie es.

Page 176. — 1. Polterabend, *wedding-eve party*. The evening before the wedding-day is usually celebrated by means of a social gathering of the wedding-guests in the way of a dance, private theatricals, and feasting generally. Just as in Anglo-Saxon countries the newly-married couple expect to have rice and old shoes thrown after them for luck, so in Germany the Polterabend gives an opportunity to neighbors (especially children) to dump old crockery under the windows of the bridal party — likewise for luck.

2. ich meine nur so, *because!*

3. was Rechts = etwas Rechtes, ironical, *something important, a good deal.*

Page 177. — 1. diese, Grete is meant. According to the position of the names, one would expect diese to refer to Käthe.

Page 178. — 1. doch noch lange, *by a great deal.*

2. mehr lieb. What would you expect according to rules?

Page 179. — 1. kaum daß, etc. Translate kaum fiel noch, etc.

2. werde wohl ... haben, *I suppose I have been fast asleep;* for this use of the future tenses, cf. page 67, note 2.

3. wollte, *was going to.*

Page 180. — 1. war ... eine Lücke eingedrückt, *there was a depression left ...*

Page 181. — 1. Haustor, evidently the same gate that is called Hoftor on page 182, line 11.

Page 182. — 1. was wollten da seine Worte, *what was meant by his words.*

2. finden; the infinitive with zu would be rather what one would expect with gelten.

Page 183. — 1. da vor jenen Jahren ..., *when so many years ago ...* What is to be supplied? Cf. page 175, line 7, and page 176, lines 18 and 19.

Page 185. — 1. die ersehnte; cf page 134, note 1.

Page 186. — 1. Dachpfannen, *tiles* (of the roof), is the subject of stürzen as well as beginnen.

Page 187. — 1. wie ein Leuchtkäferchen anzuschauen, 'to be looked at like a glow-worm', *looking like a glow-worm*.

Page 189. — 1. von Schmerzen ohnmächtig, vor would be more common here.

Page 191. — 1. Er soll alles geopfert haben, *you say he has sacrificed everything;* cf. page 159, note 2.

2. Nach einem Arzte war bereits gesandt worden, *a physician had already been sent for.*

Page 192. — 1. Gefühl seiner Wertlosigkeit. This characterization of Leo is interesting in connection with the words he once, although in fun, used in regard to Paul; cf. page 111, lines 22 and 23.

2. als will sie, *as if she were going to.* Note the indicative. What form would you expect the author to have used instead of will?

Page 193. — 1. wohl, *likely;* gut is used as an adverb corresponding to the English 'well' with most verbs.

2. sollte nach ... telegraphiert werden, *... was to be telegraphed for;* cf. page 191, note 2.

3. Standesamt. Just as births and deaths have to be reported to the state's *register-office* or *registry*, so all marriages must be solemnized before it; a church-ceremony may, and usually does, follow, but never precedes.

Page 195. — 1. nachdem er sich ... hatte bezahlen lassen, *after letting his uncle pay all his debts for him.* Cf. page 95, notes 2 and 3.

2. sich als Held gefeiert zu sehen; the accusative Helden would be more usual.

3. ward ihm, *came to him, fell to his lot.*

4. Aller. In what case is aller? Cf. page 76, note 1.

Page 196. — 1. ich werd's ... als je, i.e. ich werde einem Menschen noch weniger ins Auge sehen können als je; cf. lines 17 and 18.

2. dazu, i.e. keinem Menschen ins Auge zu sehen.

3. Dem war aber nicht so = Das war aber nicht so; cf. line 14.

Page 197. — 1. Es hat zu viel … als daß, etc., *I was weighed down by too much ever to be able*, etc.; cf. page 135, note 1.

Page 198. — 1. ihnen … gut, here = *good for them*.

2. wollen auch nichts mehr von mir wissen, *will no longer have anything to do with me either*.

3. und mag ich selbst, *even if I may*.

4. Ich hab' ihn lieber gehabt, etc., reminds one of Brutus's words in Shakespeare's *Julius Caesar*, iii, 1: 'I that did love Caesar when I struck him'.

5. seiner, genitive depending on wartete, cf. page 28, note 3.

Page 199. — 1. was, cf. page 69, note 3, and page 163, note 2.

2. lernen … ertragen; one would expect zu ertragen.

Page 200. — 1. alleine, colloquial for allein.

2. Ich hab's ja gut, *I am well off now, you know*.

3. verstanden! In spite of the exclamation mark, this is the equivalent of hast du verstanden?

Page 202. — 1. behangen, more correct would be behängt.

Page 203. — 1. „Er ist fort" … „Wer?" Elsbeth's question meaning *who?* is only possible because er, which refers to the Heidehof, may also mean *he*. No translation of this would be adequate.

2. nicht, do not translate.

Page 204. — 1. Ob ich weiß! *Do I know? Of course, I do;* cf. page 68, note 2.

2. an die zehn Jahre, cf. page 172, note 2. Why can there be no inflection of the numeral? Cf. page 25, note 3.

3. er würde, incomplete; to complete the thought something like mich glücklich machen is to be supplied.

Page 205. — 1. Wo hast du das her? = Woher hast du das? Cf. page 115, note 1.

Page 206. — 1. die Mutter dein, poetical for deine Mutter.

2. Erzählt ein Märchen der Linde. What is the subject of erzählt? In what case is der Linde? What would be the word-order in prose? — The *linden-tree* is the most popular tree of Germany, to

conclude from its frequent occurrence in poetry, especially folk-song, and its intimate connection expressed therein with all the phases of the life of the people.

Page 207. — 1. Es war einmal is the almost universal beginning of German fairy-tales, almost regularly followed by a principal sentence with a demonstrative as its first word. The simple language of the fairy-tale favors independent sentences and has little use for relative and other dependent clauses. Es war einmal is the beginning of Paul's story, page 113, line 3. — Cf. for the Märchen von der Frau Sorge, page 16.

2. ihr. What kind of pronoun, and in what case?

Page 208. — 1. Prinzeß, the older and now less used form instead of Prinzessin which contains two feminine suffixes, -eß and -in.

2. Weißt du was? Cf. page 12, note 3.

Page 209. — 1. wartet auf ihren Freiersmann. Evidently an allusion to the bridal chorus of Karl Maria von Weber's famous romantic opera, *Der Freischütz* (1821), the second stanza of which contains the words:

> „Wie lang bleibt doch der Freiersmann?
> Ich kann es kaum erwarten!"

VOCABULARY

The ending of the nominative plural of all masculine and neuter nouns in this vocabulary is indicated, except when it is the same as the singular; the genitive singular is indicated only in case of nouns with irregular plural forms or in the case of nouns of mixed declension. The feminine nouns may be considered as weak, when no ending appears after the noun; the plural of strong feminine nouns and irregular plural forms are indicated. The preterit and past participle of strong and irregular verbs are either indicated by the *Ablaut*-vowels after each verb or they are stated in full; all other verbs may be assumed to be regular (weak), unless they happen to be compound verbs the simple form of which occurs elsewhere in the vocabulary.

The separable prefix of compound verbs is designated by the hyphen (=).

The abbreviations: *arch.* (archaic), *coll.* (colloquial), *collect.* (collectively), *dial.* (dialectical), *imper.* (imperative), *impers.* (impersonal), *p. p.* (past participle), *prov.* (provincial), and other common abbreviations are employed.

A

ab; von jetzt —, from now on.
ab=biegen, turn aside.
Abbildung, *f.*, picture.
Abbitte, *f.*, pardon; — leisten (*with dat.*), ask pardon (of someone).
ab=bitten, beg pardon; —d, deprecatorily, entreatingly.
ab=brechen, break off.
ab=bröckeln, crumble off.
ab=decken, uncover, take off.
ab=drücken, squeeze off; es will mir das Herz —, my heart is ready to burst.
Abendbrot, *n.*, -e, supper.
Abendbrotstisch, *m.*, -e, supper-table.

Abendrot, *n.*, sunset, evening glow.
abends, *adv.*, in the evening, at night.
Abenteuer, *n.*, adventure.
aber, but, however.
abergläubisch, superstitious.
abermalig, reiterated, repeated.
abermals, again, likewise.
ab=fahren, depart, leave, go away.
ab=fallen; — von einem, desert someone.
ab=färben, leave a (black) spot *or* mark.
ab=finden, *refl.*, come to terms, settle.
ab=fragen, ask (someone) to recite, call for.

ab=geben, deliver, leave; *refl.* (mit), concern oneself (about), trouble oneself (with).
abgebraucht, worn out.
abgemessen, measured.
abgesehen von, apart from, with the exception of.
ab=hacken, cut off.
ab=halten, prevent (from).
ab=hangen (von), depend (upon *or* on).
ab=holen, fetch, call for, take away, collect.
Abiturien'teneza'men, *n.,* final examination(s); das — machen, pass the final examinations, graduate from the Gymnasium.
ab=lassen, desist.
ab=legen, put off; Rechenschaft —, give an account.
ab=lehnen, decline.
ab=lesen, read off.
ab=liefern, deliver.
ab=lösen, relieve, replace.
Ablösung, *f.,* relief.
ab=machen, settle, agree upon.
ab=nehmen, take off.
ab=reisen, depart, leave.
ab=ringen, *with dat. of pers.,* wrest from.
Abschied, *m.,-e,* departure, leave.
ab=schlagen, beat off, ward off.
Abschlagszahlung, *f.,* part payment.
ab=schreiben, copy.
abseits, sideways, away.
Absicht, *f.,* intention, idea.

absichtlich, purposely, on purpose.
ab=sinken, sink away.
ab=sitzen; seine Zeit —, complete one's term of imprisonment.
absonderlich, queer, strange.
ab=sparen, save; sich das Geld an seinem eigenen Leibe —, to stint oneself in order to save money (for others).
ab=spielen, *refl.,* be enacted, take place.
ab=statten, pay *or* make (a call).
ab=streifen, slip off.
ab=tun, lay aside, renounce.
ab=wälzen, roll off, remove, take off.
ab=waschen, u, a, wash off, wash clean.
Abwehr, *f.,* refusal, opposition.
ab=wehren, caution, keep back, keep off.
ab=wenden, *refl.,* turn away.
ab=wickeln, transact.
ab=wirtschaften, go bankrupt; ein Abgewirtschafteter, a wrecked *or* bankrupt farmer.
ab=wischen, wipe off, wipe clean.
ach, alas! ah! oh! ach ja, oh yes!
Achsel, *f.,* shoulder.
acht, eight; — Tage, a week.
Acht, *f.,* care; sich in acht nehmen take care.
achten, *with gen.,* heed, be aware of; — auf, observe, notice.
acht=geben (auf), take care (of), watch.
ächzen, groan.
Ächzen, *n.,* groan(s).

Acker, *m.*, ⁻, acre, field.
Ackerland, *n.*, ⁻er, land, ground.
Ader, *f.*, vein.
Adjes', adieu, good-bye.
Agent', *m.*, -en, agent.
aha, ah!
ahnen, guess, suspect; *impers.*, ihr ahnt nichts Gutes, she anticipates no good results; ihr ahnt gar nicht, she has not the least idea, she does not suspect at all.
ähnlich, similar, like; — sehen, with dat., look like.
Ahnung, *f.*, foreboding, guess; er hatte keine — mehr, he no longer had the faintest idea (of something).
ahnungslos, without any misgiving.
Ährensegen, *m.*, rich harvest; der goldgelbe —, the golden-yellow sheaves of grain.
Akkord', *m.*, -e, accord; mit einem rauschenden —e, with mighty chords.
akkurat', *adv.*, exactly, just.
Akte, *f.*, official document, (court) record.
Aktie (*pron.* Ak'=tsi=e), *f.*, share, stock. [pany.
Aktiengesellschaft, *f.*, stock-com-
albern, foolish, silly.
Alge, *f.*, alga, water weeds.
all, all, every; vor allem, above all; alles, everything; alles in allem, everything taken into account.

allabendlich, occurring every evening; mein —er Rundgang, my usual evening round.
allein, alone; *conj.*, but, however.
allenfalls, perhaps, by chance.
allerhand, all sorts of, various, all sorts of things about (something).
allerhöchst, highest of all, supreme.
allerlei, all sorts of things.
allerschönst, most beautiful (of all), finest.
allerwegen, everywhere.
allgemach, gradually, step by step.
alljährlich, every year.
allmonatlich, every month.
allmorgendlich, every morning.
allons (*pron. French*), let us go!
allstündlich, all the time, always.
Alltäglichkeit, *f.*, everyday life.
allwöchentlich, every week.
allzeit, all the time, always.
allzu, altogether too, too.
allzusehr, altogether too much.
Alp, *m.*, -e, nightmare.
als, when, as, than; — damals —, than when.
alsbald, soon, presently.
alsdann, so then, then, thereupon.
also, therefore, so, then.
alt, old, ancient, oldish, (the) former, (the) same; der Alte, the old gentleman.
Altar', *m.*, -s, ⁻e or -e, altar.
Alter, *n.*, age.

altern, age, grow old.
Altersgenosse, *m.*, -n, boy of the same age.
altklug, precocious, premature, knowing.
Amt, *n.*, ⁿer, office.
amüsieren, *refl.*, amuse oneself, have a good time.
an, *prep.*, at, by, on, near, about; — die zehn Jahre, for nearly ten years; — sich haben, have, possess; — ... vorbei, past.
an (*baby talk*) = ein *or* einen.
an=belangen, concern; was den Zeugen anbelangt, as for the witness.
an=bēten, adore.
Anbētung, *f.*, worship, veneration.
an=bieten, offer, ask.
Anblick, *m.*, -e, sight; bei ihrem —, at seeing her.
an=bringen, fasten, place, put.
Andacht, *f.*, devotion.
Andenken, *n.*, remembrance, keepsake.
ander, other, (the) next, (the) following, (the) second, the rest of.
andermal; ein —, another time, on another occasion.
anders, otherwise, different, differently; nicht viel — wie, not very different from.
anderthalb, one and a half.
an=deuten, allude to, hint at, represent.
aneinander, to each other.

Anekdo'te (*four syll.*), *f.*, anecdote.
an=empfehlen, recommend, advise.
Anfall, *m.*, ⁿe, attack, fit; mit einem —, in a fit.
an=fallen, attack.
Anfang, *m.*, ⁿe, beginning; für den —, to start with.
an=fangen, begin, start; was fang' ich damit an? what shall I do with it?
anfangs, at first.
an=fassen, take up, lay hold of, seize; einen nicht mit Handschuhen —, treat someone with little consideration.
an=flehen (um), implore.
Anflug, *m.*, touch.
an=geben, state.
angeboren, *with dat.*, born with.
angegriffen (*see* angreifen), fatigued, tired.
an=gehen, *intr.*, begin, start; *tr.*, concern; es geht an, there begins.
an=gehören, *with dat.*, belong to, be a member of.
Angehörige, *adj. noun*, person belonging *or* attached to, relative.
Angeklagte, *adj. noun*, accused (person), defendant.
Anger, *m.*, common, village green.
angesehen, of high standing.
Angesicht, *n.*, -e, face, countenance; im —, in sight (of).

angetan (*see* antun), *with dat.*, inflicted on.

angeworben, *see* anwerben.

an=greifen, attack, fall upon.

Angst, *f.*, ⁻e, anxiety, anguish, fear; — haben (vor), be afraid (of).

angstgequält, harassed.

ängstigen, *refl.*, worry, become uneasy.

ängstlich, anxious, timid.

angstvoll, anxious.

an=halten, compel, force.

an=heizen, fire up, fire; das An=heizen, the firing up.

an=hören, listen to.

Anklage, *f.*, prosecution.

an=klagen, accuse.

an=kleiden, *refl.*, dress.

an=kommen, arrive; *with dat.*, befall; das Weinen kommt einem an, one is seized with a desire to cry; es kommt darauf an, it is necessary; auf mich kommt's nicht an, it's of no consequence about me.

an=kündigen, announce.

an=lächeln, smile at.

Anlage, *f.*, predisposition, inclination.

an=merken, perceive; jemandem etwas anmerken, notice something in someone's action *or* looks.

an=nageln (an), nail (to).

an=nehmen, admit, receive, assume; *refl. with gen.*, take care of, look after.

annoch, *arch.*, as yet, still now.

anonym', anonymous.

an=ordnen, prescribe, advise, recommend.

Anordnung, *f.*, arrangement.

an=packen, seize; pack' an! at him!

Anrede, *f.*, address, addressing.

an=reden, address, speak to.

an=richten, do, perpetrate.

an=rühren, touch, lay hands on.

an=schauen, look at; anzuschauen wie, looking like.

Anschauen, Anschaun, *n.*, sight, view; bei deren —, at the mere sight of which.

an=schlagen, strike.

an=schreien, shout at, yell at.

an=schwellen, swell.

an=sehen, look at; sich etwas —, watch something.

Ansicht, *f.*, opinion.

an=spannen, put to harness; den Wagen — lassen, give orders to get the carriage ready.

Anspruch, *m.*, ⁻e, claim; in — nehmen, claim.

anspruchslos, unassuming.

an=starren, stare at.

an=stecken, set fire to.

an=stimmen, strike up, chant, sing.

an=stoßen, push; sich mit den Ellbogen —, nudge each other.

an=streichen, paint.

an=strengen, exhaust, tire out.

Antlitz, *n.*, -e, countenance.

Antrag, *m.*, ⁻e, proposition; einen — stellen, make a motion.

an=treten, begin, undertake, set off on.

an=tun, inflict; ſich ein Leids —, lay hands upon oneself, make away with oneself.

Antwort, *f.*, answer, reply; — geben, make answer, answer.

antworten, answer (auf, to).

an=vertrauen, entrust, trust, confide.

an=wandeln, seize, come over.

an=werben, a, o, hire.

anweſend, present.

Anzahl, *f.*, number.

Anzahlung, *f.*, part payment, first payment.

an=zeigen, indicate, point out.

an=ziehen, put on; *refl.*, dress.

an=zünden, light, set afire.

Apfel, *m.*, ⁻, apple.

Apothe′ker, *m.*, apothecary.

April′, *m.*, April.

Arbeit, *f.*, work.

arbeiten, work, be at work; ſeine Bruſt arbeitete ſchwer, his chest heaved.

Arbeiter, *m.*, workman, laborer.

Arbeitskleid, *n.*, -er, working dress; *pl.*, working-clothes.

Arbeitskraft, *f.*, ⁻e, power for work; working force, workman.

Arbeitsleute, *pl.*, workmen.

Arbeitswagen, *m.*, farm-wagon.

arg, bad; zu — werden, *with dat.*, become too much (for someone).

Ärger, *m.*, anger; er hat vielen — mit einem, he is much annoyed by someone.

ärgerlich (auf), angry (at).

ärgern, vex; *refl.*, be angry, become angry.

Arm, *m.*, -e, arm; in den — nehmen, embrace; ſich in den —en liegen, embrace each other; unter die —e nehmen, take by the arms.

arm, poor, miserable, wretched.

Ärmchen, *n.*, little arm.

Armee′, *f.*, army.

Ärmel, *m.*, sleeve.

Armenſünderbänkchen, *n.*, the prisoner's seat, dock.

ärmlich, poorly.

armſelig, miserable, wretched.

Armut, *f.*, poverty.

Art, *f.*, sort, kind; aller —, of all kinds.

artig, pretty.

Arzt, *m.*, ⁻e, physician.

Aſche, *f.*, ashes.

Aſchenkaſten, *m.*, ⁻, ash-box.

aſchfarben, ash-colored.

aß, *pret.* of eſſen.

Aſter, *f.*, aster.

Atem, *m.*, breath.

atemlos, breathless, out of breath (vor, with, from).

atmen, breathe.

auch, also, too, even, besides, moreover.

auf, *prep.*, on, upon, in; *adv.*, — und nieder, up and down; — und davon, away forthwith, away; *conj.*, — daß, so that.

auf=atmen, breathe; hoch —, erleichtert —, breathe a sigh of relief.
auf=bauen, build up.
auf=blicken, look up.
auf=blitzen, flash up; es blitzt auf, something flashes *or* shines.
auf=bringen, raise.
auf=drängen, *refl. with dat.*, force oneself upon someone.
aufeinander, upon each other.
Aufenthalt, *m.*, stay.
auf=fahren, start up, fly into a passion.
Auffahrt, *f.*, driving up, approach.
auf=fallen, *with dat.*, astonish, attract one's attention.
auf=fangen, catch, receive.
auf=fliegen, fly up, blow away.
auf=führen, erect, construct.
auf=geben, give up, forego, assign.
aufgedunsen, bloated.
auf=gehen, go up, rise; ihr ganzes Leben war aufgegangen in . . ., her whole life was bound up in . . .
aufgereiht, in a row.
aufgeweckt, lively, intelligent; ein aufgeweckter Kopf, an intelligent mind.
auf=hängen, hang up.
auf=heben, pick up.
auf=heulen, howl; kurz —, give a short yelp.
auf=hören, stop, cease, quiet down.

auf=jauchzen, shout for joy.
auf=jubeln, shout aloud for joy; hell —d, shouting with glee.
auf=klären, clear up.
Auflachen, *n.*, laugh.
auf=lachen, give a laugh; kurz —, break out into a short laugh, laugh abruptly.
auf=lesen, pick up.
auf=leuchten, brighten.
auf=lodern, blaze up.
auf=lösen, put apart; sie hatte das Haar über der Stirn in Löckchen aufgelöst, she wore little curls over her forehead.
auf=machen, open, open the door, start.
Aufmerken, *n.*, attention.
aufmerksam, attentive; auf etwas — machen, call (someone's) attention to something.
auf=nehmen, receive, admit, make.
auf=pflanzen, plant.
auf=raffen, *refl.*, rouse oneself, struggle up.
aufrecht, upright.
auf=regen, excite.
Aufregung, *f.*, excitement.
auf=reißen, tear open.
auf=richten, raise; *refl.*, sit up; sich halb —, sit up.
auf=rufen, call up, summon.
auf=schauen, look up.
auf=schichten, pile up, stack up.
auf=schieben, postpone.
Aufschlag, *m.*, ⁼e, cuff.
auf=schlagen, open, lift (*the eyes*).

auf=schließen, unlock.
auf=schluchzen, sob.
auf=schreien, shriek aloud, cry out, scream out.
Aufsehen, *n.*, sensation.
auf=sein, war, gewesen, be up, be out of bed.
auf=setzen, put on.
auf=seufzen, heave a sigh; —d, with a deep sigh.
auf=sperren, *refl.*, open wide.
auf=springen, spring up.
auf=stapeln, pile up.
auf=stehen, rise, arise.
auf=steigen, rise (upward); —d, growing.
auf=stellen, set up, place.
auf=tauchen, emerge, appear, come into view.
auf=tauen, thaw out.
Auftrag, *m.*, ᵘe, order, direction; in seinem —e, according to his orders.
auf=tragen, order, charge (someone with); Grüße an jemand —, send regards to someone.
auf=treiben, procure; es läßt sich —, it can be procured.
auf=treten, step up, walk, appear.
auf=türmen, tower up, arise, pile up.
auf=wachen, wake up, awaken, be aroused.
Aufwand, *m.*, display.
auf=warten, wait upon; mit Neuigkeiten aufzuwarten wissen, have news to tell.

auf=weinen, weep; laut —, sob violently.
auf=weisen, show.
auf=ziehen, twit, tease.
auf=zucken, start up, shake, leap up.
Auge, *n.*, -s, -n, eye; ins — schauen, to face; ängstliche —n machen, look about with frightened eyes.
Äugelein, *n.*, little eye, small eye.
äugeln (mit), ogle (at), leer (at).
Augenblick, *m.*, -e, moment, instant.
augenscheinlich, evidently, apparently.
August', *m.*, (*the month of*) August.
Aujust (= August), Simple Simon.
aus, *prep.*, out of, from; — und ein, in and out.
aus=bessern, repair; das Ausbessern, repairing, repairs.
Ausbeutung, *f.*, exploitation.
aus=bitten, *with dat. refl.*, ask (for).
aus=bleiben, stay away, not appear.
aus=brechen (in), burst out (into), break out.
aus=breiten, extend, hold out, spread out, stretch out.
aus=dreschen, thrash (out); das noch auszudreschende Korn, the grain which is still to be thrashed.
Ausdruck, *m.*, ᵘe, expression.

auseinander=nehmen, take apart.
auseinander=setzen, explain.
Auseinandersetzung, *f.*, explanation.
Ausflucht, *f.*, "e, pretext, subterfuge.
ausführlich, minutely, in detail.
Ausgabe, *f.*, expense.
aus=gehen, go away, set out.
ausgestorben, deserted.
aus=glühen, burn out.
aus=halten, bear, stand.
aus=hecken, devise, conceive.
aus=holen, get a start; zum Sprunge —, run for a leap, venture to leap.
aus=kramen, expose, display.
Auskunft, *f.*, "e, information, intelligence.
aus=lachen, laugh at, deride, mock.
aus=lassen, vent.
aus=laufen, run off; frei —, go free.
aus=malen, depict.
ausnahmsweise, exceptionally.
aus=nutzen, utilize.
aus=rechnen, figure out.
aus=recken, stretch out.
aus=reichend, sufficient.
aus=reißen, pull up, tear out.
aus=ruhen, *refl.*, rest.
Aussage, *f.*, statement, testimony.
aus=sagen, declare, testify.
aus=schauen, look out; komm —, keep a lookout!
aus=schlafen, sleep off.

ausschließlich, exclusively.
aus=schütten, pour out, unburden; sich vor Lachen —, split one's sides with laughter.
aus=sehen, look, appear.
außen, outside, outwardly.
außer, except, besides.
außergewöhnlich, extraordinary, unusual.
äußern, observe, say.
äußerst, last, extreme.
Äußerung, *f.*, utterance, statement.
aus=setzen, expose; sie hat immer allerhand an mir auszusetzen, she is continually finding fault with me about this or that.
Aussicht, *f.*, prospect.
aus=spähen (nach), watch (for).
aus=sprechen, express, give expression to.
aus=statten, fit out.
aus=stechen, crack (a bottle), drink.
aus=steigen, dismount, get out.
Aussteuer, *f.*, outfit, fitting-out.
aus=stoßen, utter, give.
aus=strecken, extend, stretch out.
aus=suchen, select, choose, pick out.
aus=weichen, escape, avoid.
aus=weinen, cry oneself out; — lassen, let the tears flow.
auswendig, by heart; — können, know by heart.
Auswendiggelerntes, *n.*, things committed to memory.
aus=zeichnen, distinguish.

auszudreschend, see ausdreschen.

Auszug, *m.*, removal; mit seinem —e, since moving away.

Axt, *f.*, ⁻e, axe.

B

Backe, *f.*, cheek; mit vollen —n, with full force.

backen, buk, *a or reg.*, bake.

Backenbärtchen, *n.*, short side whiskers.

baden, bathe.

Bahn, *f.*, career.

bahnen, clear (a road).

Baisse (*pron.* Bässe), *f.*, on the fall (of stocks).

bald, soon; —..., —..., now ..., then (again) ...

Bal′dachin, *m.*, -e, canopy.

Balken, *m.*, beam.

ballen, clinch.

Band, *m.*, ⁻e, volume.

Band, *n.*, ⁻er, ribbon, string, tie, shoe-string.

Band, *n.*, -e, bond, tie.

bang, anxious.

Bangen, *n.*, anxiety, worry, care.

bangen, *refl.* (nach), long (for), yearn (for), miss (someone).

bangend, anxious, fearful.

Bank, *f.*, ⁻e, bench, seat.

Bankgeschäft, *n.*, -e, banking-house, bank. [release.

Bann, *m.*, ban; aus dem —e lassen,

bannen, enchant; gebannt stehen, be fixed by a spell.

Barack′e, *f.*, shanty, shed.

barfuß, barfüßig, barefooted.

barhäuptig, bareheaded.

Barke, *f.*, bark, boat.

Barmherzigkeit, *f.*, grace; durch seine —, by his grace.

Barschaft, *f.*, cash, sum of money.

Bart, *m.*, ⁻e, beard.

Bartstoppel, *f.*, Bartstoppeln, scrubby beard, bristling beard.

Bartzipfel, *m.*, point of the whiskers; mächtige —, *pl.*, long whiskers.

basta! damit —! that settles it!

bat, *pret. of* bitten.

bauen, build.

Bauer, *m.*, -s *or* -n, -n, peasant, farmer.

Bauerngut, *n.*, ⁻er, small farm.

Bauernhaus, *n.*, ⁻er, peasant's cottage.

Bauernjunge, *m.*, -n, peasant boy, country boy.

Baum, *m.*, ⁻e, tree.

baumeln, dangle, swing.

bauschig, puffy, padded.

beabsichtigen, intend, purpose.

beanspruchen, lay claim to, expect.

beantworten, answer. [vate.

bearbeiten, work on, till, culti-

beben, tremble, quiver.

Beben, *n.*, thrill.

bedacht, *p. p. of* bedenken.

bedanken, *refl.*, return thanks, say 'thank you'; sich für etwas —, decline, refuse.

bedecken, cover.

bedenken, bedachte, bedacht, consider, bear in mind, remember.

Bedenken, *n.*, apprehension, anxiety.
bedenklich, doubtful, apprehensive.
bedeuten, signify, forebode.
bedeutend, important, considerable; um ein Bedeutendes, considerably.
bedeutungsvoll, important.
Bedrängnis, *f.*, -nisse, distress, worry.
bedrohen, threaten.
bedrücken, oppress.
bedürftig, *with gen.*, in need of.
beenden, finish; beendet sein, be over.
befangen, confused, in confusion.
Befehl, *m.*, -e, order.
befehlen, a, o, order, bid, tell.
befestigen, fasten.
befinden, *refl.*, be, be located.
befragen, question.
befreien, unchain; *refl.*, rid oneself (of), free oneself (of).
befreunden, *refl.* (mit), befriend, make a friend *or* friends (of), become used to, reconcile oneself to.
begabt, gifted, talented.
begeben, *refl.*, betake oneself, go.
begegnen, *with dat.*, meet, encounter, come toward.
Begegnen, *n.*, meeting.
begehen, commit.
begehren, desire, wish (to have).
Begier, *f.*, desire, eagerness (nach), for).
begierig, eager (nach, for).

Beginn, *m.*, beginning, approach.
beginnen, a, o, begin, start.
begleiten, escort, accompany, go with.
beglückt, happy.
begraben, bury, hide.
begreifen, begriff, begriffen, comprehend.
begrüßen, welcome.
behäbig, comfortable-looking, portly.
behaglich, comfortable, at ease.
behalten, keep (für sich, to himself), remember; hast du das —? do you remember that?
behandeln, treat.
behangen, hung, decked.
behaupten, maintain, claim, assert.
behilflich, helpful; — sein, assist, help (bei, with, in).
Behuf, *m.*, purpose; zu diesem —e, to this end.
bei, *prep.*, by, at, during; — uns, with us, at our house.
bei=behalten, keep, retain.
bei=bringen, convey, add.
beichten, confess.
beide, both, the two.
beieinander, near each other; hübsch —, in nice order.
beifällig, approvingly.
bei=legen, inclose with.
Bein, *n.*, -e, leg; einem ein — stellen, (try to) trip one; es geht einem durch Mark und —, it pierces one to the quick.
beinahe, beinah, nearly.

Beinkleid, *n.*, -er, trousers.

beisammen, together, side by side.

beisammen-sitzen, sit together.

beiseite, aside.

Beispiel, *n.*, -e, example, instance; zum —, for instance.

bei-springen; einem hilfreich —, hasten to one's assistance.

beißen, i, gebissen, bite; um sich —, bite at random, bite blindly.

bei-stehen, *with dat.*, help.

bei-stimmen, *with dat.*, agree with, assent.

bejahen, say yes, answer in the affirmative.

bekannt, well-known.

beklagen, *refl.*, complain.

beklemmend, depressing; ein —es Gefühl, a feeling of depression.

beklommen, oppressed, uneasy; mit —er Neugier, with timid curiosity; *adv.*, with a feeling of depression.

Beklommenheit, *f.*, oppression, anxiety; vor lauter — der Herzen, because their hearts were so heavy and oppressed all the time.

bekommen, bekam, o, receive, get; in die Hand —, lay hold of, have handy; aufgesetzt —, get put on; einen Mann —, get a husband, get married.

Bekräftigung, *f.*, corroboration; zur —, in corroboration of it.

beladen, u, a, load, burden; —, *part.*, loaded down.

Belang, *m.*, importance.

belasten, weigh on, weigh down, oppress.

belegen, apply; sich mit bösen Schimpfnamen —, call *or* give oneself bad names.

belegt, protected, covered; mit Schlackwurst —es Brot, a sausage-sandwich.

belieben, *impers. with dat.*, please, like.

Bellen, *n.*, barking, barks.

bemächtigen, *refl. with gen.*, take possession of, seize.

bemalt, painted, stained.

bemänteln, cloak, conceal.

bemerkbar, manifest.

bemerken, observe, notice.

benachbart, neighboring.

benachrichtigen, inform, break the news (to one).

benehmen, deprive of; *refl.*, behave, act.

beneidenswert, enviable.

Bengel, *m.*, scamp, wretch.

beobachten, observe, watch.

bereden, persuade; sich — lassen, be persuaded.

beredsam, eloquent.

Bereich, *m. or n.*, reach, range; im —, within range.

bereit, ready, prepared; — stehen, be ready.

bereiten, prepare, give, cause.

bereits, already; mittags —, by noon at the latest.

Bereitschaft, *f.*, readiness; in — setzen, get ready for work.

bereuen, repent, regret.
bergen, a, o, shelter, save.
berichten, bring accounts (of something).
Berlin', *n.*, Berlin, *the capital of Prussia and of the German empire.*
beruhigen, appease, pacify, calm, assure; *refl.*, calm down.
berühmt, famous.
berühren, touch, come close to, set foot in.
besaß, *pret. of* besitzen.
beschaffen, constituted; wie... — sein würde, of what... would consist.
beschäftigen, *refl.*, occupy oneself, be occupied.
beschäftigt, occupied, busy.
beschämt, dejected.
Bescheid, *m.*, information; — wissen in etwas, be conversant *or* familiar with something.
bescheiden, modest, polite.
bescheren, grant, give, bestow.
Bescherung, *f.*, Christmas gift, present.
Beschlag, *m.*; in — nehmen, take in charge.
beschleunigen, hasten.
beschließen, resolve.
beschmutzen, soil.
beschneit, snow-covered.
beschuldigen, accuse.
beschwören, confirm (by oath).
beseelen, animate.
besehen, look at, examine, view; sich etwas —, look at.

besessen, possessed, mad; wie —, as if possessed.
besinnen, a, o, *refl.* (auf), remember.
Besinnung, *f.*, reflection, consciousness; zur — bringen, bring (one) to his senses.
besinnungslos, senseless, unconscious.
Besitz, *m.*, possession.
besitzen, besaß, besessen, own, possess, have.
Besitzer, *m.*, owner, proprietor.
Besitzersfamilie, *f.*, the owner's family, a landowner's family.
Besitztum, *n.*, ᵉʳ, property, estate, possessions; das andere —, the rest of the estate.
besonders, especially.
besorgen, attend to, do, make, order, procure.
best, best; der erste beste, the first (which) we run across; meine Beste, my dearest lady, my dear.
besteigen, ascend, mount, step into, climb into.
bestellen, tell, go and tell.
Bestie, *f.*, beast, brute.
bestimmen, direct, decide; bestimmt, decided, firm.
Besuch, *m.*, -e, visit, visitor.
besuchen, visit, attend, go (to).
Besucherin, *f.*, -nen, (lady) visitor.
betasten, feel, touch, finger.
betäuben, stifle, overcome; —d, stifling, overpowering.

beteiligen, *refl.*, take part in, participate.
beten, pray.
Beter, *m.*, worshipper.
betrachten, view, contemplate, look upon, consider.
betragen, amount to; *refl.*, conduct oneself, act.
betreffend, in question, referred [to.
betreten, enter, step on, set foot on, step into.
betrüben, grieve; betrübt, sad, sorry.
betrügen, o, o (um), cheat (out of); sich — laffen, be cheated.
betrunken, intoxicated.
Bett, *n.*, -es, -en, bed, bedside.
Bettchen, *n.*, little bed.
Bettdecke, *f.*, coverlet, counterpane.
betteln, beg; — gehen, go begging (bei ihm, to him).
Betteln, *n.*, begging, go begging.
Bettelsack, *m.*, ⁻e, beggar's pouch.
Bettelvolk, *n.*, ragamuffins.
betten, make a bed, place, lay; gebettet, resting.
Bettler, *m.*, beggar.
Bettlerkind, *n.*, -er, beggar child, pauper child.
beugen, bend, bow; *refl.*, bend, bow.
bevor, before, ere.
bewachen, watch, guard.
bewachsen, grown over.
bewahren, preserve.
bewandert (in), conversant (with), acquainted (with).

bewegen, *reg.* or o, o, move, stir, induce; *refl.*, move; sie läßt sich nicht —, she cannot be induced.
Bewegung, *f.*, movement, motion, stir, commotion.
bewirtschaften, manage.
bewohnen, inhabit.
Bewohnerschaft, *f.*, inhabitants, inmates; die ganze —, all the inmates.
bewundern, admire.
Bewunderung, *f.*, admiration.
bewußtlos, unconscious.
Bewußtsein, *n.*, consciousness.
bezahlen, pay.
Bezug, *m.*, ⁻e, reference; — haben auf, have reference to.
bezwingen, restrain.
Bibel, *f.*, Bible.
Bibelspruch, *m.*, ⁻e, biblical passage.
biegen, o, o, turn.
Biene, *f.*, bee.
Biest, *n.*, -er, beast.
bieten, o, o, offer.
bilden, form, represent; *refl.*, form.
Bilderbogen, *m.*, — *or* ⁻, picture-sheet.
Bilderbuch, *n.*, ⁻er, picture-book.
Bildung, *f.*, culture, manners.
Binde, *f.*, bandage.
binden, a, u, bind, tie, wrap.
Binse, *f.*, bulrush; ohne —n, without rush-belts.
Birnendiebstahl, *m.*, ⁻e, stealing of pears.

bis, till, until, by; — auf, down to; — an, — zu, up to, down to, until, as far as; — nach... hin, as far as.

bisher, heretofore, before, so far, hitherto.

Biß, *m.*, Bisse, bite.

bißchen, ein —, a little.

Bissen, *m.*, morsel.

bissig, fierce.

bisweilen, now and then, at times.

Bitte, *f.*, entreaty, prayer.

bitten, bat, gebeten, beg, request, entreat, ask (um, for); sich — lassen, be applied to, be solicited; bitte! please! pray!

bitter, bitter.

Bitterkeit, *f.*, bitterness.

bitterlich, *adv.*, bitterly, violently.

blamieren, *refl.*, make oneself ridiculous, make a fool of oneself.

blank, bright, shining; —e Röcke, bright liveries.

blasen, ie, a, blow, whistle; die Backen —, puff out one's cheeks.

blaß, pale, white.

Blatt, *n.*, ⸗er, leaf, (slip of) paper; ein — Papier, a piece *or* sheet of paper; ein — vor den Mund nehmen, to weigh one's words carefully.

Blättergewinde, *n.*, leafy tangle.

Blättergewirr, *n.*, tangle of leaves.

blättern, turn over the leaves.

Blättlein, *n.*, little leaf.

blau, blue.

blaugeädert, blue-veined.

bläulich, bluish.

Blech, *n.*, -e, sheet iron, common metal.

Blechkanne, *f.*, tin-can.

bleiben, ie, ie, stay, remain; liegen —, remain lying; stehen —, stop; übrig —, be left over; dabei bleibt es, there it remains, that is the end of it; bei klarem Kopfe —, keep a cool head; wo ist meine Seele geblieben? where is my soul?

bleich, pale, white.

blenden, dazzle.

Blick, *m.*, -e, glance, look, eyes; mit einem langen —, for a long while; vor seinen —en, before his eyes.

blicken, look.

blind, blind.

blindlings, blindly, at random.

blinzeln, twinkle.

Blitz, *m.*, -e, lightning, flash; —e schießen, flash.

blitzblank, bright and shining.

blitzen, flash, sparkle.

Blitzstrahl, *m.*, -es *or* -s, -en, flash (of lightning), bolt (of lightning).

blond, fair-haired, sandy.

bloß, bare; *adv.*, merely, only.

bloß=legen, show, lay bare.

blühen, bloom, blossom, thrive, grow.

Blume, *f.*, flower.
blumengeschmückt, flower-decked.
Blumenstrauß, *m.*, ⁻̈e, bouquet.
blumig, flowery.
Bluse, *f.*, blouse.
Blut, *n.*, blood; bis aufs —, almost to death.
bluten, bleed, pay up; er muß mir —, he'll have to shell out to me.
blutig, bloody, blood-red, crimson.
blutrot, blood-red, crimson.
Blutstropfen, *m.*, drop of blood.
Bock, *m.*, ⁻̈e, coach-box, the coachman's seat.
bocken, sulk.
Boden, *m.*, — *or* ⁻̈, soil, ground, spot.
bodenlos, bottomless; das Bodenlose, the bottomless depth.
Bogen, *m.*, — *or* ⁻̈, circle, semicircle.
bohren, *refl.*, penetrate.
borgen, borrow.
Börse, *f.*, exchange; an der —, on 'Change.
böse, bös, bad, wretched, miserable, wicked, angry (auf *or* mit, with).
brach, fallow.
Brachland, *n.*, ⁻̈er, fallow ground.
brach=liegen, lie fallow, lie idle.
Brachwasser, *n.*, morass.
bramarbasierend, boastful, boasting.
Brand, *m.*, ⁻̈e, fire; in — stecken, set fire to, light.

Brandnacht, *f.*, ⁻̈e, night of the fire.
Brandplatz, *m.*, ⁻̈e, scene *or* location of the fire.
Brandstelle, *f.*, scene *or* location of the fire.
Brandstifter, *m.*, incendiary.
Branntwein, *m.*, brandy, whiskey.
brauchen, need, be in need of.
Braue, *f.*, brow, eyebrow; unter seinen —n hervor, from under his brows.
braun, brown, chestnut.
brausen, roar.
Bräutigam, *m.*, fiancé, bridegroom (*on the wedding day*).
brav, good.
bravo! bravo! well said!
brechen, a, o, break, fall (*of light*).
Brei, *m.*, pulp.
breit, broad, wide; weit und —, far and wide; sich — machen, spread oneself, make oneself comfortable, sprawl.
breitbeinig, with wide steps, with swaggering stride.
breitblättrig, broad-leaved.
breiten, extend, spread.
breitschultrig, broad-shouldered.
breitspurig, having broad tracks, bombastic; sehr — auftreten, to strut about with an air of great importance.
brennen, brannte, gebrannt, burn, light, be hot; Licht —, keep a light burning.
brennend, burning, feverish.

Brett, *n.,* -er, shelf.
Bretterwand, *f.,* ⁻e, board wall, partition.
Brief, *m.,* -e, letter.
Briefbogen, *m.,* — *or* ⁻, note-paper, stationery.
Brille, *f.,* (pair of) eye-glasses, spectacles.
bringen, brachte, gebracht, bring, leave; jemanden weiter —, put someone farther ahead; es auf zwanzig —, increase the number to twenty.
Brosche, *f.,* brooch.
Brot, *n.,* -e, bread.
Brotkrume, *f.,* crumb of bread.
Bruder, *m.,* ⁻, brother.
brummen, grumble, mutter.
Brunnen, *m.,* well.
Brust, *f.,* ⁻e, breast, bosom, chest, heart, soul; sich in die — werfen, assume a pompous attitude; er will ihm an die —, he is about to attack him.
Brusttasche, *f.,* breast-pocket.
brüten, brood; ein brütendes Hühnchen, a sitting hen, a hen on her nest.
Buch, *n.,* ⁻er, book.
Buchstabe, *m.,* -n, letter.
Bückling, *m.,* -e, bow.
buhlen (um), court.
Bulle, *m.,* -n, bull.
Bündel, *n.,* bundle.
bunt, many-colored, gay-colored.
Bürger, *m.,* citizen.
Bursch, Bursche, *m.,* -en *or* -n, fellow, boy, chap.

Busch, *m.,* ⁻e, bush, shrub.
buschig, shaggy, bushy.
Busen, *m.,* bosom.
Busenschleife, *f.,* bow, tie.
Büßerin, *f.,* -nen, penitent.
Bütte, *f.,* tub.
Butterbrot, *n.,* -e, sandwich.
Butterfaß, *n.,* -fässer, churn.

C

Capri, *n., the island of* Capri, *near Naples.*
Chance (*pron.* Schangße), *f.,* chance, prospect.
Chor (*pron.* Kōr), *m.,* ⁻e, chorus.
Christ, *m.,* -en, Christian.
Christenmensch, *m.,* -en, human being.
christlich, Christian.

D

da, *adv.,* then, at that time; *conj.,* as, when, while.
dabei, at the same time, in doing so; — sein, be in it, be present, be near one, be a party to something, be about; — bleibt es, there it remains, that is all, that is the end of it.
Dach, *n.,* ⁻er, roof.
Dachfirst, *m.,* -e, ridge of the roof.
dachte, *pret. of* denken.
dadurch, through that, thereby; — daß, *often to be rendered by* 'by' *with gerund.*

dafür, for that, on the other hand.
daheim, at home.
daher, therefore, hence, that is why.
daher=fahren, drive along.
daher=gehen, walk along.
daher=humpeln, hobble along; dahergehumpelt kommen, come hobbling *or* hitching along.
daher=kommen, come along.
daher=rollen, rattle along.
daher=springen, bounce along, run along.
daher=wackeln, hobble along.
dahin, there; bis —, up to this time, so far; — sein, be gone, be lost.
dahin=gehen, walk along, pass by.
dahin=kriechen, crawl along.
dahin=leben, live through.
dahin=schleichen, crawl along.
dahin=sein, war, gewesen, be gone, be lost.
dahinter, behind.
da=liegen, lie (there); eine dunkel daliegende Masse, a dark object lying on the ground.
damals, at that time, then; als — als, than when.
Dame, *f.*, lady.
damit, *adv.*, with that, with it, therewith; — basta, that settles it; *conj.*, in order that, so that.
Dämmerschein, *m.*, dusky light, twilight, dim light.
Dämmerung, *f.*, twilight, dusk.
Dampfkessel, *m.*, boiler.

Dampfmaschine, *f.*, steam engine.
Dampfpfeife, *f.*, steam whistle.
Dampfstrahl, *m.*, -es *or* -s, -en, jet of steam.
Dampfwölkchen, *n.*, (small) cloud of steam.
daneben, beside it, near to it, next to it, nearby, in addition.
dank, *with dat.*, owing to, thanks to.
Dank, *m.*, thanks, gratitude; Gott sei —, thank Heaven; zum —, in recognition, in return; habe —! be thanked!
dankbar, grateful.
Dankbarkeit, *f.*, gratitude.
danken, *with dat.*, thank, express one's thanks, decline (with thanks); zu — haben, *with dat.*, owe to.
dann, then, thereupon.
dannen; von —, off, away.
daran, on it, on them.
daran=geben, sacrifice.
daraufhin, on that account.
daraus, out of that, from that.
darein=geben, *refl.*, give in.
darein=mischen, *refl.*, mingle with.
darein=schallen, *reg. or* o, o, mix, mingle with.
darein=schauen, appear, look.
darin, therein, in it.
darinnen, therein, in it.
dar=legen, expound.
dar=stellen, represent.
darüber, over that, over it, on top of it, above that, about

that, in the meanwhile, longer, beyond that, on account of that.

darum, therefore, on that account.

darunter, below it, below, beneath, among them.

Dasein, n., existence, life.

da=sein, war, gewesen, be there, be here, be present.

da=sitzen, sit (there).

da=stehen, stand by.

Datum, n., -s, Data and Daten, pl., facts, data.

dauern, last; —d, extended, prolonged.

Daumen, m., thumb.

davon, away; auf und —, away forthwith.

davon=fahren, drive off, drive away.

davon=jagen, tr., chase away; intr., rush away.

davor, in front of it.

dazu, thereto, to it, to that, at the same time, in addition, to boot, to do that; du bist bloß — da, you are here only; noch —, worse still, above all; wie kommen Sie —? how do you dare?

dazwischen, between them, in between.

dazwischen=drängen, refl., crowd in between.

dazwischen=kommen, interfere, prevent.

Decke, f., cover, blanket, ceiling.

Deckel, m., cover, lid.

decken, cover. [cover.

Deckung, f., covering; zur —, to

dehnen, refl., stretch (oneself), fidget.

Deichsel, f., shaft, pole (of a wagon).

dein, your; die Deinen, pl., your family.

demnächst, in the near future.

Demut, f., humility.

demütig, humble.

denken, dachte, gedacht, think, fancy, imagine; man denke! just fancy! imagine! bei sich —, think to oneself; daran ist nicht zu —, that is not to be thought of; einen Gedanken weiter —, follow a thought farther.

Denkmal, n., -e or ¨er, monument.

Denkzettel, m., punishment.

denn, for; then, pray, I wonder; arch., than.

dennoch, nevertheless, yet.

dergleichen, the like.

derselbe, the same, he, she, it, etc.

derweilen, meanwhile.

desgleichen, likewise, the same.

deshalb, on that account, for that purpose, for that reason.

desolat', desolate, dilapidated.

desto, the ... (before comparatives).

deutlich, plain.

dicht, thick, dense, close; — dabei, close by.

dichtgedrängt, closely packed.
dick, thick, voluminous, big, fat.
Dickicht, *n.,* –e, thicket; das — des Busches, the dense growth of the bush.
Diele, *f.,* deal-board, flooring, [floor, hall.
dienen, serve.
Diener, *m.,* attendant, usher.
Dienst, *m.,* –e, service, employ; in den — or in seine — nehmen, take (someone) into one's service.
Dienstbote, *m.,* –n, servant, employé; *pl.,* hired men and women, servants.
Dienstmädchen, *n.,* servant (girl).
Dienstmagd, *f.,* ⁼e, (maid) servant, servant girl.
diesmal, this time.
Ding, *n.,* –e *or* –er, thing; vor allen —en, above all.
direkt', direct, straightway.
Direktor, *m.,* –s, –en, director.
doch, indeed, yet, though, nevertheless, just the same, anyway; o nicht —, oh no, no! — noch, just the same; — (*affirmative*), yes, you do.
Doktor, *m.,* –s, –en, doctor.
donnerja! gee! gee whiz!
Donnerwetter! zounds! thunderation!
Doppelkinn, *n.,* –e, double chin.
doppelt, double, twice; — verzerrt, twice as distorted.
Dorf, *n.,* ⁼er, village, hamlet.
Dorfspritze, *f.,* village fire-engine.

Dorn, *m.,* –e, –en *or* ⁼er, thorn.
Dornenhecke, *f.,* hedge of thorns.
Dornröschen, *n.,* Sleeping Beauty.
dorthin, thither, in that direction.
Drama, *n.,* –s, Dramen, drama.
dran (= daran), to it, on it, thereon.
drang, *pret. of* dringen.
drängen, crowd; gedrängt voll von, packed with.
drauf (= darauf), thereupon, on it.
draus (= daraus), out of it.
draußen, out there, outside, in the yard.
drehen, roll, revolve, turn; *refl.,* turn.
drei, three.
dreimal, three times, thrice.
drein (= darein); hinter . . . —, along behind.
drein=schauen, appear, look.
Dreischeffelsack, *m.,* ⁼e, sack holding three bushels; mit Dreischeffelsäcken, by the bushel.
dreißig, thirty.
dreist, bold.
dreiviertel, three quarters.
dreschen, a *or* o, o, thrash.
Dreschmaschine, *f.,* thrashing-machine.
drin (= darin), in there, here.
dringen, a, u, rush, break, penetrate, enter; in einen —, urge someone; an etwas —, reach, pierce.

dringend, urgent.
drinnen (= darinnen), in it, in, in the barn.
droben, above, in the sky, in heaven.
drohen, threaten; das Drohen, n., threats; —d, adv., threateningly.
dröhnen, resound; —d, resounding, heavy.
drollig, droll, funny.
drüben, on the other side, yonder, over there.
Druck, m., ⁻e, pressure, weight.
drücken, press, oppress, weigh (upon the mind); —d, oppressive.
drum, see darum.
ducken, refl., duck, stoop down; gebuckt, stooping over.
Duft, m., ⁻e, fragrance, perfume, odor.
duftig, delicate, lovely, sweet.
dulden, tolerate, suffer.
dumm, stupid, foolish; —es Zeug, nonsense, foolishness.
Dummheit, f., stupidity, foolishness.
Dummkopf, m., ⁻e, blockhead.
Dummrian, m., -e, silly boy.
dumpf, dull, hollow, deep, sullen.
dunkel, adj., dark; adv., faintly; im Dunkeln, in the dark.
Dunkel, n., darkness, dark; im —, in the dark nook.
Dunkelheit, f., darkness.
dunkelrot, dark-red.
dunkelrötlich, dark-reddish.

Dunkelwerden, n., beginning darkness.
dünn, thin, fine.
Dunst, m., ⁻e, odor, stench.
durch, prep., through, by.
durchaus, thoroughly, entirely, completely, by all means.
durchbohren, pierce.
durch=brechen, break in two.
durcheilen, cross at a run.
durcheinander, in confusion, pell-mell.
Durcheinander, n., confusion, uproar, tumult.
durcheinander=laufen, run about confusedly.
durchlöchert, full of holes, ragged, patched up.
durch=machen, attend (*school*), go through, pass through.
durchnässen, drench, soak.
durch=prügeln, thrash, flog.
durchrieseln, trickle through, thrill, pass through.
durchschauern, chill through; es durchschauert ihn kalt, a cold shudder runs through him.
durchschneiden, cut through.
durchstreichen, cross out.
durchwachen, pass waking; eine durchwachte Nacht, a sleepless night.
dürfen, durfte, gedurft, may, be permitted; nicht —, must not.
dürftig, meager.
düster, dark, somber, gloomy, mournful.
Dutzend, n., -e, dozen.

E

eben, *adj.*, level; *adv.*, just, a moment ago, a while ago; noch —, just now; man muß — sehen, all a person can do is to see.
Ebene, *f.*, plain.
ebenfalls, likewise.
Ebenholz, *n.*, ebony.
ebenso, just so.
ebensowenig, just as little.
Ecke, *f.*, corner.
edel, excellent, valuable.
Edelstein, *m.*, -e, precious stone, stone.
Efeu, *m.*, ivy.
effektvoll, full of effect, effective.
eggen, harrow.
ehe, ere, before; — daß, ere, before; eher, sooner, rather.
Ehe, *f.*, marriage, married life.
ehemalig, former, old.
Ehre, *f.*, honor, good name; König der —n, King of Glory; wieder zu —n bringen, restore the good reputation of.
ehren, honor.
Ehrgefühl, *n.*, feeling of honor, self-respect.
ehrlos, dishonorable, disgraceful.
ehrvergessen, unmindful of one's honor; ehr= und pflichtvergessen, unmindful of one's honor and duty.
eichenbeschattet, shaded by oaks.
Eid, *m.*, -e, oath.
eifrig, eager, busy.

eigen, own; mein Eignes, my own; eigenst, most particular; auf eigne Kosten, at one's own expense.
eigenhändig, with one's own hands, in person.
Eigensinn, *m.*, obstinacy.
eigentlich, after all, really.
Eigentum, *n.*, ⁻er, property.
eigentümlich, peculiar, strange, unusual.
eilen, hurry, hasten.
eilig, *adv.*, hurriedly, quickly.
eiligst, *adv.*, hastily, in all haste.
Eimer, *m.*, bucket.
ein, *adv.*, in; aus und —, in and out.
einander, each other, one another.
Einband, *m.*, ⁻e, binding, cover.
Einblick, *m.*, -e, insight.
eindringlich, impressive, forcible.
Eindruck, *m.*, ⁻e, impression.
ein=drücken, impress.
einfach, plain, simple.
ein=fallen, *with dat.*, occur to; etwas fällt ihm ein, he happens to think of something.
einfältig, simple-minded, foolish, stupid.
ein=finden, *refl.*, appear, be present.
Einfluß, *m.*, -flüsse, influence.
Eingang, *m.*, ⁻e, entrance.
ein=gestehen, acknowledge.
ein=graben, set (up), put up.
ein=greifen, interfere.

Eingreifen, *n.*, interference, interposition.

Einhalt, *m.*, stop; — tun (*with dat.*), put a stop to.

ein=halten, stop.

ein=hauen, hieb, gehauen, cut in; wacker —, pitch in, fall to bravely.

einher=schleichen, crawl along, crawl about.

ein=holen, overtake.

ein=hüllen, envelop, wrap.

einig, united; — werden, agree.

einige, some, several.

ein=kaufen, purchase.

ein=kehren, arrive, be a guest, stop (bei, at, with).

Einkünfte, *pl.*, receipts, earnings.

Einladung, *f.*, invitation.

Einladungskarte, *f.*, card of invitation.

Einlaß, *m.*, admission; um —, to be admitted.

ein=lassen, *refl.* (auf etwas), enter into, take part in, engage in, embark upon.

ein=leiten, institute.

einmal, once, one single time, just, some time, some time in the future, at last; *often untranslatable;* auf —, at once, suddenly, at one time, at a time; schon —, ever; nicht '—, not even; nun —, once for all; ratet —! just guess!

ein=reiben, rub into, moisten and rub.

ein=reißen, creep in.

ein=richten, arrange, fix up; sich darauf —, make preparations for it.

Einrichtung, *f.*, arrangement.

eins, one thing.

einsam, alone, solitary, by oneself, lonesome, retired, reserved.

Einsamkeit, *f.*, solitude; in aller —, in complete loneliness.

ein=schlafen, fall asleep.

ein=schlagen, take (*a road*), walk (*in a given direction*).

ein=segnen, confirm.

Einsegnung, *f.*, confirmation service.

Einsegnungstag, *m.*, –e, day of confirmation.

ein=setzen, set in.

ein=sinken, sink in.

Einspänner, *m.*, one-horse carriage.

einspännig, drawn by one horse; —e Fuhre, (one horse) cart-load.

ein=sperren, lock up, imprison.

ein=sprechen (auf), speak (to); Mut —, encourage, comfort.

einst, once, at some time, in the future.

ein=stellen, drop, discontinue.

ein=stimmen, join in, applaud.

einstmals, once.

ein=studie'ren, commit, rehearse.

eintönig, monotonous.

ein=treffen, arrive, take place.

ein=üben (sich etwas), practice, train oneself in.

einverstanden; mit etwas — sein,

approve of something, comply with something.

ein=willigen, assent (in, to).

einzeln, single, individual; jeder —e von ihnen, each one of them alone.

ein=ziehen, draw in.

einzig, *adj.*, single, only one; *adv.*, only.

Eisblume, *f.*, ice-flower; an den Fenstern blühen die —n, the frost has covered the windows with flower-like designs.

Eisen, *n.*, iron.

Eisenwand, *f.*, ᵘe, iron wall, iron side.

eisern, iron.

eisgrau, hoary, gray.

eisig, icy.

eitel, nothing but.

Eitelkeit, *f.*, vanity.

Elend, *n.*, misery.

elend, wretched, miserable; ein Elender, a wretch.

elf, eleven.

Ellbogen, *m.*, elbow.

Elle, *f.*, yard-stick.

Elster, *f.*, magpie.

Eltern, *pl.*, parents.

Emblem', *n.*, -e, letter-head, heading.

Empfang, *m.*, ᵘe, reception; in — nehmen, receive.

empfangen, receive, welcome.

empfehlen, a, o, recommend; als Verlobte — sich, the engagement is announced of . . .

empfinden, feel.

Empfindung, *f.*, feeling.

empor, up, upward.

empor=bahnen, sich einen Weg —, work one's way up.

empor=blicken, look up, gaze up.

empor=blühen, grow up flourishing, thrive, prosper.

empor=fahren, give a start, start up, shoot upward.

empor=fliegen, fly up.

empor=gleiten (an), go up (to).

empor=gucken, look up.

empor=klettern, climb up.

Emporkommen, *n.*, thriving, progress, successful growth.

empor=raffen, *refl.*, struggle to one's feet.

empor=ragen, stand out, rise above.

empor=recken, *refl.*, reach up.

empor=richten, raise, raise up(wards).

empor=schauen, look up.

empor=schwellen, swell up, rise, grow.

empor=sehen, look up.

empor=springen, jump up, spring up.

empor=spritzen, spirt up.

empor=steigen, rise, walk up.

empor=türmen, tower (up), rise (up).

empor=wachsen, grow up, grow larger.

empor=wandern, wander up.

empor=wirbeln, whirl skyward.

empor=zucken, flash up.

Endchen, *n.*, bit, short distance.

Ende, *n.,* -𝔰, -𝔫, end; am —, after all, perhaps; ein — ma𝔠𝔥en (mit), put an end (to), finish; das — vom Liede, the upshot of the matter; zu — gehen, be near its end.

enden, finish, end. [last.

endlich, at last; — einmal, at

eng, enge, close; um so enger, the closer, so much the more closely.

Engel, *m.,* angel.

entdecken, discover, find out, see.

Ente, *f.,* duck.

entfärben, discolor; *refl.,* turn pale, change color.

entfernen, remove; *refl.,* become removed from, leave.

entfernt, distant; — liegen, be at a distance.

entfesseln, unchain, call forth.

entflammen, burn.

entfremden, estrange (from).

entgegen-bringen, *with dat.,* meet.

entgegen-führen, lead toward.

entgegen-gehen, go to meet, walk toward.

entgegengesetzt, opposite.

entgegen-glotzen, *with dat.,* stare toward.

entgegen-kommen, *with dat.,* come toward.

entgegen-leuchten, *with dat.,* shine toward, attract one's eyes.

entgegen-rufen, *with dat. of pers.,* call out to.

entgegen-schauen, *with dat.,* gaze at, look at someone while he comes near.

entgegen-schreien, *with dat. of pers.,* shout at *or* to.

entgegen-starren, *with dat.,* stare at.

entgegen-strecken, *with dat. of pers.,* hold out to.

entgegen-stürzen, *with dat.,* rush out to.

entgegen-winseln, *with dat.,* spring whining toward someone.

entgegen-wirbeln, *with dat.,* whirl toward. [toward.

entgegen-ziehen, *with dat.,* blow

entgegnen, reply, retort.

entgehen, *with dat.,* escape.

entgleiten, *with dat.,* slip from, slip out of.

enthalten, contain.

entlang, along; an . . . —, along.

entlassen, discharge, dismiss.

entledigen, *refl. with gen.,* rid oneself of.

entleihen, borrow.

entnehmen, take from.

entquellen, *with dat.,* burst from, flow from.

entreißen, drag down from.

entringen, *refl. with dat.,* be wrested from, escape.

entrüstet, indignant (über, at).

Entrüstung, *f.,* indignation.

entsagen, *with dat.,* renounce.

entschieden, *adv.,* decidedly, without doubt.

entschließen, *refl.*, resolve, decide.

entschlossen, determined; rasch —, with quick resolution.

Entschluß, *m.*, -schlüsse, resolution, determination; zu einem — kommen, arrive at a decision.

Entschuldigung, *f.*, excuse, pardon.

Entsetzen, *n.*, terror.

entsetzlich, terrible, fearful.

entsinnen, *refl.*, recall, remember.

entstammen, *with dat.*, originate [in.

entstehen, arise, ensue, be made.

Enttäuschung, *f.*, disappointment.

entweder, either.

entwerfen, design.

entziehen, *refl. with dat.*, try to escape from, escape from.

Equipa′ge, *f.*, carriage.

Erbarmen, *n.*, pity, mercy.

erbarmen, *refl. with gen.*, have pity on; *impers. with acc.*, cause pity.

erbarmenswert, pitiful.

erbeben, tremble, shake, give a start, be startled.

erbleichen, i, i, turn pale.

erblicken, notice, see.

Erbschaft, *f.*, inheritance, estate (of one dead).

Erdboden, *m.*, ground.

Erde, *f.*, earth, ground; auf der —, on the ground, on the floor; auf —n, on earth, in the world.

erdulden, suffer.

Ereignis, *n.*, -nisse, event.

erfahren, learn, hear, be informed; davon —, learn of that.

erfassen, take hold of, seize.

erfüllen, fill.

ergehen, *impers. with dat.;* wie ergeht es ihr? how is she? etwas über sich — lassen, submit to something, suffer something patiently.

ergießen, *refl.*, flow out, be poured out.

erglimmen, begin to glow.

ergreifen, seize, grasp, take hold of.

erhaben, sublime, lofty, superior (über, to); darüber sind wir —, we are above that.

erhalten, receive, get, acquire, have, show.

erhandeln, obtain (by bargaining).

Erhärtung, *f.*, corroboration, proof.

erhaschen, catch.

erheben, raise, lift; *refl.*, rise, arise, begin; den Blick —, give a glance.

Erhebung, *f.*, exaltation, uplift.

erhitzen, *refl.*, become hot; erhitzt, heated, flushed, hot.

erhöhen, *refl.*, increase; erhöht, raised.

erholen, *refl.*, recover oneself, rest.

Erholung, *f.*, rest, leisure.

Erikabusch, *m.*, ⁼e, heather-shrub.
Erikabüschel, *m. or n.*, clump or bunch of heather-shrub.
erinnern, *refl. with gen. or* an, recall, remember; er erinnert sich daran, he remembers that.
Erinnerung, *f.*, recollection, memory (an, of).
erkennen, recognize; etwas zu — geben, give something to understand, make something known.
Erker, *m.*, jutty, projecting story.
erklären, explain, declare; — für, designate as, declare to be.
erklettern, scale.
erkundigen, *refl.*, inquire (bei, of).
erlauben, permit, allow; sich etwas —, presume, dare.
Erlaubnis, *f.*, permission.
erleben, experience.
erleichtern, relieve; erleichtert aufseufzen, heave a sigh of relief; erleichtert aufatmen, breathe a sigh of relief.
erlernt, acquired.
erloschen, extinguished, lustreless.
erlösen, deliver, redeem, relieve.
Erlösung, *f.*, deliverance, redemption.
ermahnen, admonish, warn.
Ermahnung, *f.*, exhortation, admonition.
ermöglichen, make possible.
ernennen, zu, appoint.

erneuern, renovate, rebuild, renew.
Ernst, *m.*, earnest, seriousness; etwas für — halten, take something seriously.
ernst, earnest, serious, sincere.
ernsthaft, serious, solemn.
ernstlich, in earnest.
Ernte, *f.*, harvest.
Erntefest, *n.*, –e, Thanksgiving, harvest festival.
ernten, reap, receive, get.
Erntesegen, *m.*, blessings of the harvest, harvest.
Erntewagen, *m.*, harvest wagon.
erproben, try, test, find true.
erregen, excite, cause.
Erregung, *f.*, excitement.
erreichen, reach, attain.
erretten, save.
errichten, establish, build.
erringen, win, gain.
erröten, blush.
errungen, *p. p. of* erringen; das bisher Errungene, the things accomplished hitherto.
erschauern, shudder.
erscheinen, appear.
erschlaffen, relax, flag, diminish.
erschlagen, slay, strike down.
erschrecken, erschrak, o, be terrified, be frightened, give a start (über, at); erschrocken, frightened, startled, amazed.
ersehen, perceive, see.
ersehnen, long for.
Ersinnen, *n.*, inventing, invention.

ersparen, save.

erst, first, early, only, but, not until; jetzt —, now only, not until now; — recht, more than ever, all the more; nun —, above all.

erstarren, congeal (zu, into), grow stiff, grow rigid, freeze; — machen, strike stiff; erstarrt, chilled.

erstaunt, *adv.*, wonderingly, in surprise.

erstehen, *intr.*, rise; *tr.*, (käuflich) —, purchase.

erstens, in the first place.

ersticken, suffocate, choke; *intr.*, become choked.

ersuchen, request; um Ruhe —, request to be silent.

erteilen, give (orders).

ertönen, resound, be heard, sound, ring.

Ertrag, *m.*, ⸚e, proceeds, profits.

ertragen, bear; etwas läßt sich —, something can be borne.

erübrigen, save, lay by.

erwachen, awake, awaken.

erwachsen, grown up.

Erwähnung, *f.*, mention.

erwarten, expect; — lassen, warrant.

Erwartung, *f.*, expectation, suspense, anticipation.

erwecken, awaken, arouse.

erweisen, show, do.

erwerben, a, o, acquire.

erwidern, reply, retort, return.

erworben, *p. p. of* erwerben; das Erworbene, the things gained *or* accomplished.

erzählen, tell, relate.

Erzählung, *f.*, tale, story.

erzeugen, produce.

erziehen, bring up; zu Bettlern —, bring up to be beggars.

Erziehungsversuch, *m.*, -e, educational attempt *or* experiment.

erzielen, aim at, obtain.

erzwungen, forced.

essen, aß, gegessen, eat.

Essen, *n.*, meal, dinner; zum —, to eat; nach dem —, after dinner.

Essig, *m.*, vinegar.

etliche, a few, several.

etwa, perhaps, possibly, about.

etwas, something, anything, somewhat.

Eule, *f.*, owl.

evangē'lisch, evangelical, Protestant.

ewig, endless, everlasting, eternal.

Ewigkeit, *f.*, eternity.

Existenz', *f.*, existence, life.

extrastark, extra stiff.

F

Fachwerk, *n.*, -e, compartments (*of a barn or granary*).

Fackel, *f.*, torch.

fahl, fallow, pale.

fahren, u, a, drive, ride, pass; sich mit der Hand durch die Haare —, run one's hand through one's hair; es fährt ihm durch den Sinn, he suddenly remembers; beide Fäuste fuhren ihm ins Gesicht, both fists struck him in the face.

Fahrt, *f.*, ride, drive, journey, trip.

Fährte, *f.*, track, scent.

Fahrweg, *m.*, -e, drive-way, high-road.

falb, fallow, pale yellow.

Fall, *m.*, ⁻e, case.

fallen, fiel, a, fall, belong, pass; einem in den Arm —, seize one's arms; einem in die Augen —, attract one's attention; einem ins Wort —, interrupt someone; in Ohnmacht —, faint; ins Schloß —, close.

falsch, false, deceitful.

Falte, *f.*, fold, wrinkle; die Stirn in —n ziehen, knit one's brows.

falten, fold.

Fami'lie (*pron.* Fami'lje), *f.*, family.

fangen, i, a, catch; *refl.*, catch.

Farbe, *f.*, color, paint, dye.

färben, *refl.*, assume a color.

Farbenspiel, *n.*, -e, play of colors, changing colors.

Farnkraut, *n.*, ⁻er, fern, ferns.

Faser, *f.*, fibre.

fassen, grasp, seize, hold; *refl.*, compose oneself; einen Plan —, form a plan; sich um die Taillen —, embrace each other around the waist.

Fassung, *f.*, composure.

fast, almost, fain.

faul, lazy.

Faust, *f.*, ⁻e, fist, hand; auf eigene —, on one's own account.

Fäustchen, *n.*, little fist, little hand.

Federchen, *n.*, little feather.

Federhut, *m.*, ⁻e, hat with big feathers.

Federmesser, *n.*, pen-knife, pocket-knife.

Fee, *f.*, fairy.

fehlen, *with dat.*, lack, fail; ihm — die Gelder, he lacks the money (the means, the capital); es fehlt an etwas, something is lacking; es hat dir nur einer gefehlt, you only needed someone.

Fehler, *m.*, mistake.

Feier, *f.*, festivity, ceremony.

Feierabend, *m.*, time when work ceases, time of rest; — machen, stop working.

feierlich, solemn.

feiern, celebrate. [work.

Feierstunde, *f.*, leisure-hour after

Feiertag, *m.*, -e, holiday.

feige, cowardly.

Feigheit, *f.*, cowardliness.

Feile, *f.*, file.

fein, fine, refined, delicate, soft, elegant, sweet.

feindlich, hostile, adverse.

Feld, *n.*, -er, field; aufs freie —, into the open (fields); aus dem —e schlagen, overcome, beat.

Feldmarschall, *m.*, ⁻e, field-marshal.

Feldzeugmeister, *m.*, general of ordnance (*in the Austrian army only*).

Feldzugsplan, *m.*, ⁻e, strategic plan.

Fenster, *n.*, window.

Fensterladen, *m.*, ⁻ *or* —, window shutter.

Fensterpromena′de, *f.*, promenade in front of (someone's) windows.

Ferien, *pl.*, vacation, holidays.

fern, ferne, far, distant; — halten, keep away; von —, von —e, from afar; —er, further, prolonged.

fernab, far away, far off.

Ferne, *f.*, distance; aus der —, from afar; in die —, away.

fertig, ready, done; — sein, — werden, finish, be done; mit sich — werden, get along.

fertig-bringen, finish, get done.

fertigen, make.

fesseln, chain, bind.

fest, firm, tight, fixed; einen — im Auge halten, keep one's eyes fixed on someone; —en Blickes, fixedly.

festgebannt, spell-bound.

fest-halten, hold fast, hold down.

festigen, *refl.*, become settled *or* confirmed.

fest-setzen, settle.

fettig, greasy.

Fetzen, *m.*, shred; ein — Band, a piece of ribbon.

feucht, damp, moist.

Feuer, *n.*, fire.

Feuergleich, *m.*, glow.

Feuersbrunst, *f.*, ⁻e, conflagration, fire.

Feuerschein, *m.*, glow, reflection of a fire.

Feuerung, *f.*, fire-place, fire-box.

feurig, fiery; —e Strahlen, sheet of flame.

Fichte, *f.*, spruce.

Fichtenwald, *m.*, ⁻er, spruce forest.

fieberisch, feverish.

Fiedel, *f.*, fiddle.

Filz, *m.*, -e, miser, niggard.

finden, a, u, find, think, fancy; den Mut —, have the courage (dazu, to do it); sich —, be found, appear; es findet sich von selbst, it is quite natural, it is a matter of course.

finster, dark, sullen, sinister, surly.

Finsternis, *f.*, -nisse, darkness.

Firlefanz, *m.*, foolery, nonsense.

Firma, *f.*, *pl.* Firmen, firm, company.

First, *m.*, -e, ridge of the roof, roof.

Fittich, *m.*, -e, wing, pinion.

fix, fixed.

flach, level.

Fläche, *f.*, plain, surface.

flackern, flicker.

Flämmchen, *n.*, little flame, flamelet.

Flamme, *f.*, flame.

flammen, blaze up, flame.

Flammengarbe, *f.*, sheaf of flame.

Flammenmeer, *n.*, –e, sea of flames.

Flammenschein, *m.*, glow of flames.

Flasche, *f.*, bottle.

flattern, flutter, hang loose.

Flecken, *m.*, spot.

flehen, entreat, implore, beg.

flehentlich, beseeching, urgent.

fleißig, industrious, tireless.

Flieder, *m.*, lilac.

Fliederbüschel, *m. or n.*, sprig of lilac.

Fliege, *f.*, fly.

fliegen, o, o, fly, flit, pass, cross, fall.

fliehen, o, o; flee, escape.

fließen, o, geflossen, flow; —d, (write) in a running hand.

flimmern, glitter, gleam; —d, dazzling white.

Flimmerschein, *m.*, flickering light.

flirren, flit.

Flor, *m.*, –e, veil, mist.

florieren, flourish, thrive.

Flöte, *f.*, flute.

Flötenspiel, *n.*, –e, flute-playing.

Flötespielen, *n.*, playing the flute.

Fluch, *m.*, ⁻e, curse; zum —e, for a curse.

fluchen, curse, swear; das Fluchen, curses.

flüchten, take refuge, flee (*also refl.*).

flüchtig, *adj.*, fleeting, passing; *adv.*, carelessly, hastily.

Flügel, *m.*, wing.

Flügeltür, *f.*, folding-door.

Flur, *f.*, field; die —en des Ganges, the plains of the Ganges.

Fluß, *m.*, Flüsse, river; wieder in — kommen, start up again.

Flüssigkeit, *f.*, liquid.

flüstern, whisper.

folgen, follow.

folgern, conclude.

foppen, jeer, banter.

forschend, inquisitive, keen.

fort, away, gone; — sein, have left, be gone; in einem —, continually.

fortab, henceforth.

fortan, henceforth, from now on, in future, thereafter.

fort=bleiben, stay away.

fort=dauern, continue.

fort=eilen, hurry away.

fort=fahren, continue, resume, drive away.

Fortgang, *m.*, progress, course; den — nehmen, progress, go on one's course.

fort=gehen, go away.

fort=kommen, come away.

fort=nehmen, *with dat. of pers.*, take away from someone, take off.

fort=rücken, remove.

fort=schauen, look away.

fort=sein, war, gewesen, be gone, have left.

fort=tragen, carry away.

fortwährend, continually, all the time.

Frack, *m.*, ⁻e, frock-coat, dress-coat.

Frage, *f.*, question.

fragen, ask, inquire (nach, about; um, for); es fragt sich, the question is; —d, questioning.

Frankreich, *n.*, France.

Fraß, *m.*, -e, grub, feed.

fräß' weg, *pret. subj. of* wegfressen.

Frau, *f.*, woman, lady, wife.

Frauengestalt, *f.*, female figure.

Fräulein, *n.*, young lady, Miss.

frei, free, relieved, open; auslaufen, go free; ins Freie, into the open; ins Freie lassen, let out, send forth.

Freiersmann, *m.*, ⁻er, suitor, wooer.

frei=geben, let go.

frei=lassen, release, let free.

freilich, indeed, to be sure, of course.

frei=stellen, *with dat. of pers.,* leave to someone's choice.

Freitagabend, *m.*, -e, Friday evening.

Freitreppe, *f.*, outside steps.

fremd, strange, a stranger (to someone); — werden, *with dat.,* become estranged from; der (die) Fremde, strange man (woman), stranger.

Fremde, *f.*, foreign lands, strange lands; in die —, into an unknown country; in der —, away from home.

Fremdwort, *n.*, ⁻er, foreign term.

Freude, *f.*, joy, delight, pleasure, gratification.

Freudenbotschaft, *f.*, glad tidings.

Freudentag, *m.*, -e, joyful day.

freudig, joyful.

Freudigkeit, *f.*, joy, joyfulness (über, at).

freuen, *refl.*, enjoy.

Freund, *m.*, -e, friend.

Freundin, *f.*, -nen, (lady) friend.

freundlich, pleasant, kind.

Freundschaft, *f.*, friendship.

Freundschaftsbund, *m.*, ⁻e, bond of friendship.

Friede(n), *m.*, -ns, -n, peace; sie hat ihren —n, she is at peace.

friedlich, peaceful, placid.

friedlos, uneasy, disturbed, restless.

frieren, o, o, freeze; *impers.*, be cold, feel chilly, shiver, have a chill.

frisch, fresh, brisk; *adv.*, afresh, recently, newly.

frischgebacken, freshly baked.

froh, glad, happy, joyous.

frohbewegt, with joyous emotions, joyous.

fröhlich, merry, cheery, pleasant.

Frohsinn, *m.*, cheerfulness, joyousness.

fromm, good, pious, devout.

Frösteln, *n.*, shiver, chill.

fruchten, be of avail; nichts —, be of no avail.

früh, frühe, early; früher, earlier, former, previous.

Frühe, *f.*, early time; morgen in der —, early to-morrow.

Frühherbstnebel, *m.*, early autumn mist(s).

Frühjahr, *n.*, -e, spring.

Frühling, *m.*, -e, spring.

Frühlingsmorgen, *m.*, spring morning.

Frühstücksbrot, *n.*, -e, lunch (sandwich).

Frühstückspause, *f.*, pause for lunch.

Fuge, *f.*, joint; in seinen —n, in (all) its joints.

fügen, add, ordain; *refl.*, give in, submit, acquiesce; das Schicksal fügte es nun, chance would have it now.

fühlen, feel; *refl.*, feel, consider oneself.

Fuhre, *f.*, cart-load, wagon-load, wagon.

führen, lead, conduct, take; näher —, bring nearer.

Fuhrmann, *m.* (*pl.* Fuhrleute), driver.

Fuhrwerk, *n.*, -e, vehicle, wagon, carriage; alle unsere —e, all our teams (*of horses*).

Fülle, *f.*, fulness, profusion, abundance, multitude, mass.

füllen, fill.

Fundament', *n.*, -e, foundation.

fünfzehnt, fifteenth.

fünfzig, fifty.

Fünkchen, *n.*, little spark.

Funke(n), *m.*, -ns, -n, spark.

funkeln, glitter, sparkle.

funkelnagelneu, brand-new.

funkenspritzend, emitting sparks.

für, for.

Furche, *f.*, furrow.

Furcht, *f.*, fear (vor, of).

fürchten, fear, be afraid of; *refl.* (*with* vor), be afraid (of), fear (someone).

fürchterlich, terrible.

furchtsam, timid, shy.

fürder, further; — nicht, no longer.

Fürsorge, *f.*, care.

Fuß, *m.*, ⁻e, foot; zu —, on foot.

Fußboden, *m.*, ⁻, ground, floor.

Fußende, *n.*, -s, -n, foot (*of the bed*). [march.

Fußweg, *m.*, -e, foot-path, walk,

Futter, *n.*, lining.

G

gaffen, gape, stare.

gähnen, yawn.

Galerie' (*three syll.*), *f.*, gallery.

Gang, *m.*, ⁻e, gait, walk, journey, path.

Ganges, *m.*, the river Ganges (*in India*).

ganz, *adj.*, whole, entire, complete, all; *adv.*, quite, entirely, exactly, fairly; ein —er Kerl, an excellent *or* capital fellow; im —en, on the whole.

gänzlich, completely, entirely.

gar, quite, even, very; — nichts, nothing at all; — sehr, very much; — wohl, very well; —

zu gerne, only too gladly; wenn —, above all when.

Garbe, *f.*, sheaf.

Garderobe, *f.*, wardrobe, clothes.

Gardine, *f.*, curtain.

Garten, *m.*, ⸚, garden.

Gartenfest, *n.*, -e, garden-party, lawn-party.

Gartentür, *f.*, garden-gate.

Gartenzaun, *m.*, ⸚e, garden-fence.

Gast, *m.*, ⸚e, guest, visitor; bei einem zu —e gehen, go as a guest to someone, visit someone. [tavern.

Gasthaus, *n.*, ⸚er, public-house,

Gastwirtschaft, *f.*, tavern, inn.

Gatte, *m.*, -n, husband.

gealtert, grown old, older, more mature.

geartet, of a kind *or* character; anders —, of a different type, differently constituted.

Geästel, *n.*, branches.

Gebärde, *f.*, gesture, expression.

Gebaren, *n.*, demeanor, behavior.

gebären, gebar, geboren, bear, give birth to.

Gebäude, *n.*, building, structure.

geben, a, e, give; in eine Schule —, send to school; Verdienst —, yield a profit; von sich —, utter, emit; darauf mußt du nichts —, you must not heed that; es gibt, there is, there are; es gibt viele Tränen, there is much weeping.

Geberin, *f.*, -nen, (lady) giver.

Gebet', *n.*, -e, prayer.

gebettet, resting.

geboren, *p. p. of* gebären; zum Feldmarschall —, born to be a field-marshal.

geborgen, secure, safe (vor, from); *see* bergen.

Gebot, *n.*, -e, commandment.

Gebrauch, *m.*, ⸚e, use.

gebrauchen, use, employ.

gebunden, *p. p. of* binden, tied down.

Geburt, *f.*, birth.

Gebüsch, *n.*, -e, bushes, bush.

Gedächtnis, *n.*, memory; im — behalten, keep in mind, remember.

gedämpft, suppressed.

Gedanke, *m.*, -ns, -n, thought, idea, fancy; sich über etwas —n machen, worry *or* think about something.

gedankenlos, thoughtless.

gedehnt, with a drawl, in a disappointed tone.

gedeihen, ie, ie, thrive, prosper.

gedenken, *with gen.*, think of, remember, mention.

Gedicht, *n.*, -e, poem.

gedreht, turned (out of), made (out of).

gedroschen, *p. p. of* dreschen.

gedrückt, oppressed, depressed; in eine Sofaecke —, crouching in a corner of the sofa.

geduldig, patient.

geehrt, honored.

Gefahr, *f.*, danger.
gefährlich, dangerous.
Gefährt, *n.*, –e, vehicle.
gefallen, *with dat.*, please, like; es fing ihm zu — an, he began to have a good time; sich etwas — lassen, patiently submit to something.
Gefalle(n), *m.*, favor.
gefällig, accommodating.
gefangen nehmen, take prisoner, captivate.
Gefangene, *adj. noun*, prisoner.
Gefängnis, *n.*, –nisse, prison, jail; im — sitzen, be in prison, serve a term in prison.
Gefängnismauer, *f.*, prison-wall.
Gefängnisstrafe, *f.*, jail sentence, imprisonment in jail.
gefaßt (auf), prepared (for).
geflissentlich, purposely.
gefrieren, freeze.
Gefühl, *n.*, –e, feeling.
gefunden, *p. p.* of finden.
gegen, *prep.*, against, toward(s), about; — ... hin, in the direction of, near to.
Gegenstand, *m.*, ⁻e, object.
gegenüber, *prep.*, toward, to, in the presence of, opposite to, in comparison with, compared to; wehrlos jemandem —, powerless against someone.
gegenüber-sitzen (*with dat.*), sit opposite to.
Gegenwart, *f.*, presence.
gegessen, *p. p.* of essen.

Gehalt, *m. or n.*, –e or ⁻er, salary, compensation.
geheim, secret.
Geheimnis, *n.*, –nisse, secret, mystery.
geheimnisvoll, mysterious.
gehen, ging, gegangen, go, wander; — lassen, let go, allow something to take its course; ach geh! oh fie! oh get out!; *impers.*, es geht, it goes, it succeeds, it gets along; wie geht es dir? how are you? es geht mir gut, I am doing well, I am well; es geht uns schlecht, we are miserable.
Geheul, *n.*, howling, howls.
Gehilfe, *m.*, –n, assistant.
Gehöft, *n.*, –e, farm.
gehorchen, *with dat.*, obey.
gehören, *with dat.*, belong to; — zu, be among, be one (*of a number*); das gehört nicht hierher, that has nothing to do with this affair.
Geißel, *f.*, switch, scourge, lash, sting.
Geist, *m.*, –er, mind, intellect, mental faculties.
Geisterhand, *f.*, ⁻e, invisible hand.
Gekrassel, *n.* (*prov.*), trash.
gekünstelt, artificial, ingenious, subtle.
Gelächter, *n.*, laughter.
Geländer, *n.*, back (*of a chair or a bench*).
gelb, yellow.

Geld, *n.,* -er, money; *pl.,* capital, means.
gelegen, situated.
Gelegenheit, *f.,* opportunity; bei —, at the first opportunity.
gelehrt, learned.
Geliebte, *adj. noun,* beloved one, lover.
gelingen, a, u (*impers. with dat.*), succeed.
gellend, shrill, piercing; sein Ruf geht —, he cries shrilly.
geloben, promise; das gelobte Land, the promised land.
gelten, a, o, *with dat.,* be considered, be concentrated in, be devoted to, count, pass for; es gilt ihr Glück, their happiness is at stake; nun gilt's, the main point is, the thing is.
gelungen, *p. p. of* gelingen; *adj.,* excellent, capital, successful.
Gemach, *n.,* ⁻er, room.
gemächlich, calm, leisurely.
Gemeinde, *f.,* congregation.
gemeinsam, common.
Gemurmel, *n.,* murmur, buzz of voices.
Gemüt, *n.,* -er, mind.
gemütlich, easy, pleasant.
Gemütsverfassung, *f.,* state of mind.
gen = gegen, toward, to.
genannt, *p. p. of* nennen, called, by name.
genau, *adv.,* exactly, clearly; aufs —este, most minutely.

Generalität, *f.,* body of generals.
Genesung, *f.,* recovery.
Genick, *n.,* -e, neck.
Genie (*pron. as in French*), *n.,* -s, -s, genius, intellect.
Genosse, *m.,* -n, companion.
genug, enough.
genügen, *with dat.,* suffice, be enough.
genugsam, *adv.,* sufficiently.
Genugtuung, *f.,* satisfaction.
gerade, *adv.,* just; — als, at the very time when.
geradeswegs, directly.
geraten, ie, a, get (into something); in Ärger —, become angry; in Schwanken —, start to sway.
Geratewohl, *n.*; aufs —, at random.
Geräusch, *n.,* -e, noise.
geräuschvoll, noisy.
Gerechtigkeit, *f.,* justice.
Gericht, *n.,* -e, court; die —e lauerten auf . . ., the law was waiting for . . .
Gerichtsbote, *m.,* -n, constable, bailiff.
Gerichtsdiener, *m.,* court-usher.
Gerichtsgebäude, *n.,* court of justice.
Gerichtshof, *m.,* ⁻e, court, jury.
Gerichtssaal, *m.,* -säle, courtroom.
gering, small, low, inferior; geringer, less; zum geringsten Teile, for the smallest part.

geringschätzig, contemptuous, disdainful, flippant.

gern, gladly, willingly; ich mag es — tun, I like to do it.

gern-haben, like, love.

Gerte, *f.*, switch, whip.

Geruch, *m.*, ⁻e, odor.

gerührt, sentimental.

Gerümpel, *n.*, (heap of) rubbish.

Gerüst, *n.*, -e, wooden scaffold, frame.

Gesang, *m.*, ⁻e, song.

Gesangbuch, *n.*, ⁻er, hymn-book.

Gesangbuchlied, *n.*, -er, song from the hymn-book, hymn.

Gesäß, *n.*, -e, seat.

Geschäft, *n.*, -e, business, business-matter.

Geschäftigkeit, *f.*, activity.

geschehen, a, e, happen, be done; keine Erwähnung geschieht, no mention is made (of something); ein Unglück geschieht, there will be a disaster.

Geschichte, *f.*, story, proceedings, matter, affair. [strap.

Geschirrriemen, *m.*, harness-

geschlichen, *p. p. of* schleichen.

geschlossen, *p. p. of* schließen.

Geschöpf, *n.*, -e, creature.

Geschrei, *n.*, screams.

geschultert, over the shoulder.

geschwätzig, garrulous.

Geschwätzigkeit, *f.*, loquacity.

geschweige, to say nothing of; — denn, least of all.

Geschwister, *pl.*, brothers and sisters, brothers, sisters.

Geschworene, *adj. noun*, juryman; *pl.*, jury.

Geselle, Gesell, *m.*, -(e)n, fellow.

Gesellschaft, *f.*, company, society.

gesellschaftlich, pertaining to society; —e Bildung, cultivated manners.

Gesetz, *n.*, -e, law.

Gesicht, *n.*, -er, face; —er schneiden, make faces; zu — bekommen, get a sight of; einem ein freundliches — machen, show someone a friendly face.

Gesichtszug, *m.*, ⁻e, feature.

Gesinde, *n.*, servants, household.

Gesindel, *n.*, rabble, rogues.

Gesinnung, *f.*, disposition.

gesondert, separate, apart, in separate classes.

gespensterhaft, spectral, ghastly.

gespenstisch, ghostlike, weird.

Gespiele, *m.*, -n, playmate, chum.

Gespielin, *f.*, -nen, (girl) playmate, chum.

Gespräch, *n.*, -e, conversation.

Gestalt, *f.*, figure, form, shape.

gestalten, *refl.*, shape itself, be, be transformed.

gestatten, permit.

gestehen, confess.

gestern, yesterday.

gestochen, *p. p. of* stechen.

Gesuchte, *adj. noun*, missing one.

gesund, sound, healthy; — machen, restore to health.

getrauen, *refl.*, dare.

Getreide, *n.*, grain.

getreu, faithful.

getreulich, *adv.*, faithfully, truly.

Gevatterin, *f.*, -nen, godmother.

gewahren, notice, observe.

gewähren, grant; — lassen, let (someone) have (his, her) way.

Gewalt, *f.*, force; — schreien, scream murder.

Gewaltsakt, *m.*, -e, violent act.

gewaltsam, forced.

Gewand, *n.*, ᵘer *or* -e, garb, garment.

gewandt, *p. p. of* wenden, turning.

gewichen, *p. p. of* weichen.

gewinnen, a, o, gain, obtain.

gewiß, certain, a certain kind of.

Gewissen, *n.*, conscience.

gewissermaßen, in a certain degree, in a measure.

Gewißheit, *f.*, certainty; die — war in ihm aufgegangen, he was firmly convinced; sich — verschaffen, make certain *or* clear.

Gewitter, *n.*, thunder-storm.

Gewitterwolke, *f.*, storm-cloud.

gewöhnen, *refl.*, accustom oneself, reconcile oneself (an, to).

Gewohnheit, *f.*, custom, habit; aus alter —, by habit.

gewöhnlich, customary, usual, ordinary.

gewöhnt (an), used (to), accustomed (to).

gewußt, *p. p. of* wissen.

Gezweig, *n.*, -e, branches.

gezwungen, *p. p. of* zwingen; sich — sehen, be forced.

Giebel, *m.*, gable, gable-end.

Giebelende, *n.*, -s, -n, gable-end, gable-front.

Giebelstube, *f.*, attic room, garret.

gießen, o, gegossen, pour.

giftig, venomous.

Gitterstab, *m.*, ᵘe, picket, stake, bar.

Gittertor, *n.*, -e, grated doorway, trellised gate, gate of a fence.

Glanz, *m.*, glow, light.

glänzen, shine; —d, splendid, magnificent, brilliant.

glanzlos, lustreless.

Glas, *n.*, ᵘer, glass.

Glaskugel, *f.*, glass ball, glass globe.

Glasteller, *m.*, glass plate, glass saucer.

glattgekämmt, smoothly combed.

Glaube(n), *m.*, -ns, -n, belief, faith (an, in), conviction; —n schenken, *with dat.*, put faith in, attach credit to.

glauben, believe, imagine; es hat daran — müssen, it has had to pay for it; ich will selbst dran —, I will perish myself.

gleich, *adj. with dat.*, like, equal to; der —e, the same, the like; zu —er Zeit, at the same time.

gleich, *adv.*, immediately, right.

gleichen, i, i, *with dat.*, be alike, be like to, resemble, be equal to.

gleichfalls, likewise.
gleichgültig, indifferent, unimportant.
gleichsam, so to speak.
gleich=tun, *with dat.,* vie with, emulate.
Gleisch, *m.,* glow, fire.
gleiten, glitt, geglitten, glide (down), flow, wander, pass; über etwas einen Blick — lassen, cast a glance at something.
Glied, *n.,* -er, limb.
glimmen, o, o *or reg.,* gleam; das Glimmen, the glowing, glimmering.
glimpflich, *adv.,* mildly; — gesprochen, to put it mildly; sie haben es — gemacht, they were quite considerate.
glittern, glitter, sparkle.
glitzern, sparkle, shine.
Glocke, *f.,* bell.
Glockenklang, *m.,* ⁻e, sound of bells.
Glöcklein, *n.,* little bell.
Glorie (*three syll.*), *f.,* halo.
glotzen, stare.
Glück, *n.,* good luck, happiness, fortune.
glückbringend, fortunate, filled with happiness.
glücklich, happy, fortunate.
Glücksblume, *f.,* lucky flower.
glück=wünschen, *with dat.,* congratulate.
glühen, glow.
glührot, fiery red.
Glut, *f.,* fire, glow.

glutrot, glowing red, burning red (vor, with).
gnädig, gracious; der —e Herr, mylord.
Gnom, *m.,* -en, goblin, dwarf.
gnomenhaft, elfish, elf-like, dwarfish.
golden, golden, of gold, gilt.
goldgelb, golden yellow, golden.
Goldregen, *m.,* laburnum (*Cytisus Laburnum*).
gönnen, grant, allow.
goß, *pret. of* gießen.
Gott, *m.,* God, the Lord; ach, du lieber —, good heavens!
Gottesdienst, *m.,* -e, service, divine service.
Gotteshaus, *n.,* ⁻er, house of God, church.
Gouvernan'te, *f.,* governess.
Grab, *n.,* ⁻er, grave.
Graben, *m.,* ⁻, ditch.
graben, u, a, dig.
Grabenrain, *m.,* -e, edge of a ditch, bank.
Grabenrand, *m.,* ⁻er, edge of a ditch.
grade (= gerade), *adv.,* just.
Gram, *m.,* grief, worry, sorrow (um, for).
gram, *with dat.,* angry at.
grambeladen, grief-laden.
grämen, *refl.,* grieve.
Gras, *n.,* ⁻er, sod, grass.
grasbewachsen, grass-grown.
Grasmücke, *f.,* hedge-sparrow.
Grau, *n.,* gray.
grau, gray, gray-haired.

Grauen, *n.,* fright, terror, horror.

grauen, dawn.

graugrün, greenish gray.

graumeliert, mixed with gray.

grauschwarz, grayish black, ash-colored.

grausenvoll, frightful.

greifen, griff, gegriffen (nach), reach (for), seize, put one's hand(s) to.

greis, white-haired, aged, old.

greisenhaft, aged, old; etwas Greisenhaftes, something old, an oldish look.

grell, gaudy.

grenzenlos, boundless, immeasurable.

Grete, *f.,* Greta, Maggie.

Griff, *m.,* -e, snatch (nach, at).

grob, rude, rough, coarse, abusive.

Grog, *m.,* grog, punch.

Groll, *m.,* anger, resentment.

grollen, rumble, roll, mutter; —d, angry, resentful.

groß, large, big, great, immense, tall, grand, huge, a great deal of (—es Nähen); das —e Zimmer, sitting-room; im Großen, on a large scale; mit —en Augen, mit —em Blick, with wide-open eyes.

Größe, *f.,* size, greatness; in ungeheurer —, of enormous stature.

Großknecht, *m.,* -e, head servant, overseer.

großmütig, generous.

großsprecherisch, boastful.

groß-tun, boast, brag.

groß-ziehen, nurse, nurture.

Grübeln, *n.,* broodings, musings.

grün, green, immature; —er Junge, jackanapes.

Grund, *m.,* ⁿe, bottom, ground, soil, reason, cause; im —e, at bottom, in reality; von — aus, completely; zu —e gehen, go to ruin, perish; zu —e richten, ruin.

gründen, form, start.

Grundstrich, *m.,* -e, down-stroke.

Grundstück, *n.,* -e, estate, property, farm, land.

grünumbuscht, surrounded by green shrubs.

Gruppe, *f.,* group.

Gruß, *m.,* ⁿe, greeting, welcome, regard.

grüßen, greet, salute; einen — lassen, send greetings *or* regards to someone; einen vielmals — lassen, send many kind regards to someone.

gucken, look, peer.

Gummiband, *n.,* ⁿer, elastic.

Gunst, *f.,* favor.

günstig, favorable, abundant.

Gurgel, *f.,* throat; durch die — jagen, spend for drinks.

gut, good, well; kann das zum Guten sein? can that lead to a good end? nun ist's —, now it is all right; so — (als), as well as; was gibt's Gutes? what news have you to tell?

Gut, *n.*, ⁻er, estate, farm, property.
Güte, *f.*, kindness.
gut=machen, make amends (etwas an einem, for something to someone).
gutmütig, good-natured.
Gutsbesitzer, *m.*, landlord, proprietor.
gutwillig, willing, with good grace, good-natured.
Gymnasium, *n.*, –s, Gymnasien, gymnasium, academy.

H

Haar, *n.*, –e, hair.
Habe, *f.*, property; sein Hab und Gut, all his property, all his possessions.
haben, hatte, gehabt, have; er will es nicht —, he does not permit it; *with inf. preceded by* zu, have to, have a right to; an sich —, have, possess.
Hagelschlag, *m.*, ⁻e, hail-storm.
hager, haggard.
halb, half, partly; eine —e Bewegung, half a motion.
halbdunkel, half-dark, dim, dusky.
halbgeschlossen, half-closed.
halbjährig, half year's, six months'.
halbkreisförmig, semi-circular.
halblang, half-long; ein —es Kleid, a skirt of almost full length.
Halbschlaf, *m.*, doze.

halbverwest, half-rotten.
hallen, resound; es hallte von der Tür, someone called from the door.
hallo'! holla!
Hallo', *n.*, uproar, hubbub.
Halm, *m.*, –e, stalk, straw; die —e, the crops.
Hals, *m.*, ⁻e, neck; als wollte er ihm an den —, as if he wanted to fly at his throat; sich den — brechen, break one's neck, be the ruin of oneself; sich etwas vom —e schaffen, get rid of something.
Halsabschneider, *m.*, cutthroat, usurer, loan-shark.
Halsbinde, *f.*, necktie, cravat.
Halskragen, *m.*, collar.
Halt, *m.*, stop; — machen, stop; einen — suchen, reach for support.
halten, ie, a, hold, keep; *intr.*, stop; auf sich —, have some self-respect; eine Rede —, make *or* deliver a speech; einen fest im Auge —, keep one's eyes fixed on someone; es hält schwer, it is a hard task; für etwas —, consider; sich an die Wahrheit —, stick to the truth; halt! stop!
Halunke, *m.*, –n, rascal, villain.
Hammelknochen, *m.*, mutton-bone.
Hammer, *m.*, ⁻, hammer, the auctioneer's gavel; sich unter dem — befinden, be sold at

public auction *or* at sheriff's sale.

hämmern, knock, beat; in seinen Schläfen hämmerte es, his heart throbbed violently.

Hammerschlag, *m.,* ⁻e, striking of hammers.

Hand, *f.,* ⁻e, hand; in die — bekommen, lay hold of, have handy; zur — sein, be at hand.

Händel, *pl.,* quarrel(s); — anfangen, pick a quarrel.

handeln, act, trade; mit etwas —, sell something; um was es sich handelte, what it was all about, what it all meant.

händeringend, wringing (one's) hands.

Handlanger, *m.,* help-mate, assistant.

Handlungsweise, *f.,* conduct, proceedings.

Handschrift, *f.,* hand-writing.

Handschuh, *m.,* -e, glove.

Handwerker, *m.,* artisan, mechanic.

Hängematte, *f.,* hammock.

Hangen, *n.,* suspense.

hangen, i, a, hang, be suspended; an etwas —, be attached to something, be devoted to, be fastened on *or* upon.

hängen, hang; *refl.* an, cling to; den Kopf — lassen, hang one's head.

Hansnarr, *m.,* -en, fool, clown.

hantieren mit, handle, make use of.

harren, wait.

hart, hard, tight, cruel, harsh, rough.

Haschen, *n.,* catching; — spielen, play hide and seek.

hassen, hate.

häßlich, ugly.

Hast, *f.,* haste.

hastig, *adv.,* hastily.

Hauch, *m.,* -e, breath.

Haufe(n), *m.,* -ns, -n, heap, stack; in —n bringen, stack up.

häufig, frequent.

Häuflein, *n.,* small heap, small group, little knot.

Haupt, *n.,* ⁻er, head.

Hauptstadt, *f.,* ⁻e, capital city.

Haus, *n.,* ⁻er, house, household, family; zu Hause, at home; nach Hause, home.

hausen, dwell, live.

Hausflur, *m.,* -e, *or f.,* hall, vestibule.

Hausfrau, *f.,* housewife, wife.

Hausgenossenschaft, *f.,* inmates of the house.

Haushälterin, *f.,* -nen, housekeeper.

Hausherr, *m.,* -en, master (of the house).

Häuslerkind, *n.,* -er, a cottager's child.

Hausse, *f.* (*pron.* Hoße), on the rise (of the stocks).

Haustier, *n.,* -e, domestic animal.

Haustor, *n.,* -e, gate.

Haustür, *f.*, house-door, street door.

he! heigh!

Hebel, *m.*, lever, throttle.

heben, o, o, lift, raise.

Hecke, *f.*, hedge.

Hefe, *f.*, dregs.

Heft, *n.*, -e, copy-book, note-book, record-book.

heftig, violent, impatient.

hegen, cherish, entertain.

hei! huzza! ah!

Heide, *f.*, heath.

Heidegehöft, *n.*, -e, heath-farm.

Heidehaus, *n.*, ᵘer, heath-house, heath-farm.

Heidehof, *m.*, ᵘe, heath-farm.

Heidekraut, *n.*, ᵘer, heather, heath.

Heideland, *n.*, ᵘer, heath-land.

Heiderasen, *m.*, heath-sod.

Heidewind, *m.*, -e, heath-wind, wind from the heath.

heil, safe.

Heil, *n.*, *with dat.*, hail to.

heilig, sacred, solemn.

Heimat, *f.*, home, the old home.

Heimathaus, *n.*, ᵘer, home, the father's house.

heimatlos, homeless.

Heimatshaus, *n.*, ᵘer, the father's house, home.

Heimatshof, *m.*, ᵘe, the father's farm.

heim=gehen, walk home, return home.

heim=holen, fetch home.

heim=kehren, return home.

heim=kommen, come home.

heimlich, secret, underhand.

Heimlichkeit, *f.*, secrecy, secret, secret doings.

Heimstätte, *f.*, homestead, home.

heimwärts, homeward, home.

Heimwesen, *n.*, home, home-farm.

Heirat, *f.*, marriage.

heiraten, marry.

heiser, hoarse, harsh, rasping.

heiß, hot, burning; es wird ihm —, he is hot *or* heated; es wird dir zu — werden, you will become too hot.

heißa! huzza!

heißen, ie, ei, bid, order, warn, be called, mean; Douglas heißt er, Douglas is his name; das heißt, that means, that is; es heißt, it is said *or* reported; was heißt das? what does that mean? what do you mean by that?

heiter, cheerful.

Heiterkeit, *f.*, mirth, merriment.

heizen, fire, heat.

Heizer, *m.*, fireman.

Held, *m.*, -en, hero.

Heldentat, *f.*, great achievement.

Helenental, *n.*, Helenental (*Helen Dale*), *name of a country estate.*

helfen, a, o, help; dir kann geholfen werden, there is help for you; was soll... —? what is the use of...?

hell, clear, light, bright, cheerful, joyful, loud; am —en Mor=

gen, in bright daylight; in —er
Angst, in intense anxiety; in
—en Scharen, in dense crowds;
— auflachen, laugh cheerfully.

hellauf, in high tones; — jauchzen,
sing exultingly, sing joyfully.

hellfarbig, light-colored.

hellgelb, pale yellow.

hellschimmernd, bright and shining.

Hemdenzeug, *n.*, cloth for shirts.

Henkel, *m.*, handle.

her, hither; hin und —, to and fro;
das ist lange —, that is long ago;
den Schlauch —! hand me the
hose!

herab=beugen, bend down.

herab=fallen, fall down, drop
down.

herab=hängen, hang down; schlaff
—d, limp.

herab=kommen, come down, descend.

herablassend, condescending.

herab=laufen, run down; es lief
ihm heiß und kalt über den Rücken
herab, he turned alternately hot
and cold.

herab=schauen, gaze down.

herab=senken, lower; den Blick —,
look down.

herab=ziehen, *refl.*, extend, reach
down.

heran, near; immer 'ran (= heran), come on!

heran=kommen, come up, approach.

heran=kriegen, bring over; ich
werde die Filze schon —, I'll
bring the niggards around all
right.

heran=locken, call.

heran=rasseln, come rattling
along.

heran=schleppen, drag up.

heran=treten, step up.

heran=wachsen, grow up.

heran=winken, beckon to, make
a sign to someone to approach.

herauf, up (here).

heraus, out of it; aus . . . —, out
of; aus dem Schlafe —, from
(one's) sleep.

heraus=bezahlen, pay over.

herausfordernd, defiant.

heraus=hören, hear (aus,
through).

heraus=kommen, come out, become known; es kam hinterher
heraus, afterwards she had to
confess; dabei kam es heraus,
then it became known.

heraus=lassen, let out.

heraus=lesen aus, see by, read in.

heraus=tragen, carry out.

herbei=holen, call, fetch.

herbei=kommen, approach, appear.

herbei=schaffen, procure, raise.

Herbst, *m.*, -e, autumn, fall.

herbstlich, autumnal.

Herbsttag, *m.*, -e, autumn-day.

Herd, *m.*, -e, hearth, fireplace.

herein=brechen, set in, overwhelm.

herein=kommen, come in.

herein=tönen, sound in; die Stimmen tönen herein, the voices can be heard.

herein=tragen, carry in.

her=fahren, drive along, move along.

her=geben, furnish.

her=gehen, go on; es geht hoch her, they are having a great time.

her=gehören, belong hither(here).

her=holen, fetch (hither).

her=huschen, slide along, slip along.

her=kommen, come here; komm doch her! do come here!

her=kriegen, get from.

Herkunft, *f.*, descent.

hernach, afterwards, later.

hernieder, down.

hernieder=blinzeln, twinkle down.

hernieder=klatschen, splash down.

hernieder=nicken, nod down.

hernieder=schießen, shoot down.

hernieder=sinken, drop down.

hernieder=stürzen, fall down, plunge down.

Herr, *m.*, -en, master, owner, gentleman, the Lord.

Herrenhaus, *n.*, ⸚er, manor-house.

Herrentisch, *m.*,-e, the master's table, family table.

Herrgott, the Lord; wie der — in Frankreich leben, live like a king, have a royal time.

her=richten, prepare, put in order.

Herrichtung, *f.*, fitting-up.

Herrin, *f.*, -nen, mistress, lady of the house.

herrlich, magnificent.

Herrlichkeit, *f.*, splendor.

Herrschaft, *f.*, rule; meine geehrten —en, ladies and gentlemen.

herrschen, rule, direct, prevail.

her=rühren, arise, be caused (von, by).

her=sagen, recite, say aloud.

her=schleichen, creep along.

herüber=blicken, look across.

herüber=kommen, come across.

herüber=schallen (*reg.*, or *pret.* scholl), sound over, sound across.

herüber=sprühen, come flying over.

herum, around, about.

herum=arbeiten, work (an, about *or* at).

herum=führen, lead around, take around.

herum=gehen, walk around.

herum=lungern, loiter about.

herum=prügeln, *refl.*, romp and fight.

herum=reichen, hand around, pass around.

herum=schicken, pass around, circulate.

herum=schlagen, *refl.*, fight.

herum=schleichen, *refl.*, creep around, sneak around.

herum=schwänzeln, fawn; er schwänzelt an ihr herum, he tags after her.

herum=fielen, *refl.*, bustle about, swim about.
herum=spuken, haunt; in seinem Kopfe —, haunt someone.
herum=stehlen, *refl.*, um, evade, shun.
herum=stöbern, rummage about.
herum=stöckern, poke about; in den Schüsseln —, poke one's fork into the dishes.
herum=streichen, wander around, roam around.
herum=tanzen, dance around.
herum=tasten an, finger.
herum=toben, rage about.
herum=tragen, carry about.
herum=treiben, *refl.*, rove about, wander about aimlessly.
herum=wanken, totter around.
herum=werfen, cast about.
herum=wühlen, stir, rummage around.
herunter=rinnen, run down.
herunter=schleichen, creep down, steal down.
herunter=schmeißen, throw down, blow down.
herunter=sehen, look down.
herunter=ziehen, draw down.
hervor, forward; unter ... —, from under, from among.
hervor=brechen, break forth, burst out.
hervor=bringen, produce, utter.
hervor=gucken, peep forth, show.
hervor=kriechen, crawl forth.
hervor=leuchten, shine forth.
hervor=pressen, say with an effort.
hervor=ragen, project, stand out.
hervor=rufen, call out, produce.
hervor=stoßen, burst out.
hervor=strecken, thrust forward.
hervor=treten, become prominent, become visible.
hervor=zerren, pull out, drag out.
hervor=ziehen, pull out.
Herz (Herze), *n.*, -ens, -en, heart es nicht übers — bringen, not have the courage; ums —e, at heart; ganz wie ihm ums — war, quite as he felt in his heart.
Herzensangst, *f.*, ⸚e, anguish of heart.
Herzensdame, *f.*, sweetheart, lady-love.
herzlich, hearty, cordial.
herzlieb, dearly beloved, dearest.
Herzliebchen, *n.*, sweetheart.
herzlos, heartless.
herzu=eilen, hurry (hither, near).
herzu=kommen, come near.
herzu=springen, hasten in.
hetzen, set on, set (auf, on); das Hetzen, the baiting.
Heugabel, *f.*, pitchfork.
Heulager, *n.*, bed of hay.
heulen, howl, yelp; das Heulen, howling, howls, yelp.
Heuschober, *m.*, hay-stack.
heute, to-day.
heutig, to-day's, the following, on that day.
hie (hier); — und da, here and there.
hieb ein, *pret.* of einhauen.
hierauf, after that.

hierbei, on such occasions.
hierher, hither, here.
hierin, in this matter, with this, with it.
hiermit, herewith.
Hilfe, *f.*, help, assistance; **zu — kommen,** *with dat.*, come to someone's assistance.
hilfesuchend, seeking help.
hilflos, helpless.
hilfreich, helpful; **— beispringen,** hasten to one's assistance.
Himmel, *m.*, heaven, sky, firmament; **beim —,** in Heaven's name.
Himmelbett, *n.*, -s, -en, four-post bedstead.
himmlisch, heavenly, sublime, celestial.
hin, hither, along; **— und her,** to and fro; **— und wieder,** now and then; **vor sich —,** to oneself.
hinab-führen, lead down.
hinab-gehen, walk down.
hinab-kollern, *refl.*, roll down.
hinab-poltern, bustle down, walk down noisily.
hinab-schreiten, walk down.
hinab-springen, spring down.
hinan, up.
hinan-eilen, hurry up.
hinan-fliegen, fly up.
hinan-lecken, ascend, rise; **schon leckt es feurig am Firste hinan,** already the flames are rising to the top of the roof.
hinan-springen, run up.

hinan-steigen, climb.
hinaus, out; **— müssen,** be forced to leave, have to get out of the house.
hinaus-fahren, drive out, ride away, go forth.
hinaus-gehen, go out, leave.
hinaus-humpeln, hobble out (**zu,** of).
hinaus-jagen, *tr.*, chase away, drive out; *intr.*, rush out, dash out.
hinaus-kommen, come out, come outside.
hinaus-laufen, run out.
hinaus-ragen, stick out, protrude.
hinaus-rollen, roll out, rumble away, clatter away (**zu,** out of).
hinaus-rufen, call out.
hinaus-schauen, look out, gaze out.
hinaus-schleichen, steal out.
hinaus-schreiten, stride out, walk out.
hinaus-schwanken, stagger out.
hinaus-spähen, look out.
hinaus-starren, stare out, gaze out.
hinaus-strömen, pour out; **— lassen,** pour forth.
hinaus-stürzen, rush out.
hinaus-tragen, carry out.
hinaus-treten, step out.
hinaus-wandern, wander out.
hinaus-weisen, point outside.
hinaus-ziehen, draw away, lure away.

hin=breiten, spread.
Hindernis, *n.,* –nisse, obstacle.
hin=dröseln; vor sich —, croon away.
hindurch, through, throughout.
hindurch=kommen, get through.
hinein, in, into; — in ... ging es, in they went into ....
hinein=bauen, build in, put in.
hinein=blasen, blow in.
hinein=blinzeln, blink.
hinein=fliegen, fly in; ein Stein ist mir hineingeflogen, I threw a stone into it accidentally.
hinein=gehen; hinein in ... ging es, in they went into ....
hinein=gießen, pour in.
hinein=greifen, reach in, put in.
hinein=gucken, peer into, peek into.
hinein=heiraten, *refl.*, become the owner of ... by marriage.
hinein=lächeln in sich, smile to oneself. [oneself.
hinein=lachen in sich, laugh to
hinein=leben, live on; in den Tag —, live on recklessly.
hinein=leuchten, shine (in).
hinein=murmeln, grumble into.
hinein=murren in sich, mutter to oneself.
hinein=reden; sich in Zorn —, work oneself into a rage while talking.
hinein=rufen, call out (into).
hinein=schielen, look in sideways.
hinein=schleichen, creep in, steal in.

hinein=schmiegen, *refl.*, creep into.
hinein=schreien, scream into.
hinein=starren, stare in.
hinein=stecken, stick in, put in.
hinein=stellen, put in.
hinein=tasten, grope, feel.
hinein=ziehen, draw in; jemand in sein Schimpfregister —, add someone to the list of those who are abused.
hin=fahren, drive (hither), move along; über ... —, pass over ...
hin=führen, bring, take.
hing, *pret.* of hangen.
hin=gehen, go.
hin=kommen, come hither (here), get there (here).
hin=lächeln vor sich, smile to oneself.
hin=legen, *refl.*, lie down, stretch out.
hin=murmeln vor sich, whisper to oneself, say in an undertone to oneself.
hin=nehmen, accept, take.
hin=opfern, sacrifice.
hin=pfeifen vor sich, whistle to oneself.
hin=reichen, suffice, be sufficient.
hin=rutschen, slide, glide.
hin=sagen vor sich, say to oneself.
hin=schauen, gaze (hither).
hin=schielen nach, leer at.
hin=schreiten, walk over.
hin=schweifen, roam (hither), stray, wander.
Hinsehn, *n.,* looking on.

VOCABULARY

hin-siechen, waste away.

hin-starren nach, stare at; vor sich —, stare fixedly before one.

hin-strecken, *refl.*, stretch out.

hinter, behind; — ... drein, behind ...

hinterdrein, behind, after (someone).

hinterdrein-gehen, walk behind.

hintereinander, one after the other.

Hintergrund, *m.*, ⁻e, background; im —e, back of all this.

hinterher, afterwards.

Hintermann, *m.*, ⁻er, boy sitting behind (someone).

hinterst, farthest, remotest, last.

Hintertür, *f.*, backdoor, reardoor.

Hinterwand, *f.*, ⁻e, back.

hinüber, over, across. [over.

hinüber-führen, lead across, take

hinüber-gehen, walk across.

hinüber-grüßen, greet (someone) across (*the aisle*).

hinüber-kommen, get across.

hinüber-neigen, *refl.*, bend forward, bend over.

hinüber-nicken, nod (to someone).

hinüber-schauen, look across, gaze across.

hinüber-schreien, cry out.

hinüber-sehen, look across.

hinüber-spähen, look attentively across.

hinüber-starren, stare over (to), look fixedly at.

hinüber-tänzeln, skip across.

hinüber-weisen, point over (nach, to).

hinüber-werfen, cast over, cast across.

hinunter-gleiten, slide down.

hinunter-nehmen, take down.

hinunter-schleichen, *refl.*, steal down, creep downstairs.

hinunter-schreien, shout down.

hinunter-werfen, cast down.

hin-weisen auf, point to.

hin-werfen, throw, cast (across, in the direction of).

hin-wollen; sie will mit dem Kopf nach seiner Schulter hin, she wants to lay her head on his shoulder.

hinzu-fügen, add.

hinzu-gesellen, *refl.*, appear as a new complication.

Hirn, *n.*, -e, brain.

Hirtensohn, *m.*, ⁻e, the shepherd's son.

hob, *pret. of* heben.

hoch, high, tall, lofty; es geht — her, they have a great time.

hochauf, high up.

hochaufgerichtet, tall and erect.

hochaufgeschossen, tall, slender.

hocherfreut, greatly rejoiced, delighted.

hochgeehrt, highly honored.

hochgeschwungen, raised high in the air.

hochgetürmt, with top-heavy loads.

hochmütig, haughty.

hochrot, blushing crimson (vor, with).

höchst, *adv.*, most.

hochstämmig, tall, high.

höchstens, at most.

Hochzeit, *f.*, wedding; — machen, be about to be married.

Hochzeitsgast, *m.*, ⁻e, wedding-guest.

Hochzeitskuchen, *m.*, wedding-cake.

Hochzeitsreigen, *m.*, wedding-dance.

Hochzeitstag, *m.*, -e, wedding-day.

Hof, *m.*, ⁻e, court, yard, farm.

hoffen, hope; auf etwas —, place one's hopes in something; das Hoffen, hopes.

hoffentlich, it is to be hoped, I trust.

Hoffnung, *f.*, hope, promise.

hoffnungsfreudig, hopeful.

hoffnungslos, hopeless, vain, useless.

Hofhund, *m.*, -e, watch-dog.

höflich, polite, courteous.

Hofplatz, *m.*, ⁻e, courtyard, yard.

Hofraum, *m.*, ⁻e, yard, courtyard.

Hofstaat, *m.*, -es *or* -s, -en, court, retinue.

Hoftor, *n.*, -e, farmyard-gate.

Höhe, *f.*, hight; in die —, up, upward.

höher, *comp. of* hoch.

hohl, hollow, with a hollow sound.

Höhlung, *f.*, hollow.

Hohn, *m.*, mockery, derision.

höhnisch, derisive, contemptuous.

holen, fetch, get; — lassen, send for, call, summon.

Holz, *n.*, ⁻er, wood; an den Hölzern reiben, strike the matches.

hölzern, wooden.

Holzgerüst, *n.*, -e, wooden scaffolding.

Holztafel, *f.*, wooden plate.

Honig, *m.*, honey.

Hopfen, *m.*, hops; — und Malz sind an ihm verloren, he is past mending.

horchen (auf), listen (to), be on the watch (for).

hören, hear; von sich — lassen, be heard from; — lassen, give (*e.g.*, *a laugh*).

Horizont', *m.*, -e, horizon.

Horn, *n.*, ⁻er, horn.

Hose, *f.*, trousers.

Hosenknopf, *m.*, ⁻e, trouser button.

Hosentasche, *f.*, trouser pocket.

Hot, *n.*, gee; mit — und Hüt, with gee and whoa.

hübsch, *adj.*, pretty, nice, good-looking; *adv.*, nicely.

Hühnchen, *n.*, little hen.

hüllen, wrap.

Hummel, *f.*, bumble-bee.

humpeln, hobble, limp.

Hund, *m.*, -e, dog.

Hundegeheul, *n.*, howls of a dog.

hundertjährig, hundred years old, century old.

Hünengestalt, *f.*, giant.
Hunger, *m.*, hunger; —s sterben, starve.
Husarenschnur, *f.*, ⁻e, hussar's lace.
huschen, flit.
Hut, *m.*, ⁻e, hat; schwarzer —, tall hat.
Hüt, *n.*, whoa.
hüten, watch; das Zimmer —, keep one's room, stay indoors.
Hypothek', *f.*, mortgage.

J

Idee' (*two syll.*), *f.*, idea.
ignorieren, ignore.
ihrerseits, on her part.
immer, always, ever; — mehr, ever more, more and more; — noch, still now, even now; — 'ran (= heran), come on! noch — nicht, not yet at all, never yet.
immerhin, anyhow, at all events.
imponieren, *with dat.*, impress.
Impuls', *m.*, -e, impulse.
imstande, in a position, able, capable; ich bin — dazu, I am able (*or* capable) to do it.
Inbegriff, *m.*, -e, embodiment.
inbrünstig, fervent, ardent.
indem, while, inasmuch as; *often rendered by the pres. part., or* 'by' *with the gerund.*
infolgedessen, in consequence thereof. [ation.
Ingrimm, *m.*, anger, fury, vex-

Inhalt, *m.*, contents.
inmitten, *with gen.*, in the midst of.
inne=halten, stop, pause.
innen, inside; von —, from the inside.
Innenleben, *n.*, inner being.
Innenseite, *f.*, inside.
inner, inner, interior; das Innere, the interior; im tiefsten Innern, in his inmost heart.
innerhalb, within.
innerlich, inwardly, at heart.
Innerste, *n. adj. noun,* the innermost feelings.
innig, tender, sincere.
insbesondere, especially, above all.
Inspektor, *m.*, -s, -en, overseer.
instand halten, keep up, provide.
instand setzen, put in order.
Insterburgische, *n. adj. noun,* the district of Insterburg (*a town in Eastern Prussia*).
instinktiv', *adv.*, instinctively.
Instrument', *n.*, -e, instrument.
interessant', interesting.
Interes'se, *n.*, -s, -n, interest.
interessieren, interest.
inzwischen, in the meantime.
irden, earthen.
irdisch, earthly.
irgend, ever, possibly; — ein, some; — etwas, something or other; — welch, any; — wohin, to some place, somewhere.
irgendwas, anything.
Ironie', *f.*, irony.

ironisieren, scoff, mock.
irre, perplexed, confused; sich — machen lassen, be put out, be confused.
irrend, erring; —er Ritter, knight errant.

J

ja, yes, indeed, you know, surely, I am sure, why, don't you see?
Jacke, *f.*, jacket.
jagen, *tr.*, chase, drive; *intr.*, rush, pass; das Jagen, chase, rush, dash.
Jägerrock, *m.*, ⁻e, shooting-jacket, hunting-jacket.
jäh, suddenly.
Jahr, *n.*, -e, year.
Jahreszeit, *f.*, season.
Jammer, *m.*, misery, distress.
jammern, wail; genug mit dem Jammern, no more wailing.
Jasmin', *m.*, -e, jasmine.
Jäten, *n.*, weeding.
jauchzen, shout, shout with joy.
Jawort, *n.*, -e; das — geben, accept (*a suitor*).
je, ever, at a time; — fünf, five at a time, five each time; — (*before comparatives*), the . . .; — . . ., desto . . ., the . . ., the . . .
jedenfalls, in any case, anyhow, at all events.
jeder, each, every, any, all.
jedesmal, every time, each time.
jedoch, but, however.

jeglich, each, every, each single.
jeher; von —, at all times, all along.
jemals, ever.
jemand, someone, some person, anybody, anyone.
jenseit, *with gen.*, on the opposite *or* other side of.
jenseitig, opposite.
Jesus, *m.*, Jesus; um Jesu willen, for Heaven's sake.
jetzig, present.
jetzt, now, at present.
Johannisfeuer, *n.*, St. John's fire, Midsummer fire.
Johannisnacht, *f.*, ⁻e, eve of St. John's day, Midsummer night.
Johanniszeit, *f.*, time about St. John's day.
Jons, *m., dial.,* John.
Jubel, *m.*, joy, exultant joy, clamor, gleeful shouts, rejoicing, frolic.
Jubeljahr, *n.*, -e, year of the jubilee; nur alle —e einmal, only once in a great, great while.
jubeln, shout with joy, be merry; —d, exulting, gleeful, loud.
Jude, *m.*, -n, Jew.
Jugend, *f.*, youth.
Jugendfreund, *m.*, -e, friend of childhood days.
Jugendtraum, *m.*, ⁻e, youthful dream.
jung, young.
Junge, *m.*, -n *or coll.* Jungens, boy, lad.

Jungfer, *f.,* maid.
jungfräulich, maidenly.
Junggeselle, *m.,* -n, bachelor.
jüngst, *adv.,* recently, a short time ago.
Junimorgen, *m.,* June morning.
junior, the younger.
Junivormittag, *m.,* -e, forenoon in June.
just, *adv.,* just.

K

Kaffee, *m.,* coffee.
Kaffeetisch, *m.,* -e, coffee-table, breakfast-table.
Kaftan, *m.,* -s, -e *or* -s, caftan, long cloak.
Kalbskeule, *f.,* loin of veal.
Kalk, *m.,* lime, plaster.
kam, *pret. of* kommen.
Kamerad', *m.,* -en, comrade.
Kamm, *m.,* ⁻e, comb.
kämmen, comb.
Kammer, *f.,* bedroom, room.
Kampf, *m.,* ⁻e, fight, struggle.
kämpfen, fight, struggle.
Kanne, *f.,* can.
Kante, *f.,* edge.
Kapital', *n.,* -s, -ien, capital, sum of money.
Karfunkelstein, *m.,* -e, carbuncle, diamond.
Karosse, *f.,* coach, carriage.
Karte, *f.,* card, note; einem die —n legen, tell someone's fortune from cards.
Kartoffel, *f.,* potato.
Kasten, *m.,* box, chest.

Kate, *f.,* hut, cabin, shack.
Käthe, *f.,* Katie, Kate.
Katze, *f.,* cat.
Katzenpfötchen, *n.,* cudweed, everlasting, *Gnaphalium Dioicum.*
kauen (an etwas), chew (something).
kauern, crouch.
kaufen, buy, purchase.
käuflich, *adv.,* by purchase; — erstehen, purchase.
Kaufpreis, *m.,* -e, sale price, purchase price.
kaum, barely, scarcely, hardly.
keck, bold, insolent, impudent.
Kehle, *f.,* throat; das Messer sitzt ihm an der —, he is at the end of his resources, he is sorely pressed for money; einem die — zuschnüren, throttle *or* choke someone.
kehren, sweep; *p. p.* swept (clean).
kehren, *refl.* (nach), pay attention (to).
kehrt=machen, wheel right about.
keifen, chide, rate.
kein, no, none, not any; —er von beiden, none of the two, neither.
Kelch, *m.,* -e, cup.
kennen, kannte, gekannt, know; einen — lernen, become acquainted with someone.
Kerl, *m.,* -e, fellow; ein — von Ehre, a man of honor; ein ganzer —, a capital fellow, a trump.
Kessel, *m.,* kettle, boiler.

Kette, *f.*, chain.

ketten, chain, bind.

keuchen, pant, gasp.

keusch, chaste, pure.

kichern, giggle, titter; das Ki=
chern, the giggling.

kiek! *dial.*, look!

Kienruß, *m.*, soot.

Kies, *m.*, gravel.

Kiespfad, *m.*, –e, gravel-path.

Kind, *n.*, –er, child.

Kinderauge, *n.*, –s, –n, a child's eye, eye of a child.

Kinderschar, *f.*, crowd of children.

Kinderseele, *f.*, childish soul.

Kinderstimme, *f.*, a child's voice, childish voice.

Kindheit, *f.*, childhood.

Kindlein, *n.*, little child.

kindlich, childish, boyish.

Kinn, *n.*, –e, chin.

Kirche, *f.*, church.

Kirchenfahrt, *f.*, drive to church.

Kirchenfenster, *n.*, church window.

Kirchenplatz, *m.*, ᵘe, church square.

Kirchenschiff, *n.*, –e, nave of the church, church.

Kirchentür, *f.*, church door.

Kirchhof, *m.*, ᵘe, cemetery, grave yard.

Kissen, *n.*, pillow.

Kiste, *f.*, box.

kitzeln, tickle.

Klage, *f.*, plaint, complaint.

klagen, lament, complain, say plaintively; jemandem sein Leid —, tell one's woes to someone; —d, plaintive. [erable.

kläglich, mournful, doleful, mis-

klammern, *refl.*, clasp, cling (an, to); sich um etwas —, cling with both arms to (around) something.

Klang, *m.*, ᵘe, sound.

Klappe, *f.*, key, valve.

klappen, rattle, clatter.

Klapperfuhre, *f.*, rattle-trap.

klappern, clatter.

klar, clear; bei —em Kopfe blei=
ben, keep a cool head; ich bin mir — darüber, it is settled in my mind; im —en sein, be enlightened; über etwas ins —e kommen, be clear about something.

Klarheit, *f.*, clearness.

Klavier', *n.*, –e, piano.

kleben (an), stick (to).

Kleid, *n.*, –er, dress, skirt, garment; *pl.*, clothes.

Kleidchen, *n.*, little frock, dress.

kleiden, dress, clothe; *p.p.*, clad.

Kleiderfetzen, *m.*, shred of clothing.

Kleiderkammer, *f.*, clothes' closet, dressing-room.

klein, little; im Kleinen, on a small scale, in a small way; der Kleine, *adj. noun*, the little boy, the baby boy; ein Klei=
nes, *adj. noun*, a little baby.

Kleinigkeit, *f.*, trifle, small matter.

kleinlich, petty.

kleinmütig, faint-hearted, discouraged; ein —es Gefühl, a feeling of discouragement.

klemmen, squeeze, jam in.

Klette, f., burdock, *Arctium Lappa.*

klettern, climb.

klimpern, jingle.

Klingel, f., bell.

klingen, a, u, sound.

Klinke, f., latch.

klirren, clatter, rattle; das Klirren, the clattering, the rattling.

klopfen, knock, pat, slap, beat (vor Freude, with joy).

Klötzchen, n., little block, building-block.

klug, clever, intelligent, bright, wise; er war so — wie zuvor, he knew as much as before.

Knabe, m., -n, boy.

Knack, m., crack, click.

knacken, crack, creak, break; er hörte es —, he heard a crackling noise.

knapp, narrow; mit —er Not, with great difficulty, by a close shave.

Knaster, m., tobacco.

Knecht, m., -e, man servant, hired man, farm-hand.

knechtisch, servile, menial.

Knechtschaft, f., servitude, menial labor.

kneifen, kniff, gekniffen, pinch.

Kneipe, f., tavern.

kneten, knead, mould, make.

Knicks, m., -e, courtesy.

Knie, n., -s, —, knee; er nahm ihn zu sich aufs —, he seated him on his khee.

knien, kneel.

Knirps, m., -e, dwarf, mannikin, pigmy, little fellow.

knirschen, gnash; er hörte —d die Stimme, he heard the furious voice; das Knirschen, the gnashing, the grating.

Knöchel, m., ankle.

Knochen, m., bone; bis auf die —, to the bone, to the skin.

Knopf, m., ⁻e, button, ball.

Knoten, m., knot.

knotig, knotty.

knüpfen, tie, add (an, to); ein Band —, form a tie.

Kobold, m., -e, goblin, dwarf.

kochen, cook, boil.

Kohle, f., coal.

kohlend, scorching.

Kohlenhaufe(n), m., -ns, -n, heap *or* pile of coal.

kohlschwarz, coal-black.

Kolumbus, m., Columbus.

kommen, kam, o, come; auf den Gedanken —, happen to remember; das wird alles noch —, that will be different by and by; über jemand —, overcome someone; wie — Sie dazu? how do you dare?; bei meinem Kommen, at my approach.

Kommode, f., chest of drawers.

Konfirmande, m., -n, one who is to be confirmed, candidate for confirmation.

Konfirmandenunterricht, *m.*, religious instruction preparatory to confirmation.
König, *m.*, -e, king.
Königsberg, *n.*, Koenigsberg (*on the Baltic, the capital of the province of Eastern Prussia*).
Konkurrenz', *f.*, competition; *collect.*, competitors.
können, konnte, gekonnt, can, be able, may, know (how to do something); auswendig —, know by heart.
Kontrakt', *m.*,-e, contract, agreement.
Kopf, *m.*, "e, head, mind; den — hängen lassen, droop one's head, hang one's head; von dichtgedrängten Köpfen starren, be closely packed with people.
Köpfchen, *n.*, little head.
köpfen, behead.
Kopfende, *n.*, -s, -n, head-end; zu —n des Bettes, at the head of the bed.
kopflos, senseless; gänzlich —, in complete bewilderment.
Kopfschütteln, *n.*, shake of the head.
kopfschüttelnd, shaking one's head.
kopfüber, head over heels.
Korb, *m.*, "e, basket; einen — geben, give a refusal, give the 'mitten'; einen — kriegen, get a refusal.
Korbwägelchen, *n.*, little wicker-carriage.

Korn, *n.*, "er, grain.
Kornsack, *m.*, "e, sack with grain.
Körper, *m.*, body.
Körperchen, *n.*, little body, little form.
Korridor, *m.*, -e, corridor, hall.
kosen, prattle.
Kosten, *pl.*, expense(s), cost(s); auf eigene —, at one's own expense.
kosten, cost.
Köter, *m.*, cur, dog.
krachen, crash.
Kraft, *f.*, "e, strength, power.
kraftlos, impotent.
Kragen, *m.*, collar.
krähen, crow, shriek.
kramen (nach), search (for).
Krampf, *m.*, "e, spasm, convulsion.
krampfhaft, spasmodical, convulsive.
krank, ill, sick; der *or* die Kranke, *adj. noun*, the sick man *or* woman, the patient.
kränkeln, be sickly; sie kränkelt ein bißchen, she is sick at times.
kränken, offend; *p. p.*, in an offended tone.
Krankenstube, *f.*, sick-room.
Krankenzimmer, *n.*, sick-room.
Krankheit, *f.*, malady.
kränklich, delicate, sickly, ailing.
Kranz, *m.*, "e, wreath, crown.
kratzen, scratch.
Kredit', *m.*, -e, credit.
Kreis, *m.*, -e, circle, round.
Kreischen, *n.*, screaming, shrieks.

kreisen, revolve.
Kreuz, *n.*, -e, cross.
kreuz und quer, criss-cross; sein Gang lief —, he walked unsteadily.
kreuzweise, crosswise.
kriechen, o, o, crawl.
kriegen, *coll.*, get, receive.
Krinoli′ne (*four syll.*), *f.*, hoopskirt.
Krise, *f.*, crisis, critical period.
krönen, crown.
Krücke, *f.*, crutch.
krümmen, bend.
Krüppel, *m.*, cripple.
Krüppelweide, *f.*, stunted willow.
Küche, *f.*, kitchen.
Kuchen, *m.*, cake.
Küchenkraut, *n.*, ᵘer, vegetable.
Kuh, *f.*, ᵘe, cow, cattle.
kühn, bold.
Kühnheit, *f.*, boldness, audacity.
Kuhstall, *m.*, ᵘe, cow barn, cow stall.
Kultur′, *f.*, culture, civilization.
Kummer, *m.*, sorrow, grief.
kümmerlich, scanty.
kümmern, *refl.* (um), concern oneself (about).
kummervoll, sad.
kündigen, give notice, recall, foreclose (*a mortgage*).
Kündigung, *f.*, recalling, re-demand.
kund=tun, make known, manifest.
künftig, future.

Kunst, *f.*, ᵘe, art, skill, accomplishment.
Künstler, *m.*, artist, musician.
Kurbel, *f.*, crank.
kurz, short, brief, abrupt; vor —em, recently, a short time ago.
kurzgeschoren, closely-shorn.
Kuß, *m.*, Küsse, kiss.
küssen, kiss.
Kutscher, *m.*, coachman.

L

Lache, *f.*, pool.
lächeln, smile; Lächeln, *n.*, smile.
lachen, laugh; das Lachen, laughter.
lächerlich, ridiculous; so wenig Lächerliches, so few laughable things.
Lade, *f.*, drawer.
lag, *pret. of* liegen.
Lage, *f.*, position.
Lager, *n.*, bed, resting-place.
lahm, lame, crippled.
lähmen, paralyze.
Laken, *n.*, cloth, sheet.
Lämpchen, *n.*, little lamp, light, flame.
Land, *n.*, ᵘer *or* -e, land; aus —, to solid ground.
ländlich, rural, rustic.
Landmann, *m.*, *pl.* -leute, farmer, peasant.
Landstraße, *f.*, public highway, road.
lang, lange, long; *adv.*, throughout; eine Stunde —, for an

hour; für —e, for a long interval; —e nicht, not nearly, not by any means; seit —em, for a long time.
langanhaltend, long-continued.
Länge, f., length; der — nach, to his full length.
langgestreckt, stretched out, long, straggling.
langgezogen, long-drawn.
länglich, longish.
langmütig, forbearing.
längs, alongside of, along.
langsam, slow.
längst, long since, long ago.
langweilen, bore; refl., be bored.
Lärm, m., noise.
lassen, ließ, a, let, allow, permit, suffer, leave; er ließ keinen Blick von ihm, he did not take his eyes off from him; laß nur! never mind!, don't mind me!; laufen —, let alone, let go; nie von jemand —, never give up someone; sagen —, send word (to someone), tell (someone) to say; sich etwas sagen —, be told.
lässig, careless.
Last, f., burden, load; einem zur — liegen, burden someone with one's presence,
lasten auf, oppress, prevail in, weigh heavily upon, lie heavily on.
Laterne, f., lantern.
Laube, f., arbor, porch.
Laubwerk, n., foliage.

lauern auf, lurk, be on the watch for, lie in waiting for.
Lauf, m., ⁻e, course, direction.
laufen, ie, au, run, go, stream, course; — lassen, let go, let alone.
Laune, f., whim, caprice.
lauschen, with dat., listen to, watch.
Laut, m., -e, sound.
laut, loud, aloud; — werden, be expressed openly.
Laute, f., lute; die — schlagen, strike or play the lute.
lauten, sound, run; die Antwort lautet, the answer runs, the answer is.
läuten, sound, ring, peal.
lauter, sheer, mere, nothing but.
lautlos, suppressed.
leben, live.
Leben, n., life.
lebendig, alive, living; alles Lebendige, all living beings or things; es wird —, they begin to stir; — machen, call to life.
Lebensjahr, n., -e, year of one's life.
Lebenskenntnis, f., -nisse, acquaintance with life.
lebenslang, throughout one's life.
Lebewohl, n., farewell; — sagen, bid farewell, say good-bye.
Lebtag, m., -e, day of life; mein —, my whole life, all my life.
leer, empty, deserted; ins Leere, into space, vacantly.

leeren, empty, drain; *refl.*, become empty.

legen, lay, place, put; *refl.*, settle; an den Tag —, manifest; es legte sich mit dumpfem Drucke auf seine Brust, a dull pressure settled on his breast.

Lehm, *m.*, clay, mud.

lehmig, clayey, muddy.

Lehne, *f.*, back.

lehnen an, lean against, rest against *or* on; die Stirnen ... gelehnt, pressing their heads ...

Lehnsessel, *m.*, arm-chair.

lehren, teach.

Lehrer, *m.*, teacher.

Lehrling, *m.*, -e, apprentice; als — in ein Bankgeschäft treten, learn the banking-business.

Leib, *m.*, -er, body; um den —, around the waist; einem auf den — rücken, advance upon one, attack one.

leibhaftig, bodily, in person.

Leiche, *f.*, corpse, remains.

Leichnam, *m.*, -e, corpse.

leicht, easy, light; er hat es sehr —, it is very easy for him; mit —er Mühe, with little trouble, with little effort, easily.

leichtsinnig, careless, thoughtless.

leid, *adj.*, painful; es tut mir von Herzen —, I am heartily sorry; — tun, *with dat.*, pain.

Leid, *n.*, suffering; jemandem sein — klagen, tell one's woes to someone; sich (*dat.*) ein —s antun, lay hands upon oneself, make away with oneself.

leiden, litt, gelitten, suffer, allow; es litt ihn nicht daheim, he could not bear to stay at home; — mögen, like, love; das Leiden, the suffering.

Leidenszeit, *f.*, time of suffering.

leider, unfortunately.

leihen, ie, ie, lend, loan, borrow.

Leine, *f.*, rope, bridle-rein.

Leinwand, *f.*, linen.

leise, *adj.*, soft, faint, gentle, low, tiny; *adv.*, in a low voice, softly; — verschleiert, slightly muffled; mannhaft —, bravely suppressed.

leisten, afford, furnish; Hilfe —, *with dat.*, be of assistance to.

Leiter, *f.*, ladder, hay rack (*of a wagon*).

Leiterwagen, *m.*, rack-wagon.

lenken, lead; *refl.*, direct oneself, be directed.

lernen, learn; kennen —, become acquainted (with); auswendig —, commit to memory; das Lernen, the learning.

lesen, a, e, read.

Letter, *f.*, printed letter.

letzt, last, lowest; mein Letztes, my last treasure.

Letzt, *f.*; zu guter —, in the end, in conclusion.

Letzteres, *adj. noun*, (the) latter thing.

leuchten, shine, gleam, sparkle, glow; —den Auges, with spark-

ling eyes; ein Leuchten, a bright gleam.
Leuchtkäferchen, *n.*, fire-fly.
Leute, *pl.*, people.
Licht, *n.*, -er *or* -e, light, color, tint; — brennen, keep a light burning.
Lichtung, *f.*, cleared space, open space.
Lid, *n.*, -er, eye-lid.
lieb, *adj.*, dear, kind, good, sweet; lieber, *adv.*, rather, better, preferably; am liebsten, best of all; mein Liebster, my sweetheart; einen —haben, love one, be fond of one; einen —er haben, love one better, prefer.
Liebchen, *n.*, darling, dear, sweetheart.
Liebe, *f.*, love, attachment, affection.
lieben, love, make love.
liebenswürdig, amiable, gallant.
Liebesdienst, *m.*, -e, friendly service, favor.
Liebeslied, *n.*, -er, love-song.
lieb=haben, love, be fond of; lieber haben, love better, prefer.
liebkosen, pet, caress, fondle.
Liebkosung, *f.*, caress.
lieblich, lovely, sweet.
Lieblingsvergnügen, *n.*, favorite pastime.
Lied, *n.*, -er, song; das Ende vom —e, the upshot of the whole matter.
Liederbuch, *n.*, ⁼er, book of songs.

liegen, a, e, lie; — lassen, leave, leave alone; sich in den Armen —, embrace each other; im Liegen, from his recumbent position.
Linde, *f.*, linden, linden-tree.
Lindenbaum, *m.*, ⁼e, linden-tree.
Lindenholz, *n.*, linden-wood, white wood.
link, left.
linkisch, awkward, clumsy.
links, *adv.*, left.
Lippe, *f.*, lip.
Litauerwald, *m.*, ⁼er, the Lithuanian forest (*in East Prussia; see Introd., p. IV*).
litauisch, Lithuanian.
Literatur′stunde, *f.*, lesson in literature.
litt, *pret. of* leiden.
Lob, *n.*, praise.
loben, praise.
Lobgesang, *m.*, ⁼e, hymn of praise.
Löckchen, *n.*, short curl.
Locke, *f.*, curl.
locker, loose.
lodern, flame, flame up, flash.
Logarithmentafel, *f.*, table of logarithms.
logieren, lodge, sleep.
Lohe, *f.*, volumes of fire, flames.
lohen, glare.
Lohn, *m.*, ⁼e, wages.
lohnen, pay; es lohnt sich nicht, it does not pay, it does not require.
Lokomobi′le, *f.*, locomobile, traction engine.

Lorgnette, *f.* (*pron.* Lornjet´te), lorgnette, lorgnon.

los, loose; Hochzeit ist —, a wedding is on, *or* is the matter; was ist denn —? why, what is the matter?

Los, *n.,* -e, lot.

los=brechen, burst out, break forth.

lösen, loosen, untie, unfasten; *refl.,* relax. [out.

los=gehen, start, begin, break

los=hauen auf, thrash someone.

los=jagen auf, rush toward *or* in the direction of.

los=lassen, let go.

los=lösen, untie.

los=machen, unchain.

los=stürzen auf, make a rush upon, rush upon.

Lösung, *f.,* solution.

los=werden, get rid of, free oneself of.

Lotkeim, *n.,* Lotkeim (*a village*).

Lotusblume, Lotosblume, *f.,* lotus (flower).

Lötzeug, *n.,* soldering apparatus.

Lücke, *f.,* gap, opening.

Luckmanbile, *corruption of* Lokomobile.

Luft, *f.,* ᵘe, air; *pl.,* air; sich (*dat.*) — zu machen wissen, relieve oneself from pressure.

Lüge, *f.,* lie, falsehood.

Luke, *f.,* dormer-window, window.

Lukenöffnung, *f.,* opening, aperture of the window.

Lump, *m.,* -s, -es *or* -en, -e, villain, rascal.

lumpig, paltry, shabby.

Lust, *f.,* ᵘe, desire (zu, for), joy, pleasure.

lustig, merry, jolly; sich über einen — machen, make fun of someone.

M

machen, make, do, get along, pass (*i. e.* an examination); das wird sich —, it will be all right; etwas macht sich, it looks; laßt sie nur —! let her have her way!; sich daran —, set about, start; sich an etwas —, make for something; wahr —, fulfill; was macht deine Mama? how is your mamma?

Macht, *f.,* ᵘe, power.

mächtig, powerful, mighty, huge.

Madam´chen, *n.,* dear madam.

Mädchen, *n.,* girl.

Mädchenstimme, *f.,* a girl's voice, girlish voice.

Mädel, *n., dial. and coll.,* girl, lass.

Magd, *f.,* ᵘe, maid, female servant.

Magdale´ne, *f.,* Magdalen.

Magen, *m.,* stomach; gut für den —, good for the digestion.

mager, emaciated, thin.

magisch, magic.

Mahlzeit, *f.,* meal; zur —, at dinner time.

Mahnung, *f.*, warning, admonition, exhortation.

Mal, *n.*, -e, time; mit einem —e, all at once.

mal = einmal; *often not translated or as e.g.*, heb — ... auf, please *or* do pick ... up.

malen, paint, draw, make; *refl.*, be depicted, manifest oneself; gemalte Scheiben, stained window-panes *or* windows.

Malz, *n.*, malt; *see* Hopfen.

manch, many a; Manches, some, a portion (of it).

mancherlei, various things.

manchmal, at times, sometimes.

Mangel, *m.*, ̈, lack (an, of).

Mann, *m.*, ̈er, man, husband.

Männerstimme, *f.*, masculine voice.

mannhaft, manful; — leise, bravely suppressed.

Manome′ter, *m.*, steam-gauge.

Mantel, *m.*, ̈, cloak.

Mantille, *f.*, mantilla, cape, wrap.

Manufakturist′, *m.*, -en, draper, dry goods merchant.

Mappe, *f.*, portfolio, writing-case.

Märchen, *n.*, fairy-tale, story.

Märchenprinz, *m.*, -en, fairy-tale prince. [hussy.

Margell′, *f.*, *Lithuanian dial.*,

Mark, *f.*, mark (*the German monetary unit, of the value of a little less than 25 cents*).

Mark, *n.*, marrow; es geht durch — und Bein, it pierces to the quick.

markerschütternd, piercing.

Markt, *m.*, ̈e, market-place.

Marktverkauf, *m.*, ̈e, market-sale, sale in the open market.

Marmelstein, *m.*, -e, marble.

Marmor, *m.*, marble.

Marsch, *m.*, ̈e, march.

Märtyrer, *m.*, martyr.

März, *m.*, -en *or* -es, -e, March.

Märznacht, *f.*, ̈e, March night.

Masche, *f.*, mesh.

Maschi′ne, *f.*, machine.

maß, *pret. of* messen.

Maß, *n.*, -e, measure.

Masse, *f.*, mass, object.

massig, massive.

mäßig, moderate.

Mast, *m.*, -es, -e *or* -en, mast.

matt, feeble, dim, faint, weary.

Matte, *f.*, hammock.

Mauer, *f.*, wall, brick-wall.

Maulwurfshügel, *m.*, mole-hill.

Maurer, *m.*, mason, bricklayer.

mäuschenstill, quiet as a mouse.

mecha′nisch, mechanical.

meditieren, meditate.

Meer, *n.*, -e, sea, ocean.

mehr, more.

mehrere, several.

meiden, ie, ie, avoid.

Meineid, *m.*, -e, perjury.

meinen, mean, think, observe, say; es war nicht bös gemeint, it was not ill intended; sie —'s gut mit uns, they mean well by us, they are friendly to us.

meinetwillen; um —, for my sake, on my account.
Meinung, *f.*, opinion.
meistens, mostly, usually, generally.
Meister, *m.*, master, expert, master mechanic.
Melancholie' (*four syll.*), *f.*, melancholy.
melancho'lisch, sad, mournful.
melden, announce; *refl.*, present oneself.
Melodie', *f.*, melody.
Menge, *f.*, crowd.
Mensch, *m.*, -en, man, human being, person.
menschengefüllt, filled with people, crowded.
Menschengeschlecht, *n.*, -er, human race, mankind.
Menschenhäuflein, *n.*, small group of people.
Menschenherz, *n.*, -ens, -en, human heart.
Menschenmasse, *f.*, dense crowd of people.
Menschenwohl, *n.*, welfare of mankind.
menschlich, human, earthly, worldly.
merken, notice, feel; — lassen, let know, betray.
merkwürdig, remarkable; wenig oder gar nichts Merkwürdiges, little or nothing remarkable.
messen, maß, e, measure, survey.
Messer, *n.*, knife.
metal'len, metal.

Michaelis, *n.*, Michaelmas; zu —, at Michaelmas.
Michel, *m.*, Mike.
Miene, *f.*, mien, feature, look; eine — machen, have an expression *or* a face; — machen etwas zu tun, be about to do something.
Milcheimer, *m.*, milk-pail.
Milchgeld, *n.*, -er, milk-money, dairy-money.
mild, kind, pleasant, sweet, gentle.
minder, less.
mindest; im —en, in the least.
mindestens, at least.
Minu'te (*three syll.*), *f.*, minute.
mischen, *refl.* (in), mingle (with), be mixed.
Mißbilligung, *f.*, disapproval.
mißbrauchen, abuse, misuse.
mißlingen, a, u (*impers.*), fail.
Mißtrauen, *n.*, distrustfulness.
mißtrauisch, distrustful.
Mißwirtschaft, *f.*, mismanagement.
mit, *prep.*, with; *adv.*, along, with (someone).
mitbeteiligt, concerned (in something).
mit=bringen, bring along, bring back.
Mitbruder, *m.*, ¨, brother; *pl.*, brethren.
miteinander, with each other, together.
mit=fahren, ride along with, drive along.

mit=gehen, go along.
Mitgift, *f.*, dowry.
mit=helfen, assist.
mit=kommen, go along, accompany.
mit=lachen, laugh with someone, laugh too.
Mitleid, *n.*, pity, compassion.
mitleidig, pitiful, pitying.
mit=nehmen, take along, take with oneself.
mitsammen, together, in company.
mitsamt, together with.
Mitschwester, *f.*, sister.
mittags, at noon.
Mittagsglocke, *f.*, noon-bell.
Mittagshitze, *f.*, midday-heat.
Mittagsmahlzeit, *f.*, noonday-meal, dinner.
Mittagssonne, *f.*, noonday-sun.
Mitte, *f.*, middle, center.
mit=teilen, *refl.*, communicate itself to.
Mittel, *n.*, means, way.
mittelst, in the center, the one who sits in the center of . . .
mitten auf *or* in, in the middle (of).
Mitternacht, *f.*, ⁻e, midnight.
mitternächtlich, midnight.
Möbel, *n.*, piece of furniture, furniture.
Modell', *n.*, -e, model.
mögen, mochte, gemocht, may, like, care, be able; ich möchte, I should like.
möglich, possible.

Mohr, *m.*, -en, negro.
Mohrenland, *n.*, land of the negroes, Ethiopia.
mollig, comfortable, easy.
Moment', *m.*, -e, moment, instant.
Monat, *m.*, -e, month.
Mond, *m.*, -e, moon.
Mondenglanz, *m.*, moonlight.
Mondenlicht, *n.*, moonlight.
Mondenschein, *m.*, moonshine.
Mondenstrahl, *m.*, -es *or* -s, -en, moonbeam.
mondhell, moonlit.
Mondlicht, *n.*, -er, moonbeam.
Mondschein, *m.*, moonlight.
Mondscheinnacht, *f.*, ⁻e, moonlit night.
Mon'itum, *n.*, -s, Monita, reminder.
Montag, *m.*, -e, Monday.
Moor, *n.*, -e, moor, marsh, bog.
Moorgrundstück, *n.*, -e, moor-farm.
Moos, *n.*, -e, moss.
Morast', *m.*, ⁻e, morass, slime.
Mörder, *m.*, murderer.
Morgen, *m.*, morning.
Morgen, *m.*, acre.
morgen, to-morrow.
Morgendämmerung, *f.*, dawn.
Morgengrauen, *n.*, dawn.
Morgengruß, *m.*, ⁻e, morning greeting.
Morgenrot, *n.*, dawn, morning glow.
morgens, in the morning.
Morgensonnenstrahl, *m.*, -es *or*

–š, –en, ray of the morning sun, morning sunlight.
morſch, rotten, rickety.
Moſes, *m.,* Moses.
Motiv′, *n.,* –e, motive.
müde, *adj.,* tired, weary, faint; *adv.,* wearily; ſich — arbeiten, grow tired from work.
Mühe, *f.,* trouble, pains, effort; ſich (*dat.*) — geben, make an effort.
mühen, *refl.,* trouble oneself.
Mühſal, *n.* or *f.,* –e, hardship.
mühſam, laborious, with difficulty.
Mullkleid, *n.,* –er, mull dress.
Mullkleidchen, *n.,* small *or* short mull dress.
Mund, *m.,* –e *or* ⁻er, mouth.
Mundſtück, *n.,* –e, mouth-piece.
Mundwinkel, *m.,* corner of the mouth.
Munterkeit, *f.,* sprightliness.
murmeln, murmur, whisper; es ging —d, a murmur ran; das Murmeln, whispering, (a) whisper. [tone, undertone.
Murmelton, *m.,* ⁻e, murmuring
murren, mutter; das Murren, grumbling, dissatisfaction.
mürriſch, ill-humored, sullen.
Muſik′, *f.,* music.
Muſikant′, *m.,* –en, musician.
Muſik′emachen, *n., prov.,* making of music.
Muſiker, *m.,* musician.
Muſik′inſtrument′, *n.,* –e, musical instrument.

müſſen, mußte, gemußt, must, have to, be compelled, be forced, be restrained; das mußte . . . ſein, that could be nothing else but . . .; ich muß an die Arbeit, I have to go to work.
Muſter, *n.,* model, pattern.
muſterhaft, faultless.
Muſterknabe, *m.,* –n, model boy.
Mut, *m.,* courage, mood, humor; es iſt mir . . . zu —e, I feel . . .
mutig, courageous, daring, reckless.
mutlos, discouraged, indifferent.
Mutloſigkeit, *f.,* discouragement.
Mutter, *f.,* ⁻, mother.
mutterſeelenallein, all alone.
Mütze, *f.,* cap.
Myrte, *f.,* myrtle.

N

na! well!
nach, to, after; — . . . hin, — . . . zu, in the direction of . . .
Nachbar, *m.,* –s *or* –n, –n, neighbor.
Nachbarviſi′te, *f.,* neighborly call.
nach=blicken, *with dat.,* gaze after.
nachdem, *conj.,* after.
nach=denken, reflect (über, about).
nachdenklich, pensive, thoughtful.
nach=eggen, harrow (after someone).
nach=eifern, *with dat.,* emulate.
nach=folgen, *with dat.,* follow.

Nachfolger, *m.*, successor.

nach=forschen, *with dat.*, inquire after, question, ask; in seiner Seele —, ask oneself.

nach=galoppieren, *with dat.*, gallop after.

nach=geben, give way, yield.

nach=gehen, *with dat.*, go after, follow.

nach=grübeln, brood; er fing an nachzugrübeln, he fell to brooding over . . .

Nachhall, *m.*, reverberation.

nach=hallen, sound after; es hallte aus seinem Gewissen nach, his conscience warned him.

Nachhausegehen, *n.*, going home.

nach=klettern, *with dat.*, climb after.

nachlässig, careless, negligent.

nach=laufen, *with dat.*, run after.

Nachmittag, *m.*, -e, afternoon.

nachmittags, in the afternoon.

nach=rufen, call after.

nach=schauen, *with dat.*, gaze after, look after.

nach=schleichen, *with dat.*, creep after.

nach=sehen, look, see, investigate.

nach=sinnen, reflect, ponder, meditate; —d, meditatively.

Nachspiel, *n.*, -e, finale; zum —e einsetzen, strike up the finale.

nächst, nearest, next; im —en, in the next moment. [after.

nach=starren, *with dat.*, stare

Nacht, *f.*, ⁻e, night, darkness; zur —, to-night.

Nachtanzug, *m.*, ⁻e, night-dress.

nächtig, nocturnal.

Nachtgewand, *n.*, ⁻er, night-dress.

Nachtigall, *f.*, nightingale.

Nachtkleid, *n.*, -er, night-dress.

Nachtkleidchen, *n.*, little night-dress.

nächtlich, nightly.

Nachtruhe, *f.*, night-rest.

Nachtwächter, *m.*, night-guard, night-watchman.

Nachtzeit, *f.*, (time of) night.

nach=wollen, *with dat.*, start to run after.

Nacken, *m.*, neck, back; es lief ihm heiß und kalt über den — herab, he turned alternately hot and cold; der Tod sitzt ihm im —, death is clutching at his throat.

nackt, bare.

Nadel, *f.*, needle, pin.

Nagel, *m.*, ⁻, nail, finger nail; nicht so viel wie das Schwarze unterm —, not enough to buy a paper of pins with.

nah (näher, nächst), near; von —, nearby, close by; näher kennen lernen, get better acquainted with; näher treten, step in, come in.

Nähe, *f.*, vicinity, company; in Ihrer —, near to you.

nahen, approach.

nähen, sew; — gehen, go out to sew; das Nähen, sewing.

nähern, *refl.*, approach, draw near.

Naht, f., ⁼e, seam.
Name(n), m., -ns, -n, name; namens, by name.
nämlich, for, that is, the reason is (that).
Narr, m., -en, fool.
Näschen, n., little nose.
Nase, f., nose.
naß, wet, moist, damp.
naßkalt, damp and chilly.
natürlich, adj., natural; adv., naturally, of course; wie —, naturally, of course.
'ne = eine.
Nebel, m., mist, fog. [mist.
Nebelgewand, n., ⁼er, shroud of
nebelnd, misty, dim.
neben, prep., near to, next to, aside of, beside, among.
nebeneinander, aside of each other, aside.
Nebenfrage, f., secondary or unimportant question.
Nebenzimmer, n., adjoining room.
neblig, misty, foggy.
nehmen, a, genommen, take; — Sie mich zur Patin, let me be (his) godmother.
Neid, m., envy, jealousy.
neidisch, envious, jealous (auf, of).
neigen, bow, bend; refl., bow, bend; bei der Tage Neigen, in your declining days.
nennen, nannte, genannt, name, call, mention.
Nervenfieber, n., nervous fever.
Nessel, f., nettle.

Nest, n., -er, nest, home.
nett, nice.
Netzwerk, n., meshes, hammock.
neu, new, fresh; aufs —e, anew, again, over and over; von —em, again.
neuerbaut, newly built.
neuerdings, recently, lately.
Neufundländer, m., Newfoundland dog.
Neugeborne, der, die, das, adj. noun, the new baby; m., the newborn boy.
neugeflickt, newly mended.
Neugier, f., Neugierde, f., curiosity.
neugierig, curious.
Neuigkeit, f., piece of news, news.
nichts, nothing; — als, nothing but; das Nichts, nothingness.
nichtsdestoweniger, nevertheless.
Nichtsein, n., non-existence.
nicken, nod. [never.
nie, never; — und nimmer, never,
nieder, down.
nieder=beugen, refl., bend down.
nieder=blicken, look down.
nieder=brennen, burn down.
nieder=fahren, shoot down; es fuhr auf ihn nieder, a thought struck him.
nieder=fallen, fall down.
nieder=funkeln, sparkle (down).
niedergeschlagen, downcast.
nieder=hangen, hang down.
nieder=hocken, stoop down, crouch down.

nieder=kauern, cower down, crouch down.
nieder=knien, kneel down.
nieder=lassen, *refl.*, sit down.
nieder=legen, lay down, put down; *refl.*, lie down.
nieder=reißen, tear down.
nieder=schauen, look down.
nieder=schlagen, drop (the eyes).
nieder=sehen, look down.
nieder=setzen, *refl.*, sit down.
nieder=sinken, drop down.
nieder=sitzen, sit down.
nieder=starren, stare down (vor sich, before oneself).
nieder=stürzen, drop down.
niederträchtig, base, mean, vile.
nieder=werfen, throw down.
niedrig, low, base, mean.
niemals, never.
niemand, nobody, no one.
Niet, *n.*, -e, rivet.
nirgends, nowhere.
noch, still, yet, besides, even, so far, up to this time; — ein, one ... more, another, one ... longer; — nicht, not yet; — nie, never before; — so nah, ever so near; — so viel, ever so much, ever so often.
nochmalig, repeated.
nochmals, once more, again.
Nordlicht, *n.*, -er, northern light, aurora borealis.
Not, *f.*, ⸚e, need, distress, anxiety, want; mit knapper —, with great difficulty, by a close shave.

Notbehelf, *m.*, -e, expedient, resort.
notieren, take notes.
nötig, necessary, required; es fehlte am Nötigsten, the very necessities were lacking; — haben, be obliged.
nötigen, force, compel.
Notiz', *f.*, note.
notwendig, necessary, urgent.
November, *m.*, November.
Novembersonne, *f.*, November sun.
Novembertag, *m.*, -e, day in November.
nun, now, well; *with transposed order, conj.*, now that, now when.
nur, only, but, ever, just; — daß, except that.
nütze, useful; zu etwas — sein, be of some use.
nutzen, nützen, *with dat.*, serve, be of use to, do good; nichts —, be of no use (for).
nützlich, useful.

O

ob, *prep. with gen.*, on account of.
ob, *conj.*, if, though.
oben, above, under the roof; — am Sparren, from the rafters in the loft (*or* attic); von — bis unten, all over.
Oberhand, *f.*, upper hand, the best (of someone).
Oberherrschaft, *f.*, supremacy.

Oberkörper, *m.*, upper part of the body.
Oberlippe, *f.*, upper lip.
Oberzeug, *n.*, outer cloth, outside material.
obwohl, although.
öde, desolate.
Ofen, *m.*, ⸚, stove, furnace.
offen, open.
öffentlich, *adv.*, openly, in public.
öffnen, open; sich —, open; geöffnet, open.
Öffnung, *f.*, aperture.
oft, often, frequently.
öfters, not infrequently, occasionally.
oftmals, often.
Oheim, *m.*, -e, uncle.
ohne, without.
ohnehin, anyway, without being told.
Ohnmacht, *f.*, swoon; in — fallen, faint.
ohnmächtig (vor *or* von), faint, fainting (with).
Ohr, *n.*, -es, -en, ear; sich aufs — legen, lie down.
Operngucker, *m.*, opera-glass.
Opfer, *n.*, sacrifice.
opfern, sacrifice.
ordnen, arrange, dispose in order.
Orgel, *f.*, organ.
Orgelton, *m.*, ⸚e, sound of an organ.
Ort, *m.*, -es, -e *or* ⸚er, place, spot. [day.
Osterfeiertag, *m.*, -e, Easter holi-
Ostern, *pl.*, Easter.
österreichisch, Austrian.
Osterzeit, *f.*, Easter time.

P

paar; ein —, a few.
Paar, *n.*, -e, pair, couple.
paarmal; ein —, a few times.
paarweise, in pairs, two by two, in couples.
Päckchen, *n.*, small package.
packen, seize, wrap.
pah! pshaw!
Paket', *n.*, -e, package, parcel.
Palast', *m.*, ⸚e, palace.
Papier', *n.*, -e, paper; ein Blatt —, a piece *or* sheet of paper.
Papier'düte, *f.*, paper bag (of a conical form).
Papierschnitzel, *n.*, slip of paper.
Paradies', *n.*, -e, paradise.
passen, suit, please, be fit (zu, for).
passieren, *with dat.*, happen to.
Pate, *m.*, -n, godfather; — stehen bei einem, be godfather (*or* godmother) to someone.
Patenkind, *n.*, -er, godchild.
Patin, *f.*, -nen, godmother.
pausbäckig, chubby-cheeked.
Pause (*two syll.*), *f.*, pause, interval.
pauvre (*pron.* poh'ver), poor, miserable.
pechrabenschwarz, pitch-dark.
peinlich, painful.
Peitsche, *f.*, whip.

peitschen, whip, lash.
Peitschenstiel, *m.*, –e, whip-handle.
Pelz, *m.*, –e, fur.
Pelzmütze, *f.*, fur cap.
Pensum, *n.*, –s, Pensa *or* Pensen, lesson, task, assignment.
persisch, Persian.
Person', *f.*, person, lady.
persönlich, *adv.*, personally, in person.
Petro'leum (*four syll.*), *n.*, petroleum, coal-oil.
Petroleumbehälter, *m.*, petroleum-can.
Petroleumkanne, *f.*, petroleum-can.
Pfad, *m.*, –e, path, walk.
Pfahl, *m.*, ⁻e, post, stake.
Pfand, *n.*, ⁻er, pawn, forfeit.
Pfarrer, *m.*, pastor, rector; —s Hedwig, Hedwig, the pastor's daughter.
Pfarrerin, *f.*, –nen, the pastor's wife.
Pfarrgarten, *m.*, ⁻, parsonage garden.
Pfarrhaus, *n.*, ⁻er, parsonage.
pfauchen, hiss; das Pfauchen, panting, hissing.
Pfeife, *f.*, pipe.
pfeifen, pfiff, gepfiffen, whistle, play; auf etwas —, jeer at something; einem eins —, whistle (something) for someone; er pfiff sich eins, he whistled softly to himself.
Pfeifen, *n.*, whistling.

Pfennig, *m.*, –e, pfennig, penny (*a copper coin of the value of ¼ of a cent*).
Pferd, *n.*, –e, horse; sich zu —e werfen, throw oneself on a horse.
Pferdedecke, *f.*, horse-blanket.
Pfiff, *m.*, –e, whistle.
pfiff, *pret. of* pfeifen.
Pfingsten, *pl.*, Pentecost, Whitsuntide.
pflanzen, plant; die Hände in die Hosen —, thrust one's hands into one's trousers' pockets.
Pflege, *f.*, care, attention.
Pflegekind, *n.*, –er, foster-child.
pflegen, *tr.*, nurse, entertain, practise, take care of; *intr.*, be accustomed to, be used to.
Pflicht, *f.*, duty.
pflichtvergessen, unmindful of (one's) duty.
pflücken, pluck, pick.
pflügen, plow.
Pforte, *f.*, gate, door.
Pfosten, *m.*, post; — des Bettes, bedpost.
pfui! fie! for shame!
Phantasie', *f.*, fantasy, melody.
Philologie', *f.*, philology, the classical (ancient) languages.
philoso'phisch, philosophic.
Physik', *f.*, physics.
pilgern, make a pilgrimage, wander.
Pinsel, *m.*, fool, simpleton.
Pionier', *m.*, –e, pioneer.
Plage, *f.*, misery, trouble.

plagen, *refl.*, toil.
Plaidoyer (*pron.* Plä=do=a=je′), *n.*, -s, -s, plea, argument.
Plan, *m.*, ⁻e, plan.
Plan, *m.*, plain, fields.
planen, plan.
platt, flat, low, mean.
platt=drücken, crush flat.
Platz, *m.*, ⁻e, place, seat, room, space; — finden, find a room; — nehmen, take a seat, sit down, have a seat, be seated.
platzen, crack, burst.
plaudern, chat; sie fuhr —d fort, she chatted on.
Plinse, *f.*, hot cake (*a sort of egg-pancake*).
plötzlich, *adj.*, sudden; *adv.*, suddenly, all at once.
pochen, beat, throb, knock.
Polster, *n.*, pillow, cushion.
poltern, bluster, tumble, rattle.
Pracht, *f.*, splendor.
prächtig, fine, magnificent.
prahlen, boast.
Pralinees, *pl.*, chocolate creams *or* drops.
prall, plump.
Präsident′, *m.*, -en, presiding judge.
prasseln, rattle, clatter, crackle.
Predigt, *f.*, sermon.
Preis, *m.*, -e, price; um jeden —, at any price.
preisen, ie, ie, praise, extol.
Presse, *f.*, press.
pressen, press. [chine.
Preßmaschine, *f.*, pressing ma-

Pressung, *f.*, pressing; in goldener —, in gilt letters.
pries, *pret. of* preisen.
Prinz, *m.*, -en, prince.
Prinzeß′, *f.*, princess.
Prinzess′in, *f.*, -nen, princess.
Prinzip′, *n.*, -s, -ien (*pron.* =jen), principle.
Privat′schule, *f.*, private school.
probeweise, by way of a trial, on trial.
probieren, try, test.
Professor, *m.*, -s, -en, professor.
prophezeien, prophesy, predict.
Protokoll′führer, *m.*, clerk, secretary.
Protz, *m.*, -en, puffed-up fellow, braggard.
Prozession′, *f.*, procession.
prüfen, test, examine.
Prügel, *m.*, *pl.* blows, beating, thrashing.
prügeln, beat, thrash.
prusten, snort, pant.
pst! hush!
Puff, *m.*, ⁻e, thump, blow.
Pump, *m.*, -e, *slang*, credit; bei einem einen — aufnehmen, borrow money of someone.
Pumpe, *f.*, pump.
Pumpenschwengel, *m.*, pump-handle.
Punkt, *m.*, -e, point, spot.
pünktlich, punctual.
purpurn, crimson.
putzen, clean, polish.

Q

quäkend, plaintive, squeaky, dismal.

Qual, *f.,* agony.

quälen, torture, vex, torment; —d, tormenting, vexatious.

Qualm, *m.,* thick smoke.

qualvoll, vexatious, agonizing.

quastengeschmückt, tasselled.

quatschend, squashy, splashing.

quellen, o, o, well, rise, come.

quer, across; — über, across, crosswise.

Quere, *f.,* cross-direction; etwas kommt mir in die —, something interferes *or* goes wrong.

quetschen, squeeze; —d, gequetscht, squeaky.

R

Rache, *f.,* revenge.

Rachen, *m.,* jaw, jaws.

Racheplan, *m.,* ⁻e, plan of revenge.

Rachewerk, *n.,* –e, work of revenge.

Rad, *n.,* ⁻er, wheel.

'ran, *see* heran.

'ran-kriegen, *see* herankriegen.

Rand, *m.,* ⁻er, edge.

Randbrett, *n.,* -er, window frame.

Rangordnung, *f.,* order of rank.

rann, *pret.* of rinnen.

Ranzen, *m.,* knapsack.

Rapsernte, *f.,* rape-seed harvest.

rasch, *adj.,* rapid, quick; *adv.,* quickly, soon, in a short time; so — (als), as quickly as.

Rasen, *m.,* grass, sod.

rasen, whirl (as if mad).

Rasenbank, *f.,* ⁻e, sod-seat.

rasieren, shave.

raspeln, rasp, scrape; Süßholz —, *slang,* flirt, spoon.

rasseln, rattle.

Rassenvieh, *n.,* thoroughbred stock.

Rast, *f.,* rest.

Rat, *m.,* ⁻e, counsel, advice, help, way out of; — wissen, be able to help; mit sich zu —e gehen, take counsel with oneself, deliberate.

raten, ie, a, advise, suggest, counsel, guess.

ratschlagen, *reg.,* take counsel.

Rätsel, *n.,* riddle.

rätselhaft, mysterious, incomprehensible, vague.

Ratte, *f.,* rat.

rauben, rob; einem den Atem —, take away one's breath.

Rauch, *m.,* smoke.

rauchen, smoke.

'rauf = herauf; Ablösung 'rauf! someone come up here to relieve (me)!

rauh, rugged.

Raum, *m.,* ⁻e, room, space, time.

raunen, whisper, mutter.

Rausch, *m.,* ⁻e, intoxication.

rauschen, rustle, resound; mit einem —den Akkorde, with mighty chords.

Rauschen, *n.,* rustling.
räuspern, *refl.,* clear one's throat.
Rechenschaft, *f.,* account.
rechnen, calculate, figure, plan, scheme; auf etwas —, count on something.
Rechnung, *f.,* calculation, bill.
Recht, *n.,* -e, right; recht haben, be right.
recht, *adj.,* right; mir kann's — sein, it is all the same to me; *adv.,* very, quite, really; — herzlich, with all my heart; erst —, more than ever, all the more.
Rechte, *f., adj. decl.,* right hand.
recht=haben, be right.
Rechtlichkeit, *f.,* honesty, integrity.
rechts, *adv.,* right, on the right.
Rechtsanwalt, *m.,* ⁼e, lawyer; der Herr —, the counsel (for the defense).
rechtschaffen, honest, sound; etwas Rechtschaffenes, something (anything) of sound value, something useful.
recken, stretch; *refl.,* stretch out; ... reckten sich struppig, ... raised their bristly branches.
Rede, *f.,* talk, speech; eine — halten, make a speech, deliver a speech; es ist darin die — von einer grauen Frau, a gray woman is mentioned in it; bloß von Liebe ist die —, it is all about love; es kann keine — sein von ..., one cannot speak of ...; einem — stehen, give account (of something) to someone; nicht der — wert, not worth talking about.
reden, talk, speak.
Redensart, *f.,* phrase.
redlich, honest.
Redner, *m.,* speaker.
Referendar', *m.,* -e, young lawyer (*not yet permitted to practice for a fee*), "embryo lawyer".
Regel, *f.,* rule.
Regen, *m.,* rain.
regenbogenfarben, in rainbow colors, iridescent.
regendurchweicht, rain-soaked.
Regenmantel, *m.,* ⁼, ulster.
Regenwasser, *n.,* rain-water.
Regiment', *n.,* -e *or* -er, rule, management, regime; aus — kommen, become the master *or* manager.
Region', *f.,* region, vicinity.
Regung, *f.,* feeling, touch, sensation.
regungslos, motionless.
Reibeisen, *n.,* iron grater.
reiben, ie, ie, rub; trocken —, rub dry; an den Hölzern —, strike the matches.
reich, rich, wealthy.
reichen, reach, reach out, extend, give.
reif, mature.
Reife, *f.,* maturity; zur — kommen, ripen, mature.
Reigen, *m.,* dance.
Reihe, *f.,* row, file, column; er

kommt zuerst an die —, it is his turn first.

Reihenfolge, *f.*, order.

rein, *adj.*, clean; *adv.*, absolutely; — gar nichts, absolutely nothing.

'reingetragen, *see* hereintragen.

Reise, *f.*, trip, journey.

Reisemantel, *m.*, ͧ, traveling-cloak, ulster.

reißen, i, gerissen, tear, snatch; er riß . . . eins mit der Gerte über den Nacken, he gave . . . a cut with his whip across the neck (back).

reiten, ritt, geritten, ride, sit astride.

reizen, provoke, irritate.

reklamieren, claim, appropriate.

Religionsstunde, *f.*, instruction in religion, confirmation classes.

Religionsunterricht, *m.*, religious instruction (lessons), confirmation classes.

rennen, rannte, gerannt, run.

Reparatur', *f.*, repair(s).

reparieren, repair.

Replik', *f.*, counter-plea, rebuttal.

Respekt', *m.*, respect, awe (vor, of).

Rest, *m.*, –e, remnant, remainder, balance.

retten, save.

Retter, *m.*, rescuer.

Rettung, *f.*, rescue, salvation.

rettungslos, irretrievable, beyond recovery.

Revolution', *f.*, revolution.

richten, direct; eine Frage — an, question; sich darauf —, be bent upon; zu Grunde —, ruin.

Richter, *m.*, judge.

Richterkolle'gium (g *as in 'go'*), *n.*, –s, –kollegien, bench of judges.

Richterspruch, *m.*, ͧe, judgment, verdict.

richtig, *adj.*, right, correct, suitable, proper; *adv.*, indeed, truly, really.

Richtung, *f.*, direction.

riechen, o, o, smell, scent.

rief, *pret. of* rufen.

Riese, *m.*, –n, giant.

rieseln, drizzle, fall.

riet, *pret. of* raten.

Ringellocke, *f.*, cork-screw curl.

ringen, a, u, wrestle, struggle, wrest, wring (the hands); *refl.*, wrest oneself, be wrested; die Gruppe der Ringenden, the struggling group.

Ringen, *n.*, struggling, struggles.

rings, round.

ringsherum, roundabout.

ringsum, all around.

ringsumher, all around.

Rinne, *f.*, furrow, gutter.

rinnen, a, o, pass on, pass by.

Rippenstoß, *m.*, ͧe, dig in the ribs, punch.

Ritter, *m.*, knight; irrender —, knight-errant.

Rittersmann, *m.*, ͧer, knight, cavalier.

rittlings, astride.
Ritz, *m.*, -e, slit, crack.
Rock, *m.*, ⁿe, coat, dress, skirt.
Röckchen, *n.*, little coat, little frock, short dress.
Rockschoß, *m.*, ⁿe, flap of a coat; am —, by the dress *or* skirt.
roh, rude, brutal.
Röhrchen, *n.*, little reed, straw.
Rolle, *f.*, role, part, figure.
rollen, roll, rumble; das Rollen, rumbling.
rosa, *adj.*, pink.
rosageblümt, pink-flowered.
Rose, *f.*, rose.
Rosenstock, *m.*, ⁿe, tree-rose, rose-bush.
rosig, amiable.
Roß, *n.*, Rosse, steed, horse.
Rost, *m.*, -e, grate.
Rosthaufe(n), *m.*, -ns, -n, heap of rusty iron.
rostig, rusty.
rot, red, blushing, red brick (building); — werden, blush.
rotblond, reddish.
rotblühend, with red flowers.
rotbunt, red-striped.
Röte, *f.*, blush.
rotgestrichen, red-painted.
rötlich, reddish; — (bringt) der Schein..., the reddish glow...
Rotspohn, *m.*, red wine, claret.
rotversiegelt, red-sealed.
Ruck, *m.*, jerk.
rücken, move.
Rücken, *m.*, back.
Rückhalt, *m.*, support.

rücklings, backward.
Rücksitz, *m.*, -e, back-seat.
Rückweg, *m.*, -e, return-trip.
Rüde, *f.*, mastiff, hound, dog.
Ruf, *m.*, -e, call, cry, reputation.
rufen, ie, u, call, cry, exclaim.
Ruhe, *f.*, rest, quiet, tranquillity, peace, calmness; in — lassen, leave alone; keine — lassen, *with dat.*, give no rest, leave no peace; sich zur — setzen, retire from active life; zur — rufen, call to order.
ruhen, rest, sleep, be.
ruhig, quiet, calm.
Ruhm, *m.*, glory, fame.
rühren, strike (*of apoplexy*); *refl.*, stir.
Rührung, *f.*, emotion.
'rumgetrieben, *see* herumtreiben.
rund, round, circular.
Runde, *f.*, round; in die —, round, around; eine — über... machen, walk the rounds of...
Rundgang, *m.*, ⁿe, round; den — halten, make the rounds.
rundlich, rotund, round.
Rundung, *f.*, rounded form.
'runter, *see* herunter.
'runtergeschmissen, *see* herunterschmeißen.
runzeln, knit (the brows).
Ruppiner, Ruppiner, made in Ruppin (*or* Neu-Ruppin, *a city in the province of Brandenburg, Prussia*).
rußig, sooty.
russisch, Russian.

Rute, *f.,* scourge.
rutschen, slide, glide.
rütteln (an), shake, cause to rattle.

S

Saal, *m.,* -es, Säle, hall, court-room.
Sache, *f.,* matter, affair, thing, cause; aus Liebe zur —, from love of (for) the business.
Sack, *m.,* ⁻e, sack, bag.
Säelaken, *n.,* seed-cloth.
säen, sow; er selbst säete, he himself did the sowing; das Säen, sowing.
saftlos, juiceless, stale, empty.
sagen, say.
Samenkorn, *n.,* ⁻er, seed-grain.
Sammetmütze, *f.,* velvet cap.
Sammetrock, *m.,* ⁻e, velvet coat.
samt, together with; — und sonders, each and all.
sämtlich, entire, total, all together, all at the same time.
Sand, *m.,* sand.
Sandberg, *m.,* -e, sand-hill.
Sandwolke, *f.,* cloud of sand.
sanft, soft, gentle.
saß, *pret. of* sitzen.
satt, satisfied; — werden, get one's fill, get tired; sich — lachen, laugh to one's heart's content; sich — weinen, cry one's heart out.
satteln, saddle.
Sauerampferstaude, *f.,* sorrel stalk.

Sauerampferstengel, *m.,* sorrel stalk.
Saufaus, *m.,* drunkard, toper.
saugen, o, o *or reg.* (an), suck.
Säugling, *m.,* -e, small baby.
Saum, *m.,* ⁻e, hem.
sausen, roar, whiz.
Schäbigkeit, *f.,* shabbiness.
Schade(n), *m.,* -ns, -n, damage, injury; schade! it is a pity; wie schade, what a pity; —n nehmen, be severely injured.
schaden, injure, harm; das schadet nichts, that won't do any harm.
Schadenfreude, *f.,* malicious joy, derision.
schadenfroh, malicious.
schaffen, schuf, a, create, make.
schaffen, work, provide, take; einen zur Ruhe —, make someone take a rest *or* lie down make him keep quiet; sich zu — machen mit, concern oneself with, rummage in.
Schaffen, *n.,* labor, labors.
schalten, rule; — und walten, remain at the head of affairs.
Scham, *f.,* shame.
schämen, *refl. with gen.,* be ashamed of.
schamhaft, modest, shamefaced, with a feeling of shame.
Schande, *f.,* shame, disgrace, dishonor; einem — machen, disgrace someone; jede Hoffnung zu —n machen, baffle *or* defeat all hopes (for recovery): sich zu —n lachen, die with laugh-

ter; zu —n sein, be ruined *or* spoiled.

Schar, *f.*, crowd, flock, group.

scharf, sharp.

schärfen, sharpen.

scharfgeschnitten, sharply cut.

scharfkantig, angular.

Scharfsinn, *m.*, sagacity, penetration.

Schärpe, *f.*, scarf.

Schatten, *m.*, shadow, shade; noch um einen — blässer, still a shade paler.

Schattenpaar, *n.*, -e, shadowy couple *or* pair.

Schatz, *m.*, ⁻e, treasure; mein —, my dear, my love.

Schatzmeisterin, *f.*, –nen, (female) treasurer, keeper of forfeits.

schauen, look, gaze; ins Auge —, face; um sich —, look about.

Schauen, *n.*, looking, novel sight(s).

Schauer, *m.*, shudder, thrill.

schauern, shudder, quiver.

Schaufel, *f.*, shovel.

schaukeln, rock, swing.

Schaustück, *n.*, -e, pattern, model.

scheel, evil.

Scheffel, *m.*, bushel.

Scheibe, *f.*, pane, window-pane, disk.

scheiden, ie, ie, part; das Scheiden, the parting.

Schein, *m.*, glow.

scheinbar, *adv.*, seemingly.

scheinen, ie, ie, shine, seem, appear.

Schelmerei, *f.*, roguishness; wie von alter —, resembling the former roguishness.

schelmisch, roguish.

schelten, a, o, scold, abuse, call; auf etwas —, speak of something in abusive terms.

Scheltrede, *f.*, abuse.

Schenke, *f.*, inn, tavern.

schenken, present, give, grant; Vertrauen —, *with dat.*, confide; sich etwas — lassen, accept (a present).

Schere, *f.*, scissors.

scheren, *refl.*, go off; sich zum Teufel —, go to the devil.

Scherz, *m.*, -e, joke, fun.

scherzen, jest; nicht mit sich — lassen, stand no joking; —d, *adv.*, jestingly, playfully.

scheu, shy, timid, abashed, timorous.

Scheuer, *f.*, barn.

Scheune, *f.*, barn.

Scheunenbrand, *m.*, ⁻e, burning of the barn.

Scheunentor, *n.*, -e, barn gate, barn door.

Schicht, *f.*, layer, coat.

schicken, send (nach, for).

Schicksal, *n.*, -e, fate, destiny.

schieben, o, o, push.

schied, *pret. of* scheiden.

Schiefertafel, *f.*, slate.

schielen (nach), leer (at).

schier, *adv.*, almost, fairly.

schießen, o, geschossen, shoot, dart; Blitze —, flash.

Schild, *m.*, -e, shield; etwas im —e führen, Böses im —e führen, have some evil design.

schildern, describe.

schillern, glisten.

Schimmer, *m.*, gleam, glow, faint gleam.

schimmern, shine, gleam.

schimpfen, become abusive, curse; auf jemand —, abuse someone.

Schimpfen, *n.*, abusing, abuse.

Schimpfname(n), *m.*, -ns, -n, bad name, invective.

Schimpfrede, *f.*, abuse, invective.

Schimpfregister, *n.*, list of those who are abused by someone.

Schindel, *f.*, shingle.

Schirm, *m.*, -e, shade.

Schlacke, *f.*, slack, clinker.

Schlackwurst, *f.*, ⸚e, smoked sausage.

Schlaf, *m.*, sleep.

Schläfe, *f.*, temple, forehead; es hämmerte in seinen —n, his pulse (heart) throbbed violently.

schlafen, ie, a, sleep; — gehen, go to bed.

Schlafengehen, *n.*, going to sleep, going to bed.

schlaff, limp, inanimate.

Schlafkammer, *f.*, bedroom.

schlaflos, sleepless, restless.

Schlafmütze, *f.*, night-cap.

schläfrig, sleepy, drowsy.

Schlafschuh, *m.*, -e, bed-slipper, slipper.

Schlafzimmer, *n.*, bedroom, sleeping-room.

Schlag, *m.*, ⸚e, blow, stroke, stroke of apoplexy.

schlagen, u, a, strike, beat; die Hände vors Gesicht —, put the hands over one's face, hide one's face in one's hands; mit Händen und Füßen um sich schlagen, struggle and kick; die Zähne aufeinander —, grind one's teeth together.

schlagfertig, ready.

Schlange, *f.*, snake.

schlank, slender.

schlapp, meek, soft; ein —er Geselle, a weakling.

Schlauch, *m.*, ⸚e, hose.

schlecht, bad, mean, miserable; einen — machen, talk badly of someone; er ist — auf Paul zu sprechen, he finds fault with Paul.

Schlegel, *m.*, beater, handle.

Schlehdornblüte, *f.*, sloe-blossom.

schleichen, i, i, creep, crawl, steal; sich —, creep.

Schleicher, *m.*, sneak.

Schleier, *m.*, veil.

Schleifstein, *m.*, -e, grind-stone.

schlenkern, swing (hin und her, to and fro).

schleppen, drag.

schleudern, throw, hurl, toss; von sich —, throw away.

schleunigst, *adv.*, hurriedly.

schlicht, plain, simple; — zurückgestrichen, smoothly combed back.

schlichtgekleidet, plainly dressed.

schließen, o, geschlossen, close, shut, seal, conclude; ins Herz —, be fond of, conceive a deep affection for.

schließlich, finally, at last, in the end, after all.

schlimm, bad, disagreeable; das Schlimmste, the worst; es — meinen, mean seriously; es ist gar nicht so — damit, it is by no means as bad as all that; es geht ihr —, she is in a serious condition.

Schlingel, m., villain, wretch.

schlingen, a, u, sling, wind, fasten; den Arm um jemand —, put the arm around someone.

Schlips, m., -e, neck-tie.

Schlittschuh, m., -e, skate; — laufen gehen, go skating.

Schloß, n., Schlösser, castle.

Schloß, n., Schlösser, lock; ins — fallen, close; ins — schlagen, close suddenly, clash to; ins — werfen, slam.

Schlosser, m., locksmith.

Schlot, m., -e or ⁻e, smoke-stack.

schluchzen, sob.

Schluchzen, n., sobbing, sobs.

Schlund, m., ⁻e, mouth, jaws, cavern.

schlüpfen, slip.

schlürfen, shuffle. [decision.

Schluß, m., Schlüsse, conclusion,

Schlüssel, m., key.

Schlüsselbund, n., -e or ⁻e, bunch of keys.

Schmach, f., insult, affront, disgrace.

schmächtig, slim, small.

schmal, slender, small.

Schmarotzer, m., parasite.

schmeicheln, with dat., flatter, coax.

schmeißen, i, geschmissen, throw (away).

Schmerz, m., -es, -en, pain, grief.

Schmerzensgeld, n., -er, smart-money, damages.

Schmerzenslager, n., sick-bed.

schmerzhaft, painful.

Schmiede, f., smithy, forge, blacksmith shop.

schmiegen (an), refl., cling (to), lean (on).

schmieren, grease; es geht wie geschmiert, things go on swimmingly.

schmierig, dirty, greasy.

schmollen, pout.

Schmutz, m., dirt, soil.

schmutzig, dirty, grimy.

Schnabel, m., ⁻, bill.

schnalzen, snap; mit den Fingern —, snap one's fingers.

Schnapsnase, f., whiskey nose, a toper's nose.

schnattern, quack.

schneeig, snowy white.

schneeweiß, snow-white.

Schneidemaschine, f., cutting machine.

schneiden, schnitt, geschnitten, cut.
Schneiderin, *f.*, -nen, dressmaker.
schneidig, cutting.
Schnellläufer, *m.*, race-walker, sprinter.
schnitt, *pret. of* schneiden.
schnitzeln, carve, cut.
schnöde, base.
Schnörkel, *m.*, flourish, ornament.
schnüffeln, sniff, smell.
schnuppern, sniff.
schnüren, tie, tie up, bind.
Schnurrock, *m.*, ⁻e, coat with braids.
schon, already, certainly, to be sure, by and by, this early, as early as; — allein, if for no other reason; — jetzt, right away; — lange, long ago, long since; — der erste Name, the very first name.
schön, beautiful, fair, handsome, nice; —st, best; was Schönes zusammenbrauen, concoct something nice (*ironical*).
schonen, save, be careful with; *refl.*, take care of oneself.
schöngeschweift, elaborately carved.
schöpfen, draw, conceive.
Schornstein, *m.*, -e, chimney, smoke-stack.
Schornsteinfeger, *m.*, chimney-sweep.
schoß, *pret. of* schießen.
Schoß, *m.*, ⁻e, lap.

schottisch, Scottish, Scotch.
Schranke, *f.*, bar; vor die —n treten, stand at the bar.
Schraube, *f.*, screw.
schrauben, o, o *or reg.*, screw.
Schreck, *m.*, fright.
schreckhaft, terrifying, gruesome.
schrecklich, terrible, dreadful.
Schrei, *m.*, -e, scream, cry.
schreiben, ie, ie, write.
Schreiber, *m.*, clerk, secretary.
Schreibheft, *n.*, -e, copy-book.
schreien, ie, ie, cry, scream, shout.
Schreien, *n.*, shouting, shouts.
Schrein, *m.*, -e, chest.
schreiten, schritt, geschritten, walk, wander; von dannen —, stalk away.
Schrift, *f.*, handwriting.
Schriftstück, *n.*, -e, piece of writing.
schrill, shrill.
Schritt, *m.*, -e, step, walk, gait, pace; mit breiten Schritten, with swaggering stride.
schrob, *pret. of* schrauben.
Schublade, *f.*, drawer (of a dresser, chiffonier, *etc.*).
schüchtern, shy, timid.
Schuft, *m.*, -e, villain, rogue.
Schuh, *m.*, -e, shoe; wollene —e, woollen slippers.
Schulbibliothek', *f.*, school-library.
Schulbildung, *f.*, education, school-training.
Schuld, *f.*, guilt, blame, debt; schuld haben an, schuld sein an, be to blame for.

schuldig, guilty; sie sprechen ihr „Schuldig", they return a verdict of 'guilty'.

Schule, *f.,* school.

Schülerverbindung, *f.,* school-fraternity.

Schulgeld, *n.,* –er, charge for tuition.

schulgerecht, correct.

Schulheft, *n.,* –e, copy-book, note-book.

Schulter, *f.,* shoulder.

Schulzeit, *f.,* school-time.

Schuppen, *m.,* shed.

Schürze, *f.,* apron.

schürzen, *refl.* (zu), be tied (into), be twisted (into).

Schüssel, *f.,* dish.

Schutt, *m.,* debris, ruins.

Schüttelfrost, *m.,* chill.

schütteln, shake, toss.

schütten, pour, put.

Schutthäufchen, *n.,* small pile of rubbish *or* ruins.

Schutz, *m.,* protection.

schwach, weak, frail, faint.

schwächlich (an), weak (of), frail (in).

schwadronieren, brag.

Schwager, *m.,* ⁀, brother-in-law.

Schwalbe, *f.,* swallow.

schwanken, rock, stagger, sway.

schwarz, black, dark; das Schwarze, blackness, darkness; nicht so viel wie das Schwarze unterm Nagel, not enough to buy a paper of pins with; sich — machen, get black.

schwatzen, chat, chatter, tell tales.

schweben, hover, soar, glide, float, be suspended; —den Schrittes, with a gliding step.

schweigen, ie, ie, be silent, say nothing; schweig still! be still, keep still; —d, silent, in silence.

Schweigen, *n.,* silence.

schweigsam, silent, quiet, taciturn.

Schweineblase, *f.,* bladder (of a hog), swimming-bladder.

Schwelle, *f.,* threshold.

schwellen, o, o *or reg.*, swell, grow; geschwellt von, dotted with; das Herz von Stolz geschwellt, his heart swelling with pride; höher —, grow more violent.

schwenken, swing.

schwer, hard, difficult, heavy, laborious, sad, violent; — vor, heavy, oppressed with; es hält —, it is a hard task; es wird ihm — ums Herz, his heart is heavy.

schweratmend, breathing heavily, heavy, oppressed.

schwerfällig, clumsy, awkward.

schwermütig, melancholy, sad.

Schwester, *f.,* sister.

Schwesterchen, *n.,* **Schwesterlein,** *n.,* little sister. [law.

Schwiegersohn, *m.,* ⁀e, son-in-

schwimmen, a, o, swim, float, go swimming; in lauter Glück —, revel in sheer happiness.

Schwindeln, *n.*, swindling, swindle.

schwindelnd, dizzy, giddy.

schwinden, a, u, disappear, vanish.

Schwindler, *m.*, swindler.

schwindlig, dizzy; ihm wird —, he becomes dizzy, he begins to feel dizzy.

schwingen, a, u, swing.

schwirren, whiz; von seinen Lippen —, fall from his lips.

schwören, u *or* o, o, swear, vow.

Schwüle, *f.*, sultriness.

Schwung, *m.*, ⁻e, swing, vibration; in — setzen, set to swinging.

Schwur, *m.*, ⁻e, vow; einen — tun, make a vow.

Schwurgerichtssaal, *m.*, -säle, court-room.

sechs, six.

See, *m.*, -s, -n, lake.

Seele, *f.*, soul.

Segen, *m.*, blessing; zum —, for a blessing.

segnen, bless; *p. p.*, prosperous.

sehen, a, e, see; sich gezwungen —, be forced; ähnlich —, *with dat.*, look like.

sehnen, *refl.*, long (nach, for); das Sehnen, longings.

Sehnsucht, *f.*, longing, yearning (nach, for).

sehnsuchtsvoll, full of yearning, yearning.

sehr, very, very much. [per.

Seidenpapier, *n.*, -e, tissue-pa-

Seidenschnur, *f.*, ⁻e, silk lace, silk braid.

sein, his; die Seinen, his family.

seinerseits, on his part.

seit, *prep.*, since; *conj.*, since, since the time when.

seitdem, since then, since that time.

Seite, *f.*, side, page; von der —, sideways, askance; zur —, to the side, aside.

Seitenblick, *m.*, -e, side-glance.

seither, since that time, since then.

seitwärts, sideways.

Sekunde, *f.*, second.

selber, self; von —, from itself; so von —, quite naturally.

selbst, self, even; von —, of one's own accord; sich von — verstehen, be a matter of course; sein Selbst, his own individuality.

Selbstbewußtsein, *n.*, self-importance, self-respect.

selbstgemacht, made by oneself, original.

Selbstsucht, *f.*, selfishness.

selbstverständlich, matter of course, the natural thing.

Selbstvorwurf, *m.*, ⁻e, self-reproach.

selig, blissful.

Seligkeit, *f.*, bliss, happiness.

selten, rarely, seldom.

seltsam, strange, odd, queer.

senden, *reg.* or sandte, gesandt, send (nach, for), forward.

Sendung, *f.*, mission; himmlische —, communication from Heaven.

senior, senior, the older.

senken, lower; *p. p.*, cast down.

Sense, *f.*, scythe.

Serena'de (*four syll.*), *f.*, serenade; einem eine — bringen, serenade someone.

Sessel, *m.*, armchair.

setzen, place, put; *refl.*, sit down, settle.

seufzen, sigh; das Seufzen, sighing, sighs.

Seufzer, *m.*, sigh, plaint.

sicher, sure, certain, safe.

Sicherheit, *f.*, assurance, self-assurance; zur —, to make sure.

siebzehn, seventeen.

siechend, sickly.

sieden, *reg. or* sott, gesotten, seethe, boil.

siegen, prevail, get the better.

Siegerkranz, *m.*, ⁻e, conqueror's wreath.

sieh! see! look! (*imper. of* sehen).

silbern, silver, made of silver, silvery.

Silberschimmer, *m.*, silvery gleam.

singen, a, u, sing; das Singen, singing.

sinken, a, u, sink, fall, drop, lower; — lassen, drop; sie sank mit dem Kopfe ..., her head fell.

Sinken, *n.*, falling; im —, while falling down.

Sinn, *m.*, -e, sense, mind, meaning, thought(s); es fährt ihm durch den —, suddenly he remembers; es kommt ihm zu —, he happens to think (of something); es wird ihm ... zu —, he feels ...; von —en sein (vor), be beside oneself (with); bei —en sein, be in the right mind.

sinnen, a, o, think, ponder, plan; —d, thoughtful, meditative.

Sinnen, *n.*, thinking, thoughts, faculties; über dem —, with pondering.

sinnlos, senseless, mad.

Sitz, *m.*, -e, seat.

sitzen, saß, gesessen, sit, be fastened, be placed, stay, be; — haben, have, wear; im Gefängnis —, be in prison, serve a term in prison.

so, so, is that so? really? what? — wie —, anyhow, anyway, as it is; *arch.*, who, which.

sobald (als), as soon as.

soeben, just.

Sofa, *n.*, -s, -s, sofa, couch.

Sofaecke, *f.*, corner of the sofa.

sofort, immediately, at once.

sog, *pret. of* saugen.

sogar, even.

sogleich, at once, right away.

Sohn, *m.*, ⁻e, son.

solange (als), as long as.

solch, such.

sollen, shall, be to, be expected to; was sollen uns ..., of what use are to us ...

Sommer, *m.*, summer.
sondern, but.
sonders, separately; samt und —, each and all.
sonnbeglänzt, sunny.
Sonne, *f.*, sun.
Sonnenaufgang, *m.*, ᵘe, sunrise.
Sonnenblume, *f.*, sunflower.
Sonnenglanz, *m.*, brilliant sunlight.
Sonnenhitze, *f.*, hot sun.
Sonnenlicht, *n.*, sunlight.
Sonnenscheibe, *f.*, the sun's disk.
Sonnenschein, *m.*, sunshine.
Sonnenseite, *f.*, sunny side.
Sonnenstrahl, *m.*, -es *or* -s, -en, the sun's ray.
Sonnenuhr, *f.*, sun-dial.
sonnig, sunny.
Sonntag, *m.*, -e, Sunday.
Sonntagskleid, *n.*, -er; *pl.*, Sunday clothes, Sunday best.
Sonntagsstaat, *m.*, Sunday finery, Sunday best.
Sonntagvormittag, *m.*, -e, Sunday morning.
sonst, formerly, usually.
sonstig, other.
Sorge, *f.*, care, anxiety (um, about).
sorgen (für), care, take care (of), concern oneself (about); sich — um, worry about.
Sorgen, *n.*, caring, care(s), worry.
sorgenfrei, free from cares.
sorgenvoll, full of cares, sorrowful.
sorgfältig, careful.
sorglos, careless, without cares.
sorgsam, careful.
soweit (als), as far as.
sowohl (wie, als auch), as well (as).
spähen, search.
Späherauge, *n.*, -s, -n, spying eye.
spannen, stretch, tie.
Spannung, *f.*, tension, suspense.
sparen, save.
spärlich, thin, bare.
Sparren, *m.*, rafter; oben am —, from the rafters in the loft (*or* attic).
spät, late; später, later, afterwards.
Spaten, *m.*, spade.
spazieren, walk; — fahren, go riding, go driving; — gehen, walk, take a walk, saunter.
Spaziergang, *m.*, ᵘe, walk; einen — machen, take a walk, walk.
Speck, *m.*, bacon.
speien, ie, ie, spit, emit, send forth.
spekulieren, speculate in stocks.
Spelunke, *f.*, low dram-shop.
spenden, distribute, lavish.
sperren, shut, shut up.
spie, *pret.* of speien.
Spiegel, *m.*, mirror, looking-glass.
spiegeln, reflect, glisten.
Spiel, *n.*, -e, play, game; aus dem —e bleiben, not be referred to; die Hand im —e haben, have a hand in something.

spielen, play, act (the part of).
spießen, spear, spit; gespießt auf, on the point of.
Spitze, f., point, tip, nozzle.
spitzen, point.
Spitzentüchlein, n., (small) lace handkerchief.
Spitzname(n), m., -ns, -n, nickname.
Sporn, m., -es or -s, Sporen, spur.
spornstreichs, at full speed.
spöttisch, derisive, ironical.
Sprache, f., language.
sprechen, a, o, speak; with acc. of pers., speak to someone; er ist nicht gut zu — auf uns, he is not on friendly terms with us; er ist schlecht zu — auf Paul, he finds fault (is finding fault) with Paul.
sprengen, burst open, break open.
springen, a, u, spring, leap, run.
Springquell, m., fountain.
Spritze, f., fire-engine.
spritzen, spirt, sputter.
Spruch, m., ⸗e, passage, sentence, text.
Sprüchlein, n., adage, saying.
sprudeln, flow, bubble.
sprühen, sputter, fly, sparkle.
Sprühregen, m., drizzling rain.
Sprung, m., ⸗e, leap.
Spur, f., trace.
Staat, m., -es, -en, state; im vollsten —e, in his best clothes.
Staatsanwalt, m., ⸗e, state's attorney, public prosecutor.

Stab, m., ⸗e, bar, picket, stake.
Stachelbeere, f., gooseberry.
Stachelrede, f., bantering or insulting remark.
Stadt, f., ⸗e, city, town.
Stadttor, n., -e, town-gate, gate of the city.
Staket', n., -e, picket, stake.
Stall, m., ⸗e, stable, barn.
Stalltür, f., stable-door.
Stamm, m., ⸗e, trunk.
stammeln, stammer, falter.
stammen (aus), originate, hail (from).
stämmig, strong, sturdy.
stand, pret. of stehen.
Standesamt, n., ⸗er, registry.
Stange, f., pole.
stark, strong; — altern, age rapidly, age visibly; — hervortreten, become very prominent.
stärken, starch.
starr, rigid (vor, with), stern, motionless, stupified (vor, with).
starren, stare, gaze; — von, be crammed full of.
statt, prep. with gen., instead of, in place of.
Staub, m., dust; sich aus dem —e machen, seek safety in flight.
Stäubchen, n., speck of dust.
Staude, f., stalk.
Staunen, n., surprise, amazement.
stechen, a, o, stick, prick, cut, dig; Torf — lassen, have peat cut; —d, piercing, cutting; wie gestochen, as if engraved.

stecken, put, place; *intr.*, be; in Brand —, set fire to, light.
Stecknadel, *f.*, pin.
stehen, stand, gestanden, stand, be, be written, find oneself; gebannt —, find oneself fixed *or* confined; — bleiben, remain standing, stop; dorthin stand der Sturm, the gale blew in that direction.
stehlen, a, o, steal.
Steh- und Gehkunststücke, *pl.*, feats in standing and walking.
steigen, ie, ie, ascend, descend, rise, climb, enter, grow; Tränen — ihm in die Augen, tears come to his eyes; — lassen, raise; —d, increasing, growing.
steigern, *refl.* (zu), grow (into).
steil, steep.
Stein, *m.*, -e, stone.
steinern, made of stone, stone.
Steinfliese, *f.*, floor, tile, brick floor.
Steintreppe, *f.*, stone steps.
Stelle, *f.*, place, spot; zur —, on the spot, on hand.
stellen, place, put; *refl.*, pretend, feign; einen Antrag —, make a motion; einem ein Bein —, (try to) trip one up.
stellenweise, in places, in spots.
stemmen, plant, set.
Stempel, *m.*, stamp, mark.
Stengel, *m.*, stem, stalk.
Steppe, *f.*, steppe, prairie.
sterben, a, o, die; Hungers —, starve (to death).

Stern, *m.*, -e, star.
sternenhell, bright with stars.
stet, continual, steady.
stets, always, all the time.
Stich, *m.*, -e, stab, pang.
Stiefel, *m.*, boot.
Stiege, *f.*, staircase, stairway.
stier, fixed, staring.
stieß, *pret. of* stoßen.
still, quiet; (sei) —! hush! —e stehen, stop *or* cease beating; — davon! let us say no more about it!
Stille, *f.*, stillness, quiet.
still-schweigen, become silent; —d, silently, in silence.
still-stehen, stand still, stop.
Stimme, *f.*, voice.
Stimmung, *f.*, mood, feeling, humor.
Stirn(e), *f.*, forehead, brow, head.
Stock, *m.*, ᵘe, stick, cane, club.
stocken, stop, pause, hesitate.
Stocken, *n.*, hesitation.
stolpern, stumble.
Stolz, *m.*, pride.
stolz, proud (auf, of), disdainful.
stopfen, stuff.
Stoppel, *f.*, stubble, stubble-field.
Storch, *m.*, ᵘe, stork.
stören, disturb, derange.
Störung, *f.*, disturbance.
stoßen, ie, o, kick, knock.
Strafe, *f.*, punishment; zur —, as a punishment, for punishment.

Strafpredigt, *f.*, sermon (of censure), exhortation.

strafrechtlich, criminal.

Strahl, *m.*, -es, -en, ray, beam, flash; feurige —en, sheets of fire.

strahlen, shine.

Strähn, *m.*, -e, Strähne, *f.*, strain, streak.

stramm, sturdy, clever.

Straße, *f.*, street, road.

Strauch, *m.*, ⁻er, bush, shrub.

streben, strive, struggle.

Streben, *n.*, longing, desire.

strecken, stretch; *refl.*, stretch (oneself); von sich —, stretch out.

Streich, *m.*, -e, trick, prank.

streicheln, stroke, caress, pet, fondle.

streichen, i, i, brush, draw one's hands.

Streichholz, *n.*, ⁻er, match.

Streichholzbüchse, *f.*, match-box, box of matches.

Streichhölzchen, *n.*, match.

Streif, *m.*, -e, streak.

streifen, touch, brush, meet, pass.

Streifen, *m.*, strip.

Streit, *m.*, altercation, quarrel.

streiten, stritt, gestritten (um), fight, compete (for).

streng, strict, severe; — befehlen, give strict orders.

streuen, scatter.

Stricken, *n.*, knitting.

Stroh, *n.*, straw.

strohbedeckt, thatched.

Strohbündel, *n.*, truss of straw.

Strohdach, *n.*, ⁻er, thatched roof.

Strohhaufen, *m.*, pile of straw.

Strohhut, *m.*, ⁻e, straw-hat.

Strumpf, *m.*, ⁻e, stocking, sock.

struppig, bristly; ... reckten sich —, ... raised their bristly branches.

Stube, *f.*, room.

Stubentür, *f.*, room-door.

Stück, *n.*, -e, piece, part; ein — Vagabunde, a bit of a vagabond; ein — gehen, walk part of the way *or* a short distance; aus freien —en, of one's own accord; in allen —en, in every respect.

Stücklein, *n.*, small piece; ein — Wildnis, a little wilderness, somewhat of a wilderness.

Student', *m.*, -en, student.

Studentengeschichte, *f.*, student's story, college story.

studieren, study, examine.

Studium, *n.*, -s, Studien, study, exercise.

Stufe, *f.*, flight (of a stairway), steps.

Stuhl, *m.*, ⁻e, chair.

stumm, mute, silent.

stumpf, torpid, dull.

Stündchen, *n.*, hour; noch ein —, (for) an hour or so longer.

Stunde, *f.*, hour, lesson; in der —, during the lesson; in seinen guten (bösen) —n, in his periods of good (ill) humor.

ſtundenlang, for hours.
ſtupi′de (*three syll.*), stupid.
Sturm, *m.,* ⸚e, storm, gale, high wind.
ſturmbewegt, storm-tossed.
ſturmgepeitſcht, storm-lashed.
Sturmwind, *m.,* -e, gale.
ſtürzen, *tr.,* throw; *intr.,* rush, gush (aus, from), plunge.
Stütze, *f.,* support, rest.
ſtutzen, stop, look startled.
ſtützen, rest, support.
ſtutzig; — machen, start, puzzle.
ſuchen, seek, find, try, look for, search (for); was haſt du hier zu —, what business have you here?
Süden, *m.,* South.
Sul′tan, *m.,* Sultan.
Summe, *f.,* sum, account.
ſummen, hum, buzz; das Summen, buzzing, humming.
Sumpf, *m.,* ⸚e, swamp, mire, pool; in den — ſchmeißen, throw away into the mire, sink (money), waste.
ſumpfig, swampy, muddy.
Suſe, *f.,* Susie.
ſüß, sweet, clear; Süßes, sweets.
Süßholz, *n.,* licorice; — raſpeln, *slang,* flirt, spoon.
Szene, *f.,* scene.
Szepter, *n. or m.,* sceptre, control of affairs.

T

Tabaksfaſten, *m.,* tobacco-box.
Tafel, *f.,* plate.

Taffetmantille, *f.,* taffeta mantilla.
Tag, *m.,* -e, day; an den — legen, manifest; in den — hinein leben, live on recklessly.
Tagelöhner, *m.,* day-laborer.
Tageslicht, *n.,* day-light; aus — ziehen, bring to light.
Tagewerk, *n.,* -e, daily task.
taghell, bright as day-light.
Taglöhner, *m.,* day-laborer.
Taille, *f.* (*pron.* Talje), waist.
Takt, *m.,* -e, time, rhythm; im —e, keeping time (with something).
Talar′, *m.,* -e, robe, vestment.
Taler, *m.,* taler, dollar (*German silver coin, of the value of a little less than 75 cents, now out of use*).
tändelnd, playing; leiſ — bewegen, play gently with.
Tante, *f.,* aunt.
Tanz, *m.,* ⸚e, dance.
Tanzboden, *m.,* ⸚, dancing-room; über den —, through the dancing-room.
tänzeln, dance, slip.
tanzen, dance.
Tanzſtunde, *f.,* dancing-lesson.
tapfer, brave.
Taſche, *f.,* pocket.
Taſchenmeſſer, *n.,* pocket-knife.
Taſchentuch, *n.,* ⸚er, (pocket-) handkerchief.
Taſchenuhr, *f.,* watch.
taſten, grope, feel one's way (nach, for).

tat, *pret. of* tun.

Tat, *f.,* deed, action; in der —, in fact, indeed.

tätscheln, caress.

Tau, *m.,* dew.

tauchen, steep, bathe; *refl.,* be steeped.

taufen, christen; nach jemand getauft sein, be christened (named) for someone.

Taufpatin, *f.,* –nen, godmother.

tauig, dewy.

täuschen, *refl.,* be deceived, be mistaken.

tausendmal, a thousand times.

Teelöffel, *m.,* tea-spoon.

Teertonne, *f.,* tar-barrel.

Teich, *m.,* –e, pond, lake.

Teil, *m.,* –e, part, portion.

Teilnehmerschaft, *f.,* participation, partnership.

telegraphieren, telegraph (nach, for).

Teller, *m.,* plate.

Terras'se, *f.,* terrace.

teuer, dear, expensive.

Teufel, *m.,* devil.

Text, *m.,* –e, text, words, passage.

theore'tisch, theoretical.

Thron, *m.,* –es, –e, throne.

tief, deep.

Tiefe, *f.,* depth.

tieftraurig, deeply grieved.

Tier, *n.,* –e, animal, beast.

tilgen, pay off.

Tisch, *m.,* –e, table; bei —e, at table, at the meal.

Tischtuch, *n.,* ⁻er, table-cloth.

Tochter, *f.,* ⁻, daughter.

Töchterchen, *n.,* dear daughter.

Tod, *m.,* death.

Todesangst, *f.,* ⁻e, deadly fright *or* anguish.

Todesstoß, *m.,* ⁻e, death-blow, fatal blow.

Todestag, *m.,* –e, anniversary of someone's death.

todmüde, tired to death.

toll, mad, boisterous; ein Toller, a madman.

tollen, romp, race like mad; sich in den Schlaf —, romp until one falls asleep.

tollkühn, rash, bold.

Tölpelname(n), *m.,* –ns, –n, booby-name, nickname.

Ton, *m.,* clay, material.

Ton, *m.,* ⁻e, sound, tune, voice.

tönen, sound, ring; ein seltsames Tönen, strange sounds.

tonlos, in a broken voice.

Topf, *m.,* ⁻e, pot, crockery.

Töpfer, *m.,* potter, stove-repairer.

Topfgucker, *m.,* kitchen-meddler.

Tor, *n.,* –e, gate.

Torf, *m.,* –e *or* ⁻e, turf, peat.

Torfbau, *m.,* peat-culture.

Torfbauer, *m.,* –s *or* –n, –n, peat-farmer.

Torfkultur', *f.,* peat-culture.

Torfmoor, *n.,* –e, peat-bog.

Torfspekulation' (= ziōn), *f.,* speculation in peat.

Torfstaub, *m.,* peat-dust.

Torfstechen, *n.,* peat-cutting.

Torheit, *f.,* folly, foolishness, nonsense.

töricht, foolish, silly.

Torni'ster, *m.,* satchel, knapsack.

Torweg, *m.,* -e, gateway, gate.

tot, dead, lifeless.

töten, kill.

totenblaß, deathly pale, white as a corpse.

tot=schlagen, kill.

traf, *pret. of* treffen.

träge, lazy.

tragen, u, a, carry, bear, wear, have, show; sich — lassen von, be borne on by; bei sich —, carry with oneself *or* on one's person.

Tragestuhl, *m.,* ⸚e, invalid-chair.

trällern, trill, hum.

Träne, *f.,* tear.

tränen, weep; —den Auges, with tears in his eyes.

tränenfeucht, moist with tears, tearful.

tränenlos, tearless.

tränennaß, wet with tears, moist.

Tränensack, *m.,* ⸚e, cry-baby.

tränenüberströmt, tear-stained.

trauen, *refl.,* dare, venture.

Trauerspiel, *n.,* -e, tragedy.

Traum, *m.,* ⸚e, dream.

träumen, dream; —d, dreamy.

Träumen, *n.,* dreaming, dreams, fancies.

träumerisch, dreamy.

traurig, sad, dismal, dreary; ein Trauriges, something sad, some misfortune; nichts Trauriges, nothing sad.

traut, dear, sweet.

treffen, traf, o, meet, find, make (arrangements); das trifft sich ja prächtig, that is a splendid coincidence, indeed.

treiben, ie, ie, drive, turn, carry on, do.

Treiben, *n.,* doings.

trennen, *refl.,* separate, part.

Trennung, *f.,* separation.

Treppe, *f.,* stairway, stairs.

Tresse, *f.,* braid.

treten, a, e, step, walk; in etwas —, enter; näher —, step in, come in.

treu, faithful, true.

treuherzig, trustful, innocent, naïve.

Triebrad, *n.,* ⸚er, fly-wheel.

triefen, troff, getroffen *or reg.,* drip.

trinken, a, u, drink.

Trinkgeld, *n.,* -er, pittance.

Triumph'gesang, *m.,* ⸚e, triumphant strain.

triumphierend, *adv.,* triumphantly.

trocken, dry; das Trockene, dry land.

trocknen, dry, become dry.

Troddel, *f.,* tassel.

Trombe, *f.,* spout, eddy.

trommeln, drum; mit den Fäusten —, beat one's fists together.

Tropfen, *m.,* drop.

Trost, *m.,* comfort, consolation.

trösten, console, comfort, reassure.

tröstlich, comforting.

trostlos, comfortless, disconsolate.

Trostlosigkeit, *f.*, cheerlessness, desolation.

trostverlangend, yearning for comfort.

trotten, trot, march, walk.

trotz, *prep. with gen.*, in spite of, notwithstanding.

Trotz, *m.*, obstinacy, defiance, spirit of opposition.

trotzdem, in spite of that, nevertheless.

trotzig, defiant.

trübe, gloomy, dark, dreary; etwas Trübes, something sad.

trübselig, wretched, gloomy, sad.

Trümmer, *pl.*, ruins, fragments.

Tuch, *n.*, ⁻er, cloth, shawl.

Tuchkleid, *n.*, -er; *pl.*, broadcloth suit.

tüchtig, considerable, respectable.

tückisch, spiteful, vicious.

Tugend, *f.*, virtue.

Tumult', *m.*, -e, uproar.

tun, tat, getan, do, act; er kann mir nichts —, he can do me no harm; wie's tut, how it feels.

Tünche, *f.*, whitewash, plaster.

tupfen, pick, brush.

Tür, Türe, *f.*, door.

Turk, *m.*, Turk (*name of a dog*).

Turm, *m.*, ⁻e, tower.

Türspalt, *m.*, -e, slit *or* chink in the door.

Tuß (*baby talk*) = Kuß.

Tüte, *f.*, paper-bag.

U

übel, bad, disagreeable, miserable, amiss; — daran sein, be badly off; von einem Übles sprechen, speak ill of someone.

über, over, above, across, concerning; die Nacht —, over night, all night long; — ... hinweg, beyond, across.

überall, everywhere.

überallhin, in all directions, everywhere.

überbieten, o, o, surpass, outvie.

Überbleibsel, *n.*, relic.

Überbürsten, *n.*, brushing over.

überdauern, outlive.

übereinander, across each other, over each other; — fahren, be rubbed against each other.

übereinander=schlagen, cross.

überein=stimmen, agree.

überfallen, seize, come over.

übergeben, give over, give into the hands of.

über=gehen auf, pass on to, be transmitted to.

überhaupt, at all.

überheizen, overheat.

überhitzt, overheated.

überklettern, climb (over).

überkommen, come over, take hold of, overcome.

überlassen, leave over, leave; *p. p. with dat.*, given over to, given up to.

überlaufen, run over (someone); ein heißer Schreck überläuft ihn, a great fright seizes him.
überlaut, very loud.
überleben, survive.
überlegen, consider.
Überlegung, *f.*, reflection.
über=lehnen, *refl.*, lean over (nach hinten, back). [power.
übermannen, overcome, over-
Übermut, *m.*, exuberance of joy, high spirits.
übermütig, exuberant, merry.
übernachten, spend the night, sleep.
Überraschung, *f.*, surprise.
überschreiten, step across, climb over.
überschrieben, superscribed, with the headlines.
überschüssig, surplus.
übersehen, overlook, disregard.
übersetzen, translate.
über=siedeln, move, transfer one's residence.
überstehen, overcome.
überstrahlen, illuminate.
überströmend, overflowing.
Übertritt, *m.*, passing over; — in die Wirtschaft, participation in the farming.
übervoll, filled to overflowing.
über=werfen, throw over, put on hurriedly.
überzeugen, convince.
Überzeugung, *f.*, conviction; die — tragen, have the conviction, be convinced.

übrig, left, remaining; — bleiben, *with dat.*, be left over for; nichts mehr zu wünschen — lassen, leave nothing to be desired, be without a flaw.
übrig=bleiben, be left.
übrig=lassen, leave over.
Uhr, *f.*, clock, watch; um acht —, at eight o'clock; um wieviel —? at what time by the clock?
um, *prep.*, around, about, for; *with inf. and* zu, in order to; — so (*before comparatives*), the..., the more...; — ... willen, for the sake of, on account of; — dreiviertel Stunden, three quarters of an hour; — wieviel älter, how much older.
um=fallen, fall over, faint.
Umfang, *m.*, size, fulness.
umfangen, inclose, surround, encircle.
umfassen, seize around the waist.
um=fegen, blow down.
umfließen, encompass, surround.
Umgang, *m.*, intercourse; — haben, keep company.
umgeben, surround, inclose, cover; *p. p.*, covered.
Umgebung, *f.*, surroundings.
Umgegend, *f.*, neighborhood, surrounding country.
um=gehen, revolve; — mit, associate with, entertain; —d, by return mail.
umher=gehen, wander around.
umher=humpeln, hobble about.
umher=irren, wander about.

umher=klettern, climb about.
umher=laufen, run about.
umher=rennen, run about.
umher=schleichen, wander about stealthily.
umher=schlürfen, shuffle about.
umher=schweifen, wander about aimlessly.
umher=streichen, rove about.
umher=streifen, rove about, wander about.
umher=treiben, chase about, blow about; *refl.*, romp about, wander around, roam about.
umher=werfen, throw about.
umhüllen, envelop.
Umhüllung, *f.*, wrapping, cover.
um=kehren, turn around, turn back, go back.
umklammern, embrace, grasp, clutch, cling to; umklammert, tightly clasped.
umkleiden, inclose, surround.
um=kommen, perish.
um=modeln, paraphrase.
umnebeln, darken, cloud.
um=nehmen, wrap oneself in, put around.
umrahmen, surround, encircle.
umringen, surround.
Umriß, *m.*, -risse, outline.
umsäumen, *refl.*, be fringed.
umschatten, shade.
um=schauen, *refl.*, look about.
Umschlag, *m.*, ⁻e, poultice, bandage.
um=schlagen, change.
Umschlagetuch, *n.*, ⁻er, shawl.

umschlingen, embrace, put one's arm around someone; umschlungen, with their arms entwined.
um=schmeißen, upset.
umschwärmen, swarm around, buzz around.
um=sehen, *refl.*, look around, look about.
umsonst, in vain, for nothing.
umspannen, surround, inclose.
umspielen, flit about.
um=wenden, turn around.
um=ziehen, *refl.*, change one's clothes.
Umzug, *m.*, ⁻e, moving.
unablässig, *adv.*, unremittingly.
unartig, naughty, bad.
unaufhaltsam, unceasing, incessant, unrestrained. [stant.
unaufhörlich, incessant, con-
unbedacht, imprudent.
unbefangen, unembarrassed, unaffected, unconcerned.
Unbefangenheit, *f.*, unconcern, self-possession, serenity.
unbehaglich, uncomfortable.
unberührt, untouched, not used.
unbesorgt, unconcerned.
unbestimmt, indistinct, vague.
Unbill, *f.*, injury, insult.
undankbar, ungrateful.
undeutlich, indistinct.
uneins, at variance; er ist sich darüber —, he is undecided (about it).
unendlich, unending, endless, infinite, immeasurable.

unerhört, unheard-of.
unerklärlich, incomprehensible.
unermüdlich, untiring.
unerschöpflich, inexhaustible.
unerwartet, unexpected.
unfähig, incapable.
unfaßbar, incomprehensible.
Unfug, *m.*, mischief; — treiben, do mischief.
ungebraucht, unused.
ungehalten, indignant (über, at).
ungeheuer, *adj.*, vast, huge, endless; in ungeheurer Größe, of enormous stature; *adv.*, exceedingly, immensely.
ungeheuerlich, monstrous.
ungehört, unheard, unheeded.
ungekannt, unknown.
ungelenk, awkward, clumsy.
Ungemach, *n.*, misfortune.
ungemein, *adv.*, exceedingly, uncommonly.
ungemütlich, unpleasant, disagreeable.
ungeraten, degenerate.
ungerecht, unjust.
ungeschehen, undone; — bleiben, not happen.
Ungetüm, *n.*, -e, monster.
ungewiß, uncertain.
ungezogen, naughty.
Unglaube(n), *m.*, -ns, incredulity, disbelief.
ungleich, uneven.
Unglück, *n.*, misfortune, bad luck, disaster, accident.
unglücklich, unhappy.
unheilverheißend, foreboding evil; es blitzte —, there was an ill-boding *or* ominous flash.
unheimlich, uncanny, repulsive, disquieting, ominous; es wird mir —, I begin to feel uneasy.
Unhold, *m.*, -e, monster.
unklar, not clear; sich über etwas im —en sein, not know exactly.
unmerklich, imperceptible.
unmöglich, impossible.
unrecht, wrong; — tun, do wrong, wrong.
Unruhe, *f.*, restlessness, uneasiness, commotion.
unruhig, restless, uneasy.
unsagbar, inexpressible, indescribable.
Unsauberkeit, *f.*, slovenliness.
unscheinbar, unpretending, simple.
unschlüssig, undecided.
unschmackhaft, unsavory, tasteless.
Unschuld, *f.*, innocence.
unschuldig, innocent (an, of), naïve.
unsicher, unsteady.
untätig, idle.
unten, below, down.
unter, under, below, beneath, among, between.
unterbleiben, remain undone, be left undone.
unterdrücken, suppress, put down.
untereinander, between each other, to each other, below each other.

Untergang, *m.*, destruction, wreck.
untergeordnet, inferior.
unterhalten, *refl.*, converse.
unterhandeln, negotiate, talk over; die Unterhandelnden, those making a bargain.
Unterkunft, *f.*, ⁻e, shelter.
unterlassen, abstain from, leave off, omit, avoid, give up.
Unterleutnantsstelle, *f.*, place of second lieutenant.
unternehmen, undertake.
Unternehmen, *n.*, enterprise.
Unterredung, *f.*, talk, conference.
Unterricht, *m.*, instruction, lesson.
unterrichten, teach, instruct.
Unterrock, *m.*, ⁻e, petticoat.
unterscheiden, distinguish.
Unterschied, *m.*, -e, difference.
unterstehen, *refl.*, dare.
unterstützen, support.
untersuchen, examine; sich — lassen, have oneself examined.
Untersuchung, *f.*, (judicial) inquiry; die — einleiten, institute proceedings.
unter=tauchen, dive, disappear.
unterwegs, on the way, on the road.
Untier, *n.*, -e, monster.
untreu, *with dat.*, faithless to.
unverantwortlich, inexcusable.
unverdient, undeserved.
Unverschämtheit, *f.*, impudence.
unversehrt, uninjured, safe.
unverwandt, *adj.*, immovable, fixed; *adv.*, fixedly, perseveringly.
unweit, not far from, near to.
unwillig, angry, mad.
unwillkürlich, involuntary.
unwirtlich, inhospitable.
Unwissenheit, *f.*, ignorance.
unwürdig, unworthy.
unzurechnungsfähig, irresponsible.
urbar, productive; — machen, cultivate.
Urheber, *m.*, originator.
urteilen, judge.

V

Vagabunde, *m.*, -n, vagabond; ein Stück —, a bit of a vagabond.
Valet', *n.*, farewell.
Vater, *m.*, ⁻, father.
Vaterhaus, *n.*, ⁻er, father's house, home.
väterlich, paternal; die —en Wiesen, his father's meadows; das —e Heimwesen, his (paternal) home.
Vaterunser, *n.*, the Lord's prayer, prayer.
Veilchenstrauß, *m.*, ⁻e, bunch of violets, bouquet of violets.
Ventil', *n.*, -e, valve.
verabschieden, *refl.*, take leave.
verachten, despise.
verächtlich, contemptuous.
Veranda, *f.*, —s *or* Veranden, veranda, porch.

verändern, *refl.*, change.
Veränderung, *f.*, change, transformation.
verängstigt, frightened, intimidated, scared, fearful; mit —em Blick, with scared eyes.
Verantwortung, *f.*, responsibility.
verbeißen, suppress.
verbergen, hide, conceal; verborgen, hidden, hiding.
Verbesserung, *f.*, correction.
verbeugen, *refl.*, bow.
verbieten, forbid, prohibit.
verbissen, crabbed, soured.
verbittern, embitter.
Verbleib, *m.*, stay.
verbleichen, i, i, die away.
verblüfft, stupefied.
verborgen, *p. p.* of verbergen.
Verborgenheit, *f.*, concealment.
Verbrechen, *n.*, crime (an, against).
Verbrecher, *m.*, criminal.
verbrecherisch, criminal.
verbreiten, spread.
verbrennen, burn (up).
verbringen, pass.
Verdacht, *m.*, suspicion; — schöpfen, conceive a suspicion.
verdächtig, suspicious.
verdecken, cover up.
verderben, a, o *or reg.*, spoil, ruin; sich den Magen —, injure one's stomach, make oneself sick by overeating, overeat.
verdienen, deserve, earn, win.
Verdienst, *m.*, profit.

verdorben, ruined.
verdrängen (in), displace, drive from.
Verehrer, *m.*, admirer, beau.
vereidigen, swear (someone).
Vereidigung, *f.*, swearing-in; zur —, to be sworn.
vereinigen, collect.
vereinzelt, solitary.
Verfall, *m.*, dilapidated condition.
verfallen, dilapidated, lost; *with dat.*, given over to, concentrated in.
verfänglich, suspicious.
verfärben, *refl.*, change color, turn pale.
verfliegen, pass, vanish.
verfließen, o, o, pass, go by; verflossen, past.
verfluchen, curse.
verfolgen, follow.
Verfolgung, *f.*, prosecution.
vergeben, forgive; *refl. dat.*, demean oneself.
vergebens, in vain, vainly.
vergeblich, vain, in vain.
vergehen, pass, go by; *with dat.*, leave.
vergelten, a, o (an), repay, reward (someone).
Vergeltung, *f.*, compensation.
vergessen, vergaß, e, forget.
vergewissern, *refl.*, assure oneself (of).
vergilbt, faded.
Vergleich, *m.*, -e, comparison.
vergleichen, compare.

Vergnügen, *n.*, pleasure; — ma=
chen, give pleasure.
vergnügt, contented, in a happy
mood.
vergraben, buried.
vergrämt, sad, careworn.
vergreifen, *refl.* (an), lay hands
(on).
verhaften, arrest.
verhallen, pass away; ungehört
—, fall on deaf ears.
verhalten, suppressed.
Verhältnis, *n.*, -nisse, circum-
stance.
Verhandlung, *f.*, trial, case.
verhängnisvoll, fatal, momen-
tous.
verheimlichen, conceal, hide,
keep from.
verhindern, hinder, prevent.
Verhör, *n.*, -e, examination.
verhören, examine, question.
verhüllen, cover.
verirren, *refl.*, lose one's way,
wander, find one's way accidentally.
verkannt, misunderstood.
verkaufen, sell; zu — sein, be for
sale.
verklären, *refl.*, brighten.
verklingen, die away.
verkohlt, charred.
verkriechen, creep away, hide
oneself.
verkümmern, become stunted.
verkündigen, announce.
Verlangen, *n.*, desire, longing.
verlangen, demand, require, in-
sist, expect; nach etwas —, long
for; *impers.*, es verlangt mich
nach, I long for.
verlassen, leave.
Verlassen, *n.*, leaving.
verlaufen, *refl.*, scatter, disperse,
pass.
verlegen, transfer.
verlegen, *adj.*, embarrassed.
verleidet, *with dat.*, hateful, of-
fensive.
verlernen, forget.
verlesen, read, announce.
verleugnen, deny; es läßt sich nicht
mehr —, it can no longer be
denied.
verlieben, *refl.* (in), fall in love
(with), become infatuated
(with), be greatly taken with.
verlieren, o, o, lose; *refl.*, be lost,
disappear.
verloben, *refl.*, become engaged
(mit, to).
Verlobte, *adj. noun*, betrothed,
engaged.
verloren, lost; das soll mir —
sein, that shall be lost to me.
verlöschen, *tr.*, extinguish; ver=
löschen, o, o, *intr.*, go out; das
Verlöschen, dying-out, extinc-
tion.
verlottert, neglected.
vermindern, lessen, improve.
vermischen, *refl.*, mingle, inter-
mingle.
vermögen, be able, can.
vermummen, wrap up.
vernachlässigen, neglect.

vernehmbar, audible.
vernehmen, hear, learn, understand, examine.
Vernehmung, *f.*, examination.
Vernichter, *m.*, destroyer.
vernünftig, sensible.
verraten, ie, a, betray, make known, compromise.
verrauchen, go off in smoke, cool down.
verrichten, perform, do.
verriegeln, bolt.
verrinnen, a, o, pass by.
verrostet, rusty.
verrückt, crazy, mad.
Verrücktheit, craziness, madness.
Vers, *m.*, -e, verse, poem.
versagen, fail, give way.
versammeln, assemble, gather, collect.
verschaffen, obtain; sich Gewißheit —, make certain.
verschämt, ashamed, shamefaced.
verschärfen, *refl.*, become more acute.
verscherzen, lose.
verschieben, o, o, postpone, put off.
verschlafen, sleepy, drowsy.
verschleiert, veiled; eine —e Stimme, a slightly muffled voice.
verschließen, close, lock; *refl.*, close oneself, be locked; verschlossen, concealed, locked up.
verschlingen, swallow, devour.
verschmerzen, do without.

verschmitzt, *adj.*, cunning, sly; *adv.*, knowingly, slily.
verschüchtert, cowed, dispirited.
verschulden an, sin against (someone).
verschuldet, debt-ridden, embarrassed.
verschütten, spill.
verschweigen, conceal, hide.
verschwenderisch, lavish.
verschwimmen, grow indistinct, swim.
verschwinden, vanish, disappear; verschwunden bleiben, disappear entirely, stay away entirely.
versehen, supplied, filled.
versengen, singe, scorch.
Versicherung, *f.*, insurance.
versinken, plunge (into despondency); wieder —, relapse (into silence); versunken, absorbed.
versorgen, provide for.
verspekulieren, lose by speculating.
versprechen, promise; sich etwas —, anticipate.
versprengt, detached, isolated.
verständig, intelligent, sensible.
Verständnis, *n.*, comprehension, interest.
verständnisinnig, full of secret meaning.
verstärken, *refl.*, increase one's strength.
Versteck, *n.*, hiding-place.
verstecken, hide, conceal.
verstehen, understand, make out; der verstand's, he knew how; es

versteht sich von selbst, it is a matter of course; sich auf etwas —, be an expert in something.

Verstorbenes, *adj. noun;* etwas —, something that is dead, some dead thing.

verstört, troubled, perplexed.

verstreut, scattered.

Versuch, *m.*, -e, attempt.

versuchen, attempt, try.

versündigen, *refl.*, commit a sin.

versunken, absorbed.

vertagen, adjourn.

Verteidiger, *m.*, counsel for the defense.

verteilen, divide.

Vertrauen, *n.*, trust, confidence; — schenken, confide.

vertrauen, trust, confide.

vertrauensvoll, confiding(ly).

vertraulich, familiar.

verträumt, dreamy.

vertraut, familiar.

vertreiben, while away.

verursachen, cause.

verurteilen, condemn, sentence (zu, to serve); zur Zahlung —, sentence to pay.

vervielfältigen, multiply.

verwahrlost, neglected, shiftless, slovenly.

Verwalter, *m.*, steward, superintendent, manager, overseer.

verwandt, related; er fühlt sich innerlich — mit..., he feels an inward affinity to...

verwehren, forbid, deny.

verweigern, refuse.

verweilen, stay; das Verweilen, stay.

verweint, tear-stained, tearful.

verweisen, reprove, rebuke.

verwenden, use, apply.

verwerflich, reprehensible.

verwickeln, entangle; *refl.*, become entangled.

verwildern, run wild, become unruly; verwildert, run wild, neglected.

verwinden, a, u, overcome, get over.

verwirrt, in confusion.

verwunden, *p. p.* of verwinden.

verwunden, wound, hurt, injure.

verwundert, surprised, wondering, in surprise.

Verwunderung, *f.*, astonishment.

verzagen, despair.

verzaubert, enchanted.

verzeihen, ie, ie, forgive.

Verzeihung, *f.*, forgiveness.

verzerrt, distorted.

verzichten auf, renounce.

verzittern, die away.

Verzug, *m.*, delay.

verzweifelt, hopeless.

Verzweiflung, *f.*, despair.

Vetter, *m.*, -s, -n, (male) cousin.

Viecher (*coll. pl. of* Vieh), beasts.

Vieh, *n.*, beast, cattle, farm animals, stock.

viel, much; *adv.*, much, a good deal, much of the time, often.

vielerlei, many things.

vielfach, frequently, often.

vielleicht, perhaps, maybe.
vielmals, many times; einen — grüßen lassen, send many kind regards to someone.
vielsagend, significant, meaning.
vier, four; die viere, the four legs, all fours.
Viereck, *n.*, -e, square, quadrangle.
viereckig, square(ly).
viermal, four times.
Viertelstunde, *f.*, quarter of an hour.
vierzehn, fourteen.
Vierziger, *m.*, man of forty years.
Viktoria! victory!
Vogel, *m.*, ¨, bird.
voll, full, complete; —e 2000 Taler, the magnificent sum of 2000 talers; —e drei Jahre lang, these three long years.
vollbringen, complete, accomplish.
vollenden, complete.
vollends, completely, entirely, thoroughly.
vollgepfropft, crammed full.
vollgeschrieben, covered all over with writing.
völlig, complete, entire.
vollkommen, *adj.*, perfect, complete; *adv.*, completely, entirely.
Vollmond, *m.*, full moon.
vollständig, complete, entire.
vollziehen, *refl.*, come about, take place.
von, *prep.*, from, of; —... aus, from; —... her, from, from the direction of.
voneinander, from each other.
vonstatten gehen, *with dat.*, proceed, go on; schwer —, go on with difficulty, be a difficult affair.
vor, *prep.*, before, in front of, in the face of, above; — dreißig Jahren, thirty years ago; — allen Dingen, above all; — Scham, with *or* from shame.
voran=gehen, precede.
voraus=sehen, foresee.
vorbei, past; an ... —, past.
vorbei=drücken; ihre Locken drückten sich glatt gekämmt an den Ohren vorbei, their curls were smoothly combed back behind their ears.
vorbei=gleiten an, glide by, escape.
vorbei=rollen, pass by, drive by.
vorbei=schleichen, creep along.
vorbei=schreiten an, walk past.
vor=bereiten, *refl.*, prepare, be in preparation.
vordem, before, formerly.
Vordergrund, *m.*, front. [front.
Vordermann, *m.*, ¨er, boy in
Vorderpfote, *f.*, forepaw.
vorderst, foremost, front (page).
vorerst, for the present, in advance, first.
vor=fahren, drive up (to the entrance).
vor=finden, *refl.*, be found, exist, be.

VOCABULARY

Vorgang, *m.*, ⁻e, event, occurrence.
vor=gehen, happen, take place, pass.
vorgequollen, distended.
vorgestern, day before yesterday.
vor=haben, have in mind.
vor=halten, hold out, last.
vorhanden, at hand, in sight.
Vorhemdchen, *n.*, shirt-front, chemisette.
vorher, previously, in advance, preceding.
vorhin, before, a while ago.
vorig, previous, last.
vor=kommen, *with dat.*, appear, seem, feel.
Vorladung, *f.*, summons.
Vorleben, *n.*, one's past life.
vor=lesen, read aloud.
Vormittag, *m.*, -e, forenoon.
Vorname(n), *m.*, -ns, -n, first name, given name.
vornehm, noble, fine, distinguished, aristocratic, elegant, fashionable, sublime, exalted.
vor=nehmen, take up.
Vorplatz, *m.*, ⁻e, vestibule, veranda, square in front of some building.
vor=rufen, call forward.
Vorschein, *m.*, appearance; zum — kommen, find an outlet; zum — bringen, bring to view.
Vorschlag, *m.*, ⁻e, proposition.
vor=schlagen, propose.
Vorschmack, *m.*, foretaste.
vorsichtig, careful, cautious.

vor=stellen, present, introduce; *refl. dat.*, imagine, fancy.
Vorstellung, *f.*, idea.
vor=treten, step forward.
vorüber, past, at an end, over.
vorüber=eilen, hurry past; im Vorübereilen, while hurrying past.
vorüber=fahren (an), drive past (by).
vorüber=fliegen, fly past, flit past.
vorüber=gehen an, pass (someone), pass by, walk by, walk past.
vorüber=huschen, glide past.
vorüber=laufen, run past.
vorüber=schreiten an, pass by, walk past.
vorüber=streifen, flit by.
Voruntersuchung, *f.*, preliminary inquiry.
vorwärts, forward, on.
Vorwurf, *m.*, ⁻e, reproach; sich Vorwürfe machen, reproach oneself.
vorwurfsvoll, reproachful.
vorzüglich, excellent, splendid.

W

wach, awake; — werden, awake, come to life.
Wache, *f.*, guard; — halten, stand guard.
wachen, be awake, lie awake, watch.
Wacholderbusch, *m.*, ⁻e, juniper bush.

weiter=schwadronieren, brag on, keep on bragging.

weithin, far (away); — über den Hofraum, through the entire yard.

welk, withered, faded.

welkend, withering.

wellenschlagend, undulating, billowing.

Welt, *f.*, world; zur — kommen, come into the world, be born; alle —, everybody.

Weltbetrachtung, *f.*, view of the world.

Weltbürger, *m.*, citizen of the world.

weltlich, worldly.

Weltuntergang, *m.*, end of the world.

wenden, wandte, gewandt *or reg.*, turn; *refl.*, turn, apply (an, to), devote oneself (to); sie wendet keinen Blick von ihm, she keeps her eyes fastened on him.

wenig, little; ein —, a little, somewhat, to some extent, for a while; *pl.*, wenige, few, a few.

wenigstens, at least.

wenn, if, when, whenever.

werden, a *or* wurde, o, become, grow; es wird was aus ihm, something is made of him.

werfen, a, o, cast, throw; eine Tür —, slam *or* bang a door; (Blicke) um sich —, cast about, throw about (glances).

Werk, *n.*, -e, work; im — sein, be in store, be brewing, be on foot; etwas ins — setzen, set to work.

Werkeltag, *m.*, -e, working-day, work-day.

Werkstätte, *f.*, work-shop.

wert, *with gen.*, worthy of, worth; nicht der Rede —, not worth talking about.

Wertlosigkeit, *f.*, worthlessness.

Wesen, *n.*, being, creature, behavior, character.

weshalb, why.

Weste, *f.*, waistcoat, vest.

Wette, *f.*, bet, wager; um die —, in emulation; etwas um die — tun, try to outdo one another in something.

wettern, curse; —d, with a curse.

Wettreiten, *n.*, riding-race; es gab ein keckes —, there was a merry riding-race.

wichtig, important, full of importance, with an air of importance.

Wichtigkeit, *f.*, importance.

Wickelzeug, *n.*, swaddling-clothes.

widerfahren, happen.

Widersacher, *m.*, antagonist, enemy.

Widerstreben, *n.*, reluctance; mit —, reluctantly, with bad grace.

widerstreiten, *with dat.*, disagree with, be against.

wie, as, as if.

wieder, again; hin und —, now and then.

Wiederaufbau, *m.*, rebuilding.
wiederauf=bauen, rebuild again.
wiederauf=nehmen, take up again.
wiederauf=schauen, look up again.
wieder=erwachen, awaken again.
wieder=finden, recover.
wieder=geben, give back, restore.
wiederholen, repeat.
wieder=kommen, come again, return.
wieder=sagen, tell again, repeat.
wieder=schicken, send back, return.
wieder=sehen, see again, pass again.
wiederum, again.
Wiege, *f.*, cradle.
Wien, *n.*, Vienna (*the capital of Austria*).
Wiese, *f.*, meadow.
Wiesenfrauenhaar, *n.*, spurry, sandweed, *Spergula Avensis.*
wiewohl, although.
wild, wild, mad; desto —er, the more madly.
wildäugig, wild-eyed.
Wildling, *m.*, -e, romp, madcap, tomboy.
Wildnis, *f.*, -nisse, wilderness.
Wille(n), *m.*, -ns, -n, will, wish, resolution; um... willen, for the sake of, on account of.
willenlos, without resistance.
willens, of the intention, willing; er schien —, he seemed to be willing.

wimmeln (von), swarm (with).
wimmern, whimper, groan, lament.
Wind, *m.*, -e, wind.
Wink, *m.*, -e, sign, motion, hint; einen — geben, give a hint, make a sign, motion.
Winkel, *m.*, nook, corner, hiding-place.
winken, *with dat.*, beckon to, motion to.
winseln, whine.
Winterabend, *m.*, -e, evening in winter.
Winterroggen, *m.*, winter-rye.
winzig, tiny.
Wipfel, *m.*, tree-top.
wirbeln, whirl.
wirken, work; dahin —, daß..., bring about, that..., exert oneself until...
wirklich, real.
Wirkung, *f.*, effect.
wirr, wild, confused, loose, dishevelled.
Wirrnis, *f.*, -nisse, confusion.
Wirt, *m.*, -e, innkeeper.
Wirtschaft, *f.*, farm, estate, household, matters relating to the farm; Paul trat nun in die —, Paul began now to take part in the farming.
Wirtschaftsgebäude, *n.*, farm-building.
wischen, wipe, wipe dry.
Wißbegier, *f.*, curiosity.
wissen, wußte, gewußt, know, remember; *with inf.*, know how; er will nichts davon —, he will

not listen to that; sie weiß davon
zu erzählen, she likes to tell
about it, she tells about it;
weißt du noch? do you remember? einen glücklich —, see someone happy.

Wissenschaft, *f.,* knowledge, science.

wo, where; — anders, somewhere else.

Woche, *f.,* week.

wochenlang, for weeks.

Wochenstube, *f.,* sick-room.

wöchentlich, every week, a week.

Wochenvisi′te, *f.,* sick-call.

Wöchnerin, *f.,* -nen, sick woman.

wofür, for what; — bin ich denn da? you forget that I am here, too.

wogen, undulate, float, surge; —d, heaving.

woher, whence; — hast du das? where did you get that?

Wohl, *n.,* health.

wohl, *adv.,* well, happy, glad; *particle,* well, perhaps, I suppose, at times, to be sure, it is true.

wohlbekannt, well-known.

wohlhabend, wealthy, well-to-do.

Wohlstand, *m.,* prosperity.

wohl=tun, *with dat.,* comfort.

wohlweislich, *adv.,* wisely, prudently.

Wohlwollen, *n.,* kindness, good will, favor.

wohnen, live, reside. [house.

Wohnhaus, *n.,* ⁻er, dwelling-

Wohnsitz, *m.,* -e, abode, habitation.

Wohnung, *f.,* residence, abode.

Wohnzimmer, *n.,* sitting-room.

wölben, *refl.,* arch, form an arch.

Wölbung, *f.,* arch, cascade.

Wolf, *m.,* ⁻e, wolf.

Wolfsmilch, *f.,* wolf's milk, sunspurge, *Euphorbia Helioscopia.*

Wölkchen, *n.,* little cloud.

Wolke, *f.,* cloud.

Wolkenschatten, *m.,* shadow of a cloud.

wollen, will, want, wish, be about, be on the point.

wollen, woolen.

Wollust, *f.,* ⁻e, pleasure, satisfaction.

womit, with what, how.

woran, of what, on what, on which, from which.

Wort, *n.,* -e *or* ⁻er, word, expression; ins — fallen, *with dat.,* interrupt.

wortbrüchig, lying, mendacious.

wortkarg, sparing with words, taciturn.

wozu, for what purpose, what... for.

wuchern, grow without restraint, grow wild.

wuchs, *pret. of* wachsen.

wühlen, stir, rummage; sich in den Haaren —, run one's hand(s) through one's hair; desto heißer wühlte in ihm die Scham, the more he was tormented by burning shame.

Wunde, *f.*, wound.
Wunder, *n.*, wonder, surprise, marvel, miracle.
wundern, *refl.*, be surprised.
Wunsch, *m.*, ᵘe, wish.
wünschen, wish, want.
Würde, *f.*, dignity, honor, high position, self-respect.
würdig, dignified, stately.
Wurm, *m.*, ᵘer, worm; *n.*, poor little thing (*of a child*).
wurmen, *impers. with acc.*, vex secretly.
Wurst, *f.*, ᵘe, sausage.
wußte, *pret. of* wissen.
wüst, confused, aching.
Wut, *f.*, rage, fury.
wütend, furious, raging mad.
wutheiser, hoarse with rage.

3

z. B. = zum Beispiel, for example, e.g.
zagend, dismayed.
zäh, tough, sticky.
Zahl, *f.*, number, figure.
Zahlung, *f.*, payment.
Zahn, *m.*, ᵘe, tooth.
zart, delicate, frail, gentle, tender.
zartgebaut, of delicate build, delicately formed.
zärtlich, tender, loving; etwas Zärtliches, some (any) loving words.
Zaudern, *n.*, hesitating, hesitation.

Zaum, *m.*, ᵘe, rein; im —e halten, hold in check.
Zaun, *m.*, ᵘe, fence.
Zaunpfahl, *m.*, ᵘe, fence-post.
Zehenspitze, *f.*, point of a toe; auf —n, on tiptoe.
zehn, ten.
zehnt, tenth.
Zeichen, *n.*, sign, motion.
zeichnen, sign; Aktien —, subscribe to shares, take stock.
zeigen, show; nicht —, hide; *refl.*, appear, manifest itself.
Zeiger, *m.*, indicator, hand (of a clock).
Zeit, *f.*, time; gerade noch zur —, just at the very moment, in the nick of time, just in time; eine — lang, for a time, for a while.
zeitig, timely, in due time; — genug, soon enough.
Zeitung, *f.*, newspaper.
Zentnerlast, *f.*, hundredweight.
zerbrechen, break to pieces.
zerbröckeln, crumble to pieces.
zerfallen, crumble.
zersetzen, tear, wear out.
zerlumpt, ragged.
zermalmen, crush, pound.
zerreißen, tear asunder, tear to pieces.
zerren, tear, snatch; an etwas —, pull at, tug at something.
zerschlagen, worn out.
zerschmettern, crush.
zerstören, destroy.
zerwühlen, derange, rummage in.

zerzausen, tear.

Zettel, *m.*, piece of paper.

Zeug, *n.*, stuff; dummes (dumm) —, nonsense, foolishness.

Zeuge, *m.*, -n, witness.

Zeugenbank, *f.*, ̈e, witness-box.

Zeugeneid, *m.*, -e, oath of a witness; unter den — fallen, be said under oath.

Zeugenraum, *m.*, ̈e, space reserved for the witnesses.

Zeugenverhör, *n.*, -e, examination of witnesses.

Zeugenzimmer, *n.*, room for the witnesses.

Zeugin, *f.*, -nen, (female) witness.

Zeugnis, *n.*, -nisse, testimonial, report.

Ziegel, *m.*, tile, brick (*of peat or turf*).

Ziegeldach, *n.*, ̈er, tile-roof.

Ziegelmauer, *f.*, brick-wall.

ziehen, zog, gezogen, draw, pull, drag, move, travel, flit; *refl.*, extend; seine Stirn zieht sich wieder in ernste Falten, his forehead shows again the serious wrinkles; es zieht ihn, he is drawn along; sich — lassen, submit to be dragged.

Ziel, *n.*, -e, goal, aim, destination.

Zierat, *f.*, Zierat, *m.*, -e, ornament, trappings.

zierlich, graceful, tiny.

Zifferblatt, *n.*, ̈er, dial-plate, face (*of a clock*).

Zigaret'te, *f.*, cigarette.

Zimmer, *n.*, room; das große —, the big room, sitting-room; das — hüten, keep to one's room, stay in-doors.

Zimmermann, *m.*, -leute, carpenter.

zimmern, make, fix up.

Zins, *m.*, -es, -en, interest.

Zipfel, *m.*, end, tail.

Zipfelmütze, *f.*, tasselled cap, night-cap.

Zirkus, *m.*, Zirkusse, circus.

zirpen, chirp.

zischen, hiss, whiz; ein Zischen, a hissing sound.

zittern, tremble, shiver; sie zitterte, daß..., she trembled lest....

zog, *pret.* of ziehen.

zögern, hesitate, falter.

Zorn, *m.*, anger, fury, rage.

Zornausbruch, *m.*, ̈e, fit *or* paroxysm of anger.

Zottelbart, *m.*, ̈e, shaggy beard.

zu, to, at.

zu-bringen, spend.

Zuchthaus, *n.*, ̈er, penitentiary.

zucken, shrug; es zuckte durch sein Hirn, the thought flashed through his brain; es zuckt in seinen Fäusten, his fists twitch.

zücken, raise, draw.

Zuckerdüte, *f.*, bag of candy.

Zuckerhut, *m.*, ̈e, sugar-loaf.

zudem, besides, moreover.

zu-drücken, shut, close.

zu-erkennen, confer.

zuerst, first.

Zufall, *m.,* ⸚e, chance, coincidence.

zu=fallen, *with dat.,* fall to one's share, be assigned to.

zufällig, perchance; es kommt ihm — was in den Sinn, he happens to think of something.

zu=flüstern, *with dat.,* whisper to.

zufrieden, content, satisfied (es, with it); sich — geben, be satisfied.

Zug, *m.,* ⸚e, feature, procession.

zu=gehen, come about, take place; es müßte seltsam —, it would be strange.

zügeln, restrain.

zugleich, at the same time.

zu=greifen, grasp at; frisch zugegriffen! let us cheer up and seize the opportunity!

zu=gucken, *with dat.,* watch.

zu=hören, *with dat.,* listen to.

zu=klaffen, close, be shut up.

zu=kommen auf, walk up to, walk in the direction; — lassen, give a hint.

Zukunft, *f.,* future; für die —, in (the) future.

Zukunftsplan, *m.,* ⸚e, plan for the future.

zu=lassen, admit, permit.

zu=laufen, run toward.

zuletzt, the last time, at last.

zu=machen, close.

zu=nehmen (an), grow (in).

Zunge, *f.,* tongue.

züngeln, play with the tongue, lick, shoot up.

zu=nicken, *with dat.,* nod to.

zupfen an, pull, pluck.

zu=pressen, press together; die Kehle —, strangle.

zu=raunen, *with dat.,* whisper to.

zurecht=machen, construct, make out.

zurecht=nesteln, arrange, put in order, adjust.

zurecht=rücken, put in order, put straight.

zurecht=schneidern, make up.

zu=reden, *with dat.,* speak to, persuade; gut —, *with dat.,* speak kindly to.

zu=reichen, hand, reach.

zurück, back.

zurück=bleiben, be left behind.

zurück=eilen, hurry back.

zurück=fragen, ask in return.

zurück=führen, lead back, bring back.

zurück=gehen, walk back, go back.

zurück=kehren, return.

zurück=kommen, return, come back, get back.

zurück=lassen, leave (behind).

zurück=laufen, run back.

zurück=lehnen, *refl.,* lean back.

zurück=müssen, have to go back, have to return.

zurück=rufen, recall, call back.

zurück=schieben, *refl.,* slip back.

zurück=stoßen, push back.

zurück=streichen, draw back, brush back, comb back.

zurück=stürzen, rush back.

zurück=taumeln, stagger back.
zurück=treten, step back.
zurück=ziehen, *refl.*, withdraw.
zu=rufen, call out (to).
Zusage, *f.*, promise.
zusammen, together.
zusammen=beißen, set, clinch (in Weh, with pain).
zusammen=brauen, concoct.
zusammen=brechen, break down, collapse.
zusammen=drängen, *refl.*, crowd together.
zusammen=fahren, give a start, shudder; einen — lassen, make someone start.
zusammen=fallen, collapse; ganz in sich zusammengefallen, in a complete state of collapse.
zusammen=falten, fold together.
zusammen=gehen, walk together.
zusammen=gehören, belong together.
zusammen=geraten, clash, have a dispute.
zusammen=halten, keep together, stand by each other.
zusammen=kauern, *refl.*, crouch down.
zusammen=kommen, come together, meet together. [lect.
zusammen=nehmen, gather, col-
zusammen=pressen, press together (hart, tightly, firmly).
zusammen=rufen, call together, summon.
zusammen=schauern, shudder; —d, with a shudder.

zusammen=schlagen, close, clap together.
zusammen=schmieden, forge *or* weld together.
zusammen=schrecken, schrak, o, give a start, shudder.
zusammen=setzen, put together.
zusammen=sinken, sink down, collapse, break down.
zusammen=sparen, save up.
zusammen=stürzen, tumble down.
zusammen=treffen, meet.
zusammen=wickeln, roll up, roll together.
zusammen=zerren, convulse, shake.
zu=schauen, *with dat.*, look at, watch.
Zuschauerraum, *m.*, ⸚e, audience, spectators.
Zuschneiden, *n.*, cutting out; beim —, with the cutting out.
zu=schnüren, throttle; die Kehle —, throttle, choke.
zu=schreien, shout to.
zu=schreiten auf, walk toward.
zu=sehen (*with dat.*), watch, look on.
Zusicherung, *f.*, assurance; auf die — hin, on this assurance.
Zustand, *m.*, ⸚e, condition.
zu=stürzen (auf), rush (upon, toward).
zu=treten auf, step up to, approach; einen Schritt auf jemand —, make a step toward someone, advance toward someone.
zuvor, before.

zu=werfen, cast (toward, at).
zu=winken, *with dat.*, motion to, make a sign to.
zu=ziehen, expose (to something); einem eine Strafe —, expose someone to a punishment.
zwacken, pinch, torment.
zwanzig, twenty.
zwanzigjährig, twenty years old.
zwar, it is true, to be sure, however, nevertheless, anyway.
Zweck, *m.*, -e, purpose, aim, object.
zwei, two; zu —en, in pairs, two alone, both at the same time.
Zweifel, *m.*, doubt.
Zweig, *m.*, -e, branch.
zweistöckig, two-storied.
zweit, second.

zweitägig, of two days.
zweitausend, two thousand.
Zwickelzöpfchen, *n.*, braid, pigtail.
Zwiebel, *f.*, onion.
Zwiesprach(e), *f.*, conversation, dialogue.
Zwillinge, *pl.*, twins.
zwingen, a, u, force, compel, urge; es zwingt mich, I feel compelled.
zwinkern, twinkle, blink.
zwischen, between, among.
zwischendurch, in between.
Zwischenpause, *f.*, recess; in der —, during recess.
zwölfmal, twelve times.
zwölft, twelfth.

Heath's Modern Language Series.

GERMAN GRAMMARS AND READERS.

Nix's Erstes deutsches Schulbuch. For primary classes. Illus. 202 pp. 35 cts.

Joynes-Meissner German Grammar. Half leather. $1.15.

Joynes's Shorter German Grammar. Part I of the above. 80 cts.

Alternative Exercises. Two sets. Can be used, for the sake of change, instead of those in the *Joynes-Meissner* itself. 54 pages. 15 cts.

Joynes and Wesselhoeft's German Grammar. $1.15.

Fraser and Van der Smissen's German Grammar. $1.10.

Harris's German Lessons. Elementary Grammar and Exercises for a short course, or as introductory to advanced grammar. Cloth. 60 cts.

Sheldon's Short German Grammar. For those who want to begin reading as soon as possible, and have had training in some other languages. Cloth. 60c.

Ball's German Grammar. 90 cts.

Ball's German Drill Book. Companion to any grammar. 80 cts.

Spanhoofd's Lehrbuch der deutschen Sprache. Grammar, conversation, and exercises, with vocabularies. $1.00.

Foster's Geschichten und Märchen. For young children. 25 cts.

Guerber's Märchen und Erzählungen, I. With vocabulary and questions in German on the text. Cloth. 162 pages. 60 cts.

Guerber's Märchen und Erzählungen, II. With Vocabulary. Follows the above or serves as independent reader. Cloth. 202 pages. 65 cts.

Joynes's Shorter German Reader. 60 cts.

Deutsch's Colloquial German Reader. 90 cts.

Spanhoofd's Deutsches Lesebuch. 75 cts.

Boisen's German Prose Reader. 90 cts.

Huss's German Reader. 70 cts.

Gore's German Science Reader. 75 cts.

Harris's German Composition. 50 cts.

Wesselhoeft's Exercises. Conversation and composition. 50 cts.

Wesselhoeft's German Composition. 40 cts.

Hatfield's Materials for German Composition. Based on *Immensee* and on *Höher als die Kirche*. Paper. 33 pages. Each, 12 cts.

Horning's Materials for German Composition. Based on *Der Schwiegersohn*. 32 pages. 12 cts. Part II only. 16 pages. 5 cts.

Stüven's Praktische Anfangsgründe. Cloth. 203 pages. 70 cts.

Krüger and Smith's Conversation Book. 40 pages. 25 cts.

Meissner's German Conversation. 65 cts.

Deutsches Liederbuch. With music. 164 pages. 75 cts.

Heath's German Dictionary. Retail price, $1.50.

Heath's Modern Language Series.

ELEMENTARY GERMAN TEXTS.

Grimm's Märchen and Schiller's Der Taucher (van der Smissen). With vocabulary. *Märchen* in Roman Type. 45 cts.

Andersen's Märchen (Super). With vocabulary. 50 cts.

Andersen's Bilderbuch ohne Bilder (Bernhardt). Vocabulary. 30 cts.

Campe's Robinson der Jüngere (Ibershoff). Vocabulary. 40 cts.

Leander's Träumereien (van der Smissen). Vocabulary. 40 cts.

Volkmann's Kleine Geschichten (Bernhardt). Vocabulary. 30 cts.

Easy Selections for Sight Translation (Deering). 15 cts.

Storm's Geschichten aus der Tonne (Vogel). Vocabulary. 40 cts.

Storm's In St. Jürgen (Wright). Vocabulary. 30 cts.

Storm's Immensee (Bernhardt). Vocabulary. 30 cts.

Storm's Pole Poppenspäler (Bernhardt). Vocabulary. 40 cts.

Heyse's Niels mit der offenen Hand (Joynes). Vocab. and exercises. 30 cts.

Heyse's L'Arrabbiata (Bernhardt). With vocabulary. 25 cts.

Von Hillern's Höher als die Kirche (Clary). Vocab. and exercises. 30 cts.

Hauff's Der Zwerg Nase. No notes. 15 cts.

Hauff's Das kalte Herz (van der Smissen). Vocab. Roman type. 40 cts.

Ali Baba and the Forty Thieves. No notes. 20 cts.

Schiller's Der Taucher (van der Smissen). Vocabulary. 12 cts.

Schiller's Der Neffe als Onkel (Beresford-Webb). Notes and vocab. 30 cts.

Goethe's Das Märchen (Eggert). Vocabulary. 30 cts.

Baumbach's Waldnovellen (Bernhardt). Six stories. Vocabulary. 35 cts.

Spyri's Rosenresli (Boll). Vocabulary. 25 cts.

Spyri's Moni der Geissbub. With vocabulary by H. A. Guerber. 25 cts.

Zschokke's Der zerbrochene Krug (Joynes). Vocab. and exercises. 25 cts.

Baumbach's Nicotiana (Bernhardt). Vocabulary. 30 cts.

Elz's Er ist nicht eifersüchtig. With vocabulary by Prof. B. Wells. 20 cts.

Carmen Sylva's Aus meinem Königreich (Bernhardt). Vocabulary. 35 cts.

Gerstäcker's Germelshausen (Lewis). Notes and vocabulary. 30 cts.

Wichert's Als Verlobte empfehlen sich (Flom). Vocabulary. 25 cts.

Benedix's Nein (Spanhoofd). Vocabulary and exercises. 25 cts.

Benedix's Der Prozess (Wells). Vocabulary. 20 cts.

Lambert's Alltägliches. Vocabulary and exercises. 75 cts.

Der Weg zum Glück (Bernhardt). Vocabulary. 40 cts.

Mosher's Willkommen in Deutschland. Vocabulary and exercises. 75 cts.

Blüthgen's Das Peterle von Nürnberg (Bernhardt). Vocabulary. 35 cts.

Münchhausen: Reisen und Abenteuer (Schmidt). Vocabulary. 30 cts.

Heath's Modern Language Series.

INTERMEDIATE GERMAN TEXTS. (Partial List.)

Baumbach's Das Habichtsfräulein (Bernhardt). Vocabulary. 40 cts.

Heyse's Hochzeit auf Capri (Bernhardt). Vocabulary. 30 cts.

Hoffmann's Gymnasium zu Stolpenburg (Buehner). Vocabulary. 35 cts.

Grillparzer's Der arme Spielmann (Howard). Vocabulary. 35 cts.

Seidel: Aus Goldenen Tagen (Bernhardt). Vocabulary. 35 cts.

Seidel's Leberecht Hühnchen (Spanhoofd). Vocabulary. 30 cts.

Auf der Sonnenseite (Bernhardt). Vocabulary. 35 cts.

Frommel's Mit Ränzel und Wanderstab (Bernhardt). Vocabulary. 35 cts.

Frommel's Eingeschneit (Bernhardt). Vocabulary. 30 cts.

Keller's Kleider machen Leute (Lambert). Vocabulary. 35 cts.

Liliencron's Anno 1870 (Bernhardt). Vocabulary. 40 cts.

Baumbach's Die Nonna (Bernhardt). Vocabulary. 30 cts.

Riehl's Der Fluch der Schönheit (Thomas). Vocabulary. 30 cts.

Riehl's Das Spielmannskind; Der stumme Ratsherr (Eaton). Vocabulary and exercises. 35 cts.

Ebner-Eschenbach's Die Freiherren von Gemperlein (Hohlfeld). 30 cts.

Freytag's Die Journalisten (Toy). 30 cts. With vocabulary. 40 cts.

Wilbrandt's Das Urteil des Paris (Wirt). 30 cts.

Schiller's Das Lied von der Glocke (Chamberlin). Vocabulary. 20 cts.

Schiller's Jungfrau von Orleans (Wells). Illus. 60 cts. Vocab., 70 cts.

Schiller's Maria Stuart (Rhoades). Illustrated. 60 cts. Vocab., 70 cts.

Schiller's Wilhelm Tell (Deering). Illustrated. 50 cts. Vocab., 70 cts.

Schiller's Ballads (Johnson). 60 cts.

Baumbach's Der Schwiegersohn (Bernhardt). 30 cts. Vocabulary, 40 cts.

Arnold's Fritz auf Ferien (Spanhoofd). Vocabulary. 25 cts.

Heyse's Das Mädchen von Treppi (Joynes). Vocab. and exercises. 30 cts.

Stille Wasser (Bernhardt). Three tales. Vocabulary. 35 cts.

Sudermann's Teja (Ford). Vocabulary. 25 cts.

Arnold's Aprilwetter (Fossler). Vocabulary. 35 cts.

Gerstäcker's Irrfahrten (Sturm). Vocabulary. 45 cts.

Benedix's Plautus und Terenz; Der Sonntagsjäger (Wells). 25 cts.

Moser's Köpnickerstrasse 120 (Wells). 30 cts.

Moser's Der Bibliothekar (Wells). Vocabulary. 40 cts.

Drei kleine Lustspiele. *Günstige Vorzeichen, Der Prozess, Einer muss heiraten*. Edited with notes by Prof. B. W. Wells. 30 cts.

Helbig's Komödie auf der Hochschule (Wells). 30 cts.

Stern's Die Wiedertäufer (Sturm). Vocabulary. 00 cts.

Heath's Modern Language Series.

INTERMEDIATE GERMAN TEXTS. (Partial List.)

Schiller's Geschichte des dreissigjährigen Krieges. Book III. With notes by Professor C. W. Prettyman, Dickinson College. 35 cts.
Schiller's Der Geisterseher (Joynes). Vocabulary. 30 cts.
Arndt, Deutsche Patrioten (Colwell). Vocabulary. 30 cts.
Selections for Sight Translation (Mondan). 15 cts.
Selections for Advanced Sight Translation (Chamberlin). 15 cts.
Aus Herz und Welt. Two stories, with notes by Dr. Wm. Bernhardt. 25 cts.
Novelletten-Bibliothek. Vol. I, five stories. Vol. II, six stories. Selected and edited with notes by Dr. Wilhelm Bernhardt. Each, 35 cts.
Unter dem Christbaum (Bernhardt). Notes. 35 cts.
Hoffmann's Historische Erzählungen (Beresford-Webb). Notes. 25 cts.
Benedix's Die Hochzeitsreise (Schiefferdecker). 25 cts.
Stökl's Alle Fünf (Bernhardt). Vocabulary. 30 cts.
Till Eulenspiegel (Betz). Vocabulary. 30 cts.
Wildenbruch's Neid (Prettyman). Vocabulary. 35 cts.
Wildenbruch's Das Edle Blut (Schmidt). Vocabulary. 25 cts.
Wildenbruch's Der Letzte (Schmidt). Vocabulary. 30 cts.
Wildenbruch's Harold (Eggert). 35 cts.
Stifter's Das Haidedorf (Heller). 20 cts.
Chamisso's Peter Schlemihl (Primer). 25 cts.
Eichendorff's Aus dem Leben eines Taugenichts (Osthaus). Vocab. 45 cts.
Heine's Die Harzreise (Vos). Vocabulary. 45 cts.
Jensen's Die braune Erica (Joynes). Vocabulary. 35 cts.
Lyrics and Ballads (Hatfield). 75 cts.
Meyer's Gustav Adolfs Page (Heller). 25 cts.
Sudermann's Johannes (Schmidt). 35 cts.
Sudermann's Heimat (Schmidt). 35 cts.
Sudermann's Der Katzensteg (Wells). Abridged. 40 cts.
Dahn's Sigwalt und Sigridh (Schmidt). 25 cts.
Keller's Romeo und Julia auf dem Dorfe (Adams). 30 cts.
Hauff's Lichtenstein (Vogel). Abridged. 75 cts.
Böhlau Ratsmädelgeschichten (Haevernick). Vocabulary. 40 cts.
Keller's Fähnlein der sieben Aufrechten (Howard). Vocabulary. 40 cts.
Riehl's Burg Neideck (Jonas). Vocabulary and exercises. 35 cts.
Lohmeyer's Geissbub von Engelberg (Bernhardt). Vocabulary. 40 cts.
Zschokke's Das Abenteuer der Neujahrsnacht (Handschin). Vocab. 35 cts.
Zschokke's Das Wirtshaus zu Cransac (Joynes). Vocabulary. 30 cts.

Heath's Modern Language Series.

ADVANCED GERMAN TEXTS.

Scheffel's Trompeter von Säkkingen (Wenckebach). Abridged. 50 cts.

Scheffel's Ekkehard (Wenckebach). Abridged. 55 cts.

Mörike's Mozart auf der Reise nach Prag (Howard). 35 cts.

Freytag's Soll und Haben (Files). Abridged. 55 cts.

Freytag's Aus dem Staat Friedrichs des Grossen (Hagar). 25 cts.

Freytag's Aus dem Jahrhundert des grossen Krieges (Rhoades). 35 cts.

Freytag's Rittmeister von Alt-Rosen (Hatfield). 50 cts.

Fulda's Der Talisman (Prettyman). 35 cts.

Körner's Zriny (Holzwarth). 35 cts.

Lessing's Minna von Barnhelm (Primer). 60 cts. With vocabulary, 65 cts.

Lessing's Nathan der Weise (Primer). 80 cts.

Lessing's Emilia Galotti (Winkler). 60 cts.

Schiller's Wallenstein's Tod (Eggert). 60 cts.

Goethe's Sesenheim (Huss). From *Dichtung und Wahrheit*. 30 cts.

Goethe's Meisterwerke (Bernhardt). $1.25.

Goethe's Dichtung und Wahrheit. (I–IV). Buchheim. 90 cts.

Goethe's Hermann und Dorothea (Hewett). 75 cts.

Goethe's Hermann und Dorothea (Adams). Vocabulary. 65 cts.

Goethe's Iphigenie (Rhoades). 60 cts.

Goethe's Egmont (Hatfield). 60 cts.

Goethe's Torquato Tasso (Thomas). 75 cts.

Goethe's Faust (Thomas). Part I, $1.15   Part II, $1.50.

Goethe's Poems. Selected and edited by Prof. Harris, Adelbert College. 90 cts.

Grillparzer's Der Traum, ein Leben (Meyer). 40 cts.

Ludwig's Zwischen Himmel und Erde (Meyer). 55 cts.

Heine's Poems. Selected and edited by Prof. White. 75 cts.

Tombo's Deutsche Reden. 90 cts.

Walther's Meereskunde. (Scientific German). 55 cts.

Thomas's German Anthology. $2.25.

Hodges' Scientific German. 75 cts.

Kayser's Die Elektronentheorie (Wright). 20 cts.

Lassar-Cohn's Die Chemie im täglichen Leben (Brooks). 45 cts.

Wagner's Entwicklungslehre (Wright). 30 cts.

Helmholtz's Populäre Vorträge (Shumway). 55 cts.

Wenckebach's Deutsche Literaturgeschichte. Vol. I (to 1100 A.D.) 50 cts.

Wenckebach's Meisterwerke des Mittelalters. $1.26.

Dahn's Ein Kampf um Rom (Wenckebach). Abridged. 55 cts.

Heath's Modern Language Series.

FRENCH GRAMMARS AND READERS.

Bruce's Grammaire Française. $1.15.
Clarke's Subjunctive Mood. An inductive treatise, with exercises. 50 cts.
Edgren's Compendious French Grammar. $1.15. Part I. 35 cts.
Fontaine's Livre de Lecture et de Conversation. 90 cts.
Fraser and Squair's French Grammar. $1.15.
Fraser and Squair's Abridged French Grammar. $1.10.
Fraser and Squair's Elementary French Grammar. 90 cts.
Grandgent's Essentials of French Grammar. $1.00.
Grandgent's Short French Grammar. 75 cts.
Roux's Lessons in Grammar and Composition, based on *Colomba*. 18 cts.
Hennequin's French Modal Auxiliaries. With exercises. 50 cts.
Houghton's French by Reading. $1.15.
Mansion's First Year French. For young beginners. 50 cts.
Méthode Hénin. 50 cts.
Bruce's Lectures Faciles. 60 cts.
Bruce's Dicteés Françaises. 30 cts.
Fontaine's Lectures Courantes. $1.00.
Giese's French Anecdotes. oo cts.
Hotchkiss' Le Primer Livre de Français. Boards. 35 cts.
Bowen's First Scientific Reader. 90 cts.
Davies' Elementary Scientific French Reader. 40 cts.
Lyon and Larpent's Primary French Translation Book. 60 cts.
Snow and Lebon's Easy French. 60 cts.
Super's Preparatory French Reader. 70 cts.
Bouvet's Exercises in Syntax and Composition. 75 cts.
Storr's Hints on French Syntax. With exercises. 30 cts.
Brigham's French Composition. 12 cts.
Comfort's Exercises in French Prose Composition. 30 cts.
Grandgent's French Composition. 50 cts.
Grandgent's Materials for French Composition. Each, 12 cts.
Kimball's Materials for French Composition. Each, 12 cts.
Mansion's Exercises in Composition. 160 pages. 60 cts.
Marcou's French Review Exercises. 25 cts.
Prisoners of the Temple (Guerber). For French Composition. 25 cts.
Story of Cupid and Psyche (Guerber). For French Composition. 18 cts.
Heath's French Dictionary. Retail price, $1.50.